KB063956

세상을 뒤흔든 사상:
현대의 고전을 읽는다

세상을 뒤흔든 사상
현대의 고전을 읽는다

김호기 지음

초판 1쇄 2017년 9월 30일 발행
초판 6쇄 2020년 6월 15일 발행

ISBN 979-11-5706-103-7(03100)

만든사람들

편집관리	한진우
디자인	this-cover.com
마케팅	김성현 김규리
인쇄	한영문화사

펴낸이	김현종
펴낸곳	(주)메디치미디어
경영지원	전선정 김유라
등록일	2008년 8월 20일 제300-2008-76호
주소	서울시 종로구 사직로 9길 22 2층
	(필운동 32-1)
전화	02-735-3308
팩스	02-735-3309
이메일	medici@medicimedia.co.kr
페이스북	facebook.com/medicimedia
인스타그램	@medicimedia
홈페이지	www.medicimedia.co.kr

이 책에 실린 글과 이미지의 무단전재·복제를 금합니다.
이 책 내용의 전부 또는 일부를 재사용하려면 반드시
출판사의 동의를 받아야 합니다.
파본은 구입처에서 교환해드립니다.

이 도서의 국립중앙도서관 출판예정도서목록(CIP)은
서지정보유통지원시스템 홈페이지(http://seoji.nl.go.kr)와
국가자료종합목록시스템(http://www.nl.go.kr/kolisnet)에서
이용하실 수 있습니다.

세상을 뒤흔든 사상:
현대의 고전을 읽는다

김호기 지음

메디치

재인에게,

사유의 열정을

언제나 간직하길

차례

머리말:
현대 사상의 과거와 미래

"남들이 뭐라 해도 넌 너의 길을 가라."

단테 알리기에리의 《신곡》에 나오는 말이다. 대학에 입학한 학생들에게 꼭 한 번은 들려주는 말이다. 공부를 한다는 것은 자신의 길을 찾는 데 일차적인 목적이 있다. 그런데 문제는 '나의 길'을 찾기가 결코 쉽지 않다는 것이다. 특히 따라잡기 힘들 만큼 빠르게 사회가 변화하고, 이로 인해 삶의 조건마저 급격히 바뀌어 갈 때는 더욱 그러하다. 따라서 변화의 시대에는 내가 서 있는 자리를 확인하고 가야 할 길을 가늠해 보고자 하는 욕구가 두드러진다.

내가 선 자리와 갈 길에 대한 답은 어디서 얻을 수 있을까? 답은 명확하다. 바로 인간과 인간을 둘러싼 환경에 대한 통찰을 제공했던, 한 시대를 만든 사상을 담고 있는 '고전'에서 찾을 수 있다. 고전이란 널리 읽히는 모범적인 책들을 뜻한다. 서구나 우리나라를 막론하고 대학 교양강좌에서 다루는 고전은 대개 고대 그리스의 플라

톤과 아리스토텔레스에서 시작해 20세기 전반 지그문트 프로이트와 막스 베버로 끝난다. 20세기 후반에 나온 저작들은 사람들에 따라 그 평가가 다르고, 시간이 흐르면서 한때의 유행으로 사라질 수 있기 때문이다.

그럼에도 이 책이 현대의 고전을 다루는 까닭은 그 중요성에 있다. 21세기 오늘날 사회를 움직이는 기본 원리와 제도는 제2차 세계대전 직후에 자리 잡았다. 제2차 세계대전 이후의 시대는 흔히 '전후(postwar)'라고 불린다. 전후의 사회 원리와 제도를 분석하고, 이 사회적 구속 아래 놓인 인간 존재의 의미를 탐구한 것이 현대 사상, 다시 말해 현대의 고전이다.

이 책에서 다루는 고전은 사회학자로서의 내 삶을 관통하는 저작들이다. 나의 정체성 형성과 학문 연구에 깊은 영향을 미쳤고, 그래서 내 강의를 듣는 학생들에게 가장 자주 추천하는 책들이다. 현대의 고전은 인간과 사회가 어떤 관계를 갖는지를 생각하게 할 뿐 아니라, 그 인간과 사회가 지향해야 할 가치를 숙고(熟考)하게 한다. 생각하고 숙고하는 사유의 힘이야말로 인간 존재의 궁극적 기반이다. 이러한 사유의 힘을 다른 이들과 함께 나누기 위해 이 책을 썼다.

현실의 눈으로 볼 때, 사상은 한낱 관념에 머물러 있는 그 무엇에 불과할 수 있다. 그러나 학문의 눈으로 볼 때, 사상은 한 개인의 성장이나 한 국가의 발전에서 방향과 목표를 제시한다. 이 책의 목적은 현대 주요 사상가들과 대표 저작들을 살펴봄으로써 우리 시대를 포괄적으로 이해하는 데 있다. 전후 세상을 뒤흔든 현대의 고전에 대한 이해를 통해 독자들이 우리가 서 있는 자리를 돌아보고 가야할 길을 모색할 수 있기를 소망한다.

전후 역사와 사상의 발전

전후 현대 사상의 전개와 발전을 살펴보려면 먼저 주목해야 할 것이 있다. 바로 전후 서구 사회의 역사다. 무릇 어떤 사상도 그 시대적 구속에서 자유롭지 못하기 때문이다.

제1차 세계대전과 제2차 세계대전이라는 근대 문명의 대규모 파괴를 생생히 겪은 이후, 1945년부터 서구 사회에선 새로운 시대가 시작됐다. 제2차 세계대전에서 승리한 미국은 세계 질서를 주도하는 '팍스 아메리카나(Pax Americana)'를 열었고, 서유럽 역시 전쟁의 폐허를 딛고 재도약을 이뤄냈다. 케인스주의와 복지국가는 전후 시대가 자본주의의 '황금시대(golden age)'라 불릴 정도로 풍요와 번영을 안겨줬다.

1970년대에 들어서며 이 번영의 시대는 위기에 빠졌다. 경제 침체와 그로 인한 정부의 재정 압박은 복지국가의 위기를 낳았고, 서구 사회는 새로운 발전 전략을 모색하지 않을 수 없었다. 1970년대 후반 신자유주의가 대안으로 제시되면서 대처리즘, 레이거노믹스의 신보수주의 시대가 열렸다. 복지국가를 주도했던 사회민주주의는 후퇴하고 1980년대 후반 동유럽의 현실사회주의 국가들이 몰락하게 됨에 따라 신보수주의 시대는 절정을 구가했다.

이러한 사회변동에 결정적 영향을 미친 것은 세계화와 정보사회였다. 1970년대부터 본격화된 세계화와 1980년대부터 가시화한 정보사회는 1990년대 서구 경제·사회 발전의 구조적 조건이자 주체적 동력이었다. '신자유주의 세계화'라 명명할 수 있는 이러한 흐름은 이제까지의 서구 현대사회를 근본적으로 재구성시킨 동시에, 서구 사회를 쫓아온 비서구 사회에도 지대한 영향을 미쳤다. 그러다 2008년 미국발 금융위기가 발생하면서 이 신자유주의 세계화는 위기에 빠졌다.

이후 지난 10년 동안 서구 사회를 위시한 세계 사회는 신자유주의 체제에서 포스트신자유주의 체제로 변화하는 한가운데 놓여 있었다. 체제 변동은 단시간 안에 이뤄지지 않는다. 시장의 실패 이후 국가와 시장, 국가와 시민사회, 시장과 시민사회의 관계가 어떤 방향으로 나아갈지는 여전히 모호하다. 분명한 것은 이제 우리 인류가 새로운 시대로의 전환에 들어선 것으로 보인다는 점이다.

이러한 역사 변동은 전후 현대 사상의 사회적 배경을 이뤘다. 전후 황금시대 도래의 낙관적 분위기를 보여준 대표적인 저작이 대니얼 벨의《이데올로기의 종언》이었다면, 그 낙관의 그늘을 선구적으로 주목한 저작은 데이비드 리즈먼의《고독한 군중》이었다. 페르낭 브로델의《물질문명과 자본주의》와 같은 문명사, 클로드 레비-스트로스의《야생의 사고》와 같은 구조주의, 베티 프리단의《여성의 신비》와 같은 페미니즘, 레이첼 카슨의《침묵의 봄》과 같은 생태주의, 토마스 쿤의《과학 혁명의 구조》와 같은 과학철학에 대한 높은 관심은 낙관적 분위기 아래 형성된 상상력과 성찰성의 개화(開化)와 무관하지 않았다. 이 시대에 이뤄진 사상의 성취는 더없이 다채로웠다.

　이러한 황금시대의 종언을 알린 예광탄은 '68혁명'이었다. 68혁명은 자본주의와 사회주의에 내재한 국가주의 노선을 거부하고 개인과 사회가 지향해야 할 자율·자치·연대를 부각시켰다. 전후 사상의 역사에서 가장 큰 영향을 미친 이들은 이 68혁명의 자장(磁場) 아래 자신의 사유를 펼친 사상가들이었다. 대표적인 이들은 권력의 계보학을 탐구한 《감시와 처벌》의 미셸 푸코와 생활세계의 식민화를 이론화한 《의사소통행위 이론》의 위르겐 하버마스였다. 서유럽에 푸코와 하버마스가 있었다면, 미국에는 존 롤즈가 있었다. 롤즈의 《정의론》은 현대사회의 규범적 토대로서 '공정으로서의 정의'에 대한 철학을 선사했다.

　새롭게 열린 신자유주의 시대는 정부의 개입을 최소화하고 시장의 자유를 강조한 프리드리히 하이에크의 《법, 입법 그리고 자유》가 그 출발을 알렸다. 이 신자유주의 시대에는 한편으로 세계화와 정보사회의 도래에 대한 분석이 이뤄졌고, 다른 한편으로 현대성에 대한 거시적인 탐구가 진행됐다. 먼저 이매뉴얼 월러스틴의 《근대 세계체제 I》이 세계화 담론의 기초를 제공했다면, 앨빈 토플러의 《제3의 물결》은 정보사회의 등장을 선구적으로 분석했다. 그리고 마누엘 카스텔의 《정보 시대》는 정보사회의 역동적 진화 과정을 추적했다.

　현대성에 대한 성찰은 1980년대 이후 사상의 발전을 이끈 주요 흐름이었다. 현대성의 결과를 위험사회의 도래로 파악한 울리히 벡의 《위험 사회》, 사회민주주의와 신자유주의를 동시에 극복하려 한

앤서니 기든스의 《제3의 길》, 경제 영역의 민주화를 민주주의의 새로운 과제로 파악한 로버트 달의 《경제 민주주의》, 현대성에 내재된 유동성과 그로 인한 불안을 분석한 지그문트 바우만의 《액체 현대》는 이러한 문제의식을 대변했다. 16세기에 역사적으로 등장한 서구 현대성은 이제 새로운 시대로의 질적 변환이라는 문턱 위에 올라서 있다.

이렇듯 사상은 시대적 변화를 수용하고 성찰하며, 나아가 새로운 대안을 모색했다. 지난 70여 년 동안 사상에 부여된 과제는 현대사회를 지속시키고 변화시키는 원리는 무엇인가, 이 사회를 구성하는 인간이란 어떤 존재인가, 인간과 사회의 관계를 어떻게 볼 것인가, 그리고 바람직한 인류 사회의 미래는 어떠해야 하는가 등의 질문에 답을 구하는 데 있었다. 사상은 시대를 반영하는 동시에 새로운 시대의 길을 밝히는 등불이다. 새롭게 열릴 시대가 어떤 모습으로 나타날지는 예측하기 어렵다. 아마도 피케티의 《21세기 자본》이 우려하는 비관의 시대와 클라우스 슈밥의 《제4차 산업혁명》이 예견하는 낙관의 시대 사이 어딘가에 위치해 있을 것이다.

분명한 것은 그 어떤 시대가 되더라도 사상의 역할이 줄어들지는 않으리라는 점이다. 그 까닭을 나는 이 책에서 다룬 한나 아렌트의 사상에서 찾고 싶다. 아렌트는 《인간의 조건》에서 행위하는 복수의 인간들의 소통과 의미 추구를 인간의 조건으로 파악했다. 인간은 시대의 구속 아래 놓인 존재이지만, 인간에 내재한 사유의 본성과 의지는 그 구속을 넘어서는 새로운 자유와 평등에로의 행진을 비출 등불이 될 것이라고 나는 믿는다.

책의 구성과 내용

이 책의 출간은 다음과 같은 과정을 통해 이뤄졌다. 2016년《경향신문》의 요청으로 '세상을 뒤흔든 사상 70년'을 연재했다. 사회사상을 오랫동안 공부해 왔음에도 현대의 고전을 선별하는 것은 쉽지 않았다. 한나 아렌트의《인간의 조건》, 토마스 쿤의《과학혁명의 구조》, 존 롤즈의《정의론》, 미셸 푸코의《감시와 처벌》, 위르겐 하버마스의《의사소통행위 이론》처럼 당연히 선정돼야 할 저작들도 있었지만, 과연 어떤 저작들이 전후 현대를 대표하는지의 질문에 대해서는 상당한 고민이 뒤따랐다.

내가 여기에 선정한 저작들은 국내외 학계와 언론의 평판을 고려해 고심 끝에 고른 것들이다. 그 선별 기준으로 삼은 세 가지 원칙은 인문학과 사회과학, 보수와 진보, 미국 학계와 유럽 학계의 균형이다. 문학·역사학·철학·정치학·경제학·사회학 등을 두루 주목했고, 어느 한 분야에 치우치지 않도록 노력했다. 40권의 저작 목록에서 아쉬운 것은, 자연과학에서 토마스 쿤의《과학혁명의 구조》와 에드워드 윌슨의《사회생물학》밖에 다루지 않았다는 점이다. 사회학 전공자의 한계에 독자들의 너그러운 이해를 구한다. 더불어 이런저런 이유로 동아시아 사상가들의 저작을 한 권도 포함시키지 않았다는 점 또한 아쉬움으로 남는다. 언젠가 동아시아 현대 사상을 살펴보는 책을 내겠다는 약속을 드린다.

책의 구성은 5부로 이뤄져 있다. 현대의 고전 40권을 문학과 역사, 철학과 자연과학, 정치와 경제, 사회, 문화·여성·환경·지식인의 주제별로 분류했다. 그 설명 방식은 동일하다. 먼저 사상가에 대한 평가를 다루고, 대표 저작의 주요 내용을 정리한 뒤, 그 저작이 미친 영향과 그 저작을 둘러싼 논쟁을 살펴봤다. 그리고 해당 고전과 연관된 사상가를 주목하거나 해당 사상이 우리 사회에 미친 영향을 덧붙였다. 마지막으로는 해당 고전의 우리말 번역을 소개했다.《경향신문》에 연재할 때는 서른 아홉 권을 다루었는데, 책으로 출간하면서 수전 손택의《타인의 고통》을 새로 써 넣었다. 그리고 각 장 맨 앞에 인용한 문장은 고전의 내용을 함축하거나 상징하는 구절임을 밝힌다.

이 책을 펴내는 데 도움을 준 이들에게 감사 인사를 전한다. 신문 연재 도중 늘 격려해준 박래용 전 경향신문 편집국장과 박구재 전 기획에디터의 배려는 따로 적어둔다. 메디치미디어의 김현종 대표와 김장환 본부장, 그리고 편집자 김남혁 씨에게도 고마움을 전한다.

2017년 9월

김호기

I. 문학과 역사

문학과 역사학은 철학과 더불어 인문학의 세 기둥이다. 인문학은 근대 대학을 이끌었다. 대학 학부의 구성에서 문학, 역사학, 철학은 여전히 맨 앞자리에 놓인다. 인문학의 목표가 인간에 대한 포괄적이고도 심층적인 이해에 있기 때문이다.

문학은 크게 두 가지 미덕을 가지고 있다. 삶에 대한 폭넓고 깊이 있는 생각을 안겨주는 게 하나라면, 그 생각을 통해 자신의 삶을 변화시킬 수 있다는 게 다른 하나다. 이점에서 문학은 인문학에서도 가장 앞자리에 놓일 만하다.

어떤 작품이 전후 문학에서 최고의 걸작인지는 문학 연구자와 일반 독자에 따라 견해가 갈릴 것이다. 알베르 카뮈의《페스트》, 귄터 그라스의《양철북》, 사뮈엘 베케트의《고도를 기다리며》, 가브리엘 가르시아 마르케스의《백년 동안의 고독》등이 큰 화제를 모았고, 파블로 네루다와 비스와바 쉼보르스카의 시 등도 큰 반향을 일으켰다.

나는 전후를 대표하는 소설로 조지 오웰의 《1984》와 움베르토 에코의 《장미의 이름》에 주목했다. 그 까닭은 두 작품의 문제의식에 있다. 《1984》가 감시사회라는 현대의 그늘에 대한 통찰을 보여준다면, 《장미의 이름》은 포스트모더니즘이라는 새로운 시대의 도래를 예고한다.

흥미로운 것은 오웰이 소설가이자 저널리스트이고 에코는 소설가이자 기호학자라는 점이다. 저널리스트와 기호학자로서의 통찰은 각각 《1984》와 《장미의 이름》에 잘 담겨 있다. 《1984》는 그만큼 예리하며, 《장미의 이름》은 그만큼 분석적이다. 어떤 위대한 고전이라도 시간의 구속에 마모될 수밖에 없지만, 두 작품은 여전히 생생한 현실감을 안겨준다.

예술사는 문학, 미술, 음악의 역사와 철학을 포괄한다는 점에서 종합 인문학이라 할 수 있다. 아르놀트 하우저의 《문학과 예술의 사회사》는 전후 인문학 전반에 큰 영향을 미친 예술사 저작이다. 화려하면서도 깊이 있는 하우저의 설명은 언제 읽어도 탄성을 자아낸다. 에른스트 곰브리치의 《서양 미술사》와 함께 예술사의 고전적 입문서로 여전히 자리매김하고 있다.

문학과 마찬가지로 역사학이 갖는 미덕 또한 두 가지로 볼 수 있다. 과거의 탐구가 현재의 정확한 인식을 제공한다는 게 하나라면, 과거의 성찰이 미래의 지혜로운 전망을 안겨준다는 게 다른 하나다. 이점에서 역사학은 현재학인 동시에 미래학이다.

전후 서구에서 역사학은 토론과 논쟁이 활발했던 분야다. 프랑스의 아날학파, 영국의 마르크스주의 역사가들, 독일의 역사적 사회과학이 그 중심에 있었다. 역사학을 전공하지 않은 연구자들도 아날학파의 페르낭 브로델과 에마뉘엘 르 루아 라뒤리, 마르크시스트 역사가인 에릭 홉스봄과 에드워드 팔머 톰슨, 역사적 사회과학을 주도한 한스-울리히 벨러와 위르겐 코카의 저작들을 접했을 것이다.

여기서 나는 브로델의《물질문명과 자본주의》와 톰슨의《영국 노동계급의 형성》을 주목했다.《물질문명과 자본주의》가 초기 자본주의 문명의 전체사를 기술한다면,《영국 노동계급의 형성》은 그 자본주의의 실질적 주인공인 노동자들의 삶과 일을 분석한다.《물질문명과 자본주의》가 역사의 도도한 물결을 돌아보게 한다면,《영국 노동계급의 형성》은 그 역사를 만드는 인간의 의지를 숙고하게 한다.

라뒤리의《랑그도크의 농민들》과 에릭 홉스봄의《자본의 시대》역시 전후 역사학을 대표하는 저작들이다. 이 두 권의 책을 여기서 다루지 못한 것은 아쉬움으로 남는다. 한편, 대중적 영향력의 측면에서 에드워드 핼릿 카의《역사란 무엇인가》또한 주목할 만한 저작이며, 방대한 분석의 측면에서 토니 주트의《포스트 워》도 특기할 만한 저작이다.

역사 연구가 역사학자들만의 고유한 영역은 아니다. 사회학자 이매뉴얼 월러스틴과 정치학자이자 역사학자인 베네딕트 앤더슨은 전후 역사 연구에 새로운 바람을 일으켰다. 월러스틴의《근대 세계체제 1》은 자본주의의 역사적 기원을 국민국가 차원이 아니라 세계체제 차원에서 찾음으로써 국민국가의 문제틀을 넘어서고자 한다. 앤더슨의《상상의 공동체》는 민족을 영원한 공동체가 아니라 상상의 공동체로 보는 획기적인 테제를 제시하고 있다.

"과거를 지배하는 자가
미래를 지배한다.
현재를 지배하는 자가
과거를 지배한다."

1.

빅 브라더와 디스토피아:
조지 오웰의 《1984》

영국의 작가 조지 오웰(George Orwell, 1903~1950)의 《1984》는 1948년에 완성되고 1949년에 출간됐다. 《1984》는 1948년을 뒤집은 것이다. 전후 사상을 다룬 이 책에서 《1984》를 주목한 이유는 세 가지다.

첫째, 《1984》는 전체주의의 디스토피아 세계를 보여준 대표적인 문학작품이다. 전체주의란 개인의 모든 활동이 전체로서 국가의 존립과 발전을 위해 존재한다는 이념 및 체제를 말한다. 오웰은 전체주의가 어떻게 개인의 자유를 제한하고 말살할 수 있는지를 묘사해 이 체제의 비민주성을 폭로한다.

둘째, 작품에 담긴 미래 전망이다. 오웰이 비판한 것은 파시즘, 공산주의와 같은 전체주의 체제였다. 하지만 오웰은 이에 그치지 않고 그 어떤 사회에든 존재할 수 있는 전체주의 경향을 경고하기 위해 《1984》를 썼다. 오웰이 예견했듯, 권력에 의한 감시와 통제는 지난 70여 년 동안 현대사회의 또 다른 그늘을 이뤄 왔다.

셋째, 《1984》가 미친 광범위한 영향이다. 《1984》는 2009년 시사 주간지 《뉴스위크》가 주요 언론사와 대형 도서관의 추천도서 목록 및 관련 기록을 토대로 뽑은 '역대 세계 최고의 100대 저서' 가운데 2위를 차지했다(1위는 레프 톨스토이의 《전쟁과 평화》, 3위는 제임스 조이스의 《율리시즈》였다). 또 2007년 일간지 《가디언》에 의해 '20세기를 가장 잘 정의한 책'으로 선정됐다. 《1984》는 문학을 넘어 정치와 사회 영역에서도 지속적으로 영향을 미쳐온, 현대의 살아 있는 고전이라 할 만하다.

《1984》의 주요 내용

《1984》의 줄거리는 간단하다. 주인공 윈스턴 스미스가 자신이 살고 있는 전체주의 사회인 오세아니아에서 권력에 저항하다 좌절한다는 내용이다. 오세아니아는 텔레스크린, 사상경찰, 마이크로폰 등을 이용해 개인의 생활을 철저히 감시하고 통제하는 사회다. 이 감시와 통제의 주체는 당이고, 이를 위해 당은 허구적 존재인 '빅 브라더'를 내세운다. 윈스턴은 노동자들에게 전체주의에 맞설 혁명을 기대한다. 그러나 노동자들이 당의 '이중 사고'(날조한 과거 기록을 믿게 하는 심리 작용)에 지배돼 혁명의 가능성을 상실해가고 있음을 깨닫는다.

"과거를 지배하는 자가 미래를 지배한다. 현재를 지배하는 자가 과거를 지배한다." 이는 《1984》의 또 다른 주인공이라 할 수 있는 당의 슬로건이다. 이 말은 소설의 핵심 메시지를 전달한다. 권력을 장악하고 있는 당은 사유의 출발을 이루는 기억을 통제하고 조작하며, 이를 바탕으로 지배의 정당성을 획득해 항구적인 감시 사회인 전체주의 체제를 완성한다.

《1984》가 일차적으로 겨냥한 대상은 히틀러의 나치즘과 스탈린의 공산주의다. 그래서 이 책은 오웰의 또 다른 대표작인《동물농장》(1945)과 함께 소련의 스탈린 체제를 비판한 작품으로 알려졌다. 하지만 오웰이 염두에 둔 것은 공산주의만 아니라 개인의 자유를 억압하는 모든 전체주의 국가들이다. 독재자인 빅 브라더는 '공포를 통한 순응'이라는 목적, 다시 말해 권력 행사라는 자신의 목표에 헌신한다. 사회학의 관점에서 빅 브라더는 권력의 지배 욕망 그 자체다. 오웰은《1984》를 통해 인간의 자율성을 말살하는 권력의 본질을 고발하고 또 비판한다.

현대 사회에서 권력은 자본과 함께 인간과 사회를 지배하는 힘이다. 타자의 의지에 관계없이 자신의 의지를 관철할 수 있는 힘이 권력 본래의 속성이다. 이 권력이 어떤 방식으로 작동하고, 앞으로 어떻게 작동할 수 있을지에 대해 오웰은 선구적인 통찰을 제공한다. 때문에《1984》는 과학기술의 우울한 미래를 그린 미래 소설인 동시에 정치와 사회의 비관적인 미래를 예측한 미래학 저작으로 볼 수 있다.

《1984》와 21세기 현재

전체주의와 감시사회를 본격적으로 비판한 책은《1984》만이 아니다. 정치철학자 한나 아렌트가《전체주의의 기원》에서 전체주의의 출발로 반유대주의와 제국주의를 주목했다면, 사회이론가 미셸 푸코는《감시와 처벌》에서 권력이 지식을 동원해 구축한 감시체제를 분석했다.

문학 안에서《1984》에 앞서 디스토피아로서의 미래를 다룬 소설로는 예브게니 이바노비치 자먀찐의《우리들》(1924), 올더스 헉슬리의《멋진 신세계》(1932)가 있다.《우리들》,《멋진 신세계》,《1984》는 세계 3대 디스토피아 소설로 꼽힌다. 다른 책들보다《1984》가 여전히 많이 읽히는 까닭은, 권력의 구체적인 지배 방식을 파헤치고 섬뜩한 미래 사회의 풍경을 묘사하기 때문이다.

《1984》가 가장 크게 주목 받았던 때는 소설의 제목이 됐던 1984년 전후였다. 1983년 문학평론가 어빙 하우는《1984》를 새롭게 조명하고 평가한《전체주의 연구》를 편집해 출간했고, 1984년 1월 1일 비디오 아티스트 백남준은 〈굿모닝 미스터 오웰〉이라는 텔레비전 쇼를 선보였다. 국내에서도 문학평론가 김병익은 레이몬드 윌리엄스, 에리히 프롬 등의 글을 편역해《오웰과 1984년》을 출간했다.

소설 발표 35년 후인 1984년, 당대의 시점에서《1984》가 그린 암울한 미래 전망은 절반은 맞고 절반은 틀린 것처럼 보였다. 전체주의였던 스탈린 체제는 무너졌고, 또 다른 전체주의였던 동구 사회주의 국가들은 구조적인 체제 위기를 겪고 있었다. 5년 후인 1989년, 소련을 위시한 국가사회주의의 전체주의 체제는 몰락했다.

주목할 것은 오웰의 전망이 1990년대 이후 정보사회의 진전으로 새롭게 구체화돼 왔다는 점이다. 신용카드, e메일, 휴대전화,

CCTV, SNS 등의 보급과 확산은 공적 생활은 물론 생활세계를 재구성해 왔다. 시민 다수의 사생활은 이제 국가가 마음만 먹는다면 언제든지 추적하고 감시하며 통제할 수 있다. 정보사회의 진전이 가져온 '자유의 확장'과 그 기술적 전체주의가 낳아온 '자유의 구속'이 공존하는 아이러니 속에 우리 인류는 놓여 있는 셈이다. 바로 이 점에서 《1984》는 현재진행형이다.

지식인으로서의 오웰

1984년 1월 1일, 비디오 아티스트 백남준은 미국 뉴욕 WNET 스튜디오와 프랑스 파리 퐁피두센터를 인공위성으로 연결해 진행한 텔레비전 쇼 〈굿모닝 미스터 오웰〉을 기획해 지구적인 관심을 불러 모았다.

이 공연에는 존 케이지, 요셉 보이스 등 당대를 대표하던 아방가르드 예술가들이 대거 참여했다. 공연을 주도한 백남준은 오웰의 비관적 전망에 이의를 제기했다. 텔레비전이 빅 브라더의 대중 통제와 조작의 수단이 될 것이라는 오웰의 예견이 절반만 맞았다는 게 그의 생각이었다. 그는 소통을 위한 매체로서 텔레비전의 새로운 역할을 부각시켰다.

현재의 시점에서 볼 때 텔레비전에 대한 이런 긍정적인 평가는 지나치게 낙관적인 견해다. 텔레비전은 소통의 자유 못지않게 대중 통제의 수단으로 활용되고 있기 때문이다. 여하튼, 세계적으로 생중계된 〈굿모닝 미스터 오웰〉은 백남준이라는 예술가를 우리 사회에 알리는 결정적인 계기가 됐다.

오웰의 삶과 문학은 인문학자들만 아니라 사회과학자들에게도 관심 대상이었다. 법학자 박홍규와 정치학자 고세훈은 오웰 평전까지 출간했다.

박홍규의 《조지 오웰》(2003)은 오웰의 기본 사상이 모든 권력에 저항하는 '재야 정신'에 있음을 강조한다. 그에 따르면, 오웰은 자본주의와 공산주의를 모두 전제주의로 파악해 비판하고 민주적 사회주의를 지향했다. 이 민주적 사회주의를 진정한 의미의 자유주의로 볼 수 있다는 게 박홍규의 주장이다.

고세훈의 《조지 오웰》(2012)은 지식사회 '내부 고발자'로서의 오웰의 삶과 사상을 추적한다. 그에 따르면, 오웰의 글쓰기는 권력의 속성에 대한 폭로이자 권력자에 대한 저항을 함축한다. 오웰의 삶과 글을 성찰함으로써 스스로 권력자인 동시에 권력을 탐하고 추종하는 지식인들에게 충고를 안겨주려는 게 고세훈의 의도다.

박홍규와 고세훈은 지식인이었던 오웰의 정체성에 주목한다. 두 사람의 오웰 평전은 전제 없는 권력 비판이 오웰의 삶과 문학을 이끈 중심에 놓여 있었음을 일러준다.

《1984》는 여러 출판사에 의해 우리말로 옮겨졌다. 마이클 래드퍼드 감독에 의해 영화로 만들어졌고, 소설에 나오는 '2＋2＝5'라는 진실을 왜곡하는 명제는 영국의 록밴드 라디오헤드에 의해 노래로 불려졌다.

"홀란트〔네덜란드〕사회는
그〔렘브란트〕로 하여금
자유롭게 성장하는 것만 허용했고
그가 더 이상 고분고분하지 않는 순간
가차 없이 그를 버렸던 것이다."

"그리고 그〔똘스또이〕의 죽음으로
유럽이 '주인 없는' 상태가
되었다고 한 토마스 만의 느낌에
공감한 이들도 많았을 것이다."

2.

예술과 사회는 나누어지지 않는다:
아르놀트 하우저의 《문학과 예술의 사회사》

　지식인이 사회에 미치는 영향은 다양하다. 어떤 지식인은 지식 사회의 내부에 큰 영향을 미치고, 어떤 지식인은 그 외부인 시민사회에 상당한 영향을 행사한다. 이 시민사회는 물론 하나로 이뤄져 있지 않다. 지식의 발견에 우호적인 이들과 무관심한 이들이 공존해 있기 때문이다. 서구 사회에서 전자 그룹은 부르주아지 또는 시민 계층이라고 불렸다. 이들은 새로운 지식의 주요 소비 계층이자 정신적 후원 그룹이 돼 지식과 사상의 발전에서 중요한 사회적 지반을 이뤘다.

　제2차 세계대전 이후 서구 시민 계층에게 예술과 문학을 계몽시킨 대표적인 저작이 아르놀트 하우저(Arnold Hauser, 1892~1978)의 《문학과 예술의 사회사》(Sozialgeschichte der Kunst und Literatur)다. 1951년에 영어 번역본이 먼저 나오고 1953년에 독일어 원본이 뒤늦게 출간됐다. 《문학과 예술의 사회사》는 에른스트 곰브리치의 《서양 미술사》와 함께 서구 미술에 대한 대표적인 입문서로 꼽힌다. 이 저작이 갖는 장점은 미술뿐만 아니라 문학, 음악, 영화를 포괄하는 예술의 종합 입문서인 동시에 뛰어난 역사서라는 점에 있다.

하우저는 헝가리에서 태어나 이탈리아, 독일, 오스트리아를 거쳐 영국에 정착해 이 책을 발표하고 사망하기 1년 전에야 조국인 헝가리로 돌아온 방랑하는 유럽 지성이었다. 그의 끝없는 예술 탐험을 돌아볼 때, 그리고 이런 탐험에서 비롯된 사색이 이 책 안에 온전히 담겨 있음을 고려할 때, 출간된 지 60여 년이 흘렀지만《문학과 예술의 사회사》와 같은 저작이 다시 쓰이기는 결코 쉽지 않을 것이다.

《문학과 예술의 사회사》의 주요 내용

"홀란트〔네덜란드〕 사회는 그〔렘브란트〕로 하여금 자유롭게 성장하는 것만 허용했고 그가 더 이상 고분고분하지 않는 순간 가차없이 그를 버렸던 것이다."

"그리고 그〔똘스또이〕의 죽음으로 유럽이 '주인 없는 상태'가 되었다고 한 토마스 만의 느낌에 공감한 이들도 많았을 것이다."

인용한 두 문장은《문학과 예술의 사회사》의 전형적인 서술이다. 렘브란트와 톨스토이에 대한 설명에서 볼 수 있듯 하우저는 예술가의 삶과 창작 활동을 사회적·역사적 맥락 속에 위치시켜 이해하고 기술함으로써 독자의 흥미를 유발한다. 네 권으로 이뤄진 방대한 내용이지만 마지막 페이지를 넘길 때까지 결코 지루하지 않다.

《문학과 예술의 사회사》는 넓은 의미의 비판적 마르크스주의의 자장 안에서 쓰인 책이다. 그는 하인리히 뵐플린의 양식에 주목한 예술사적 방법을 거부하고 막스 드보르자크의 정신을 강조한 예술사적 접근으로부터 영향을 받았다. 나아가 그는 인간 의식이 사회·경제 변동과 밀접히 연관돼 있다는 카를 마르크스, 죄르지 루카치, 카를 만하임의 지식사회학 이론을 수용하고, 이러한 이론틀에 입각해 서양 예술사를 기술한다.

하우저에게 명시적·묵시적으로 중대한 영향을 미친 이들은 같은 헝가리 태생의 미학자 루카치와 사회학자 만하임이다. 《문학과 예술의 사회사》는 인간 의식이 물질적 요인으로부터 결정적인 영향을 받는다는 루카치의 계급의식론보다 경제적 요인을 중시하되 '자유부동하는 존재'로서의 지식인 위상을 부각시킨 만하임의 지식사회학으로부터 더 큰 영향을 받았다. 이런 이론적 착상에 기반을 둬 하우저는 사회·역사 변동과 결부된 예술양식의 변화 및 예술가의 활동에 변화무쌍한 생명력을 부여한다.

《문학과 예술의 사회사》의 구성은 제1권 〈선사시대부터 중세까지〉(고대편), 제2권 〈르네상스, 매너리즘, 바로끄〉(근세편 상), 제3권 〈로꼬꼬, 고전주의, 낭만주의〉(근세편 하), 제4권 〈자연주의와 인상주의, 영화의 시대〉(현대편)로 이뤄져 있다. 조토에서 피카소에 이르는 화가들, 단테에서부터 프루스트에 이르는 작가들, 바흐에서 스트라빈스키에 이르는 음악가들, 그리고 대중예술의 새로운 기수인 영화의 등장까지 다룬다. 이 책이 펼쳐놓은 예술사의 풍경은 흥미로우면서도 교육적이고, 현란하면서도 깊이가 있다. 《문학과 예술의 사회사》가 가져온 성공에 힘입어 하우저는 이 책의 이론틀이라 할 수 있는 《예술사의 철학》(1959)을 발표했다.

예술에 대한 탁월한 입문서

《문학과 예술의 사회사》는 발표하자마자 큰 반향을 일으켰다. 무엇보다 이 책은 내재적 방법과 예술의 자율성을 중시하는 기존의 예술 이론 및 방법에 대한 반성을 촉구하고 사회 속의 예술에 대한 분석이라는 예술사회학의 새로운 가능성을 선보였다. 예술 역시 포괄적 의미에서 지식의 한 형태라면, 어떤 지식도 사회로부터 분리되지 않는다는 지식사회학의 주장을 이 책은 모범적으로 증거했다.

현재의 시점에서 《문학과 예술의 사회사》를 돌아보면 양가적인 생각을 가질 수 있다. 예술에 담긴 사회적 의미에 과도하게 초점을 맞춘 나머지 예술가와 그 작품이 갖는 개별성이 과소평가된 점은 한편으로 아쉽게 느껴진다. 하우저는 자유부동하는 예술가의 위상을 주목했음에도 불구하고, 예술이 놓인 사회적 맥락을 지나치게 강조하여 예술이 갖는 독자성을 때때로 소홀히 한 것으로 보인다.

다른 한편 이 책은 미술과 문학을 위시한 서양 예술과 그 역사에 대해 더없이 탁월한 교양 입문서다. 예술 감상은 삶과 사회를 이해하는 매우 중요한 통로의 하나다. 하우저는 사회와 문화, 경제와 예술, 화가와 감상자, 작가와 독자 등의 관계를 주목함으로써 예술의 의미와 역할에 대한 새로운 인식 및 계몽을 선사한다.

고전 읽기는 시민들에게 필요한 덕목들의 교육에서 출발점을 이룬다. 《문학과 예술의 사회사》는 예술이 무엇인지에 대한 교양 시민 교육에서 여전히 첫손가락으로 꼽을 수 있는 고전임에 분명하다.

《문학과 예술의 사회사》와 한국사회

《문학과 예술의 사회사》는 계간지《창작과 비평》을 통해 국내에 소개됐다. 영문학자 백낙청이 책의 마지막 장인〈영화의 시대〉를 1966년《창작과 비평》에 처음으로 번역한 후 1974년〈현대편〉이 창비신서 제1권으로 출간됐다. 이후〈고대편〉(1976),〈근세편 상〉(1980),〈근세편 하〉(1981)가 잇달아 나왔다.

1970~1980년대에《문학과 예술의 사회사》는 진보적 예술론과 문화론의 필독서가 됐다. 이 책을 통해 루카치, 테오도어 아도르노, 발터 벤야민의 미학이론에 대한 관심이 높아졌고, 이들의 저작들이 국내에 소개됐다. 루카치와 벤야민의 주요 저작들이 보다 먼저 쓰였음을 고려할 때, 독일 미학 및 예술론의 한국적 수용은《문학과 예술의 사회사》의 번역이 결정적인 계기를 제공했다.

《문학과 예술의 사회사》와 같은 저작을 우리말로 소개하는 일이 독창적인 저작을 쓰는 것 못지않게 중요한 까닭은 그 번역이 미치는 영향에 있다. 미술사학자 유홍준이 밝혔듯,《문학과 예술의 사회사》는 지식인들에게 문학과 예술을 통해 사물과 세계를 인식하는 서구적 방법을 알려줬다. 유홍준뿐만 아니라 1970~1980년대 공부를 시작한 인문·사회과학도들에게 이 책은 서양 예술에 접근하는 기본 교재였다.

국문학자 김윤식은《문학사의 라이벌 의식》에서 백낙청과《창작과 비평》의 역사를 검토하는 데《문학과 예술의 사회사》의 기여를 주목했다. 김윤식에 따르면《문학과 지성》을 이끈 김현, 김치수,

김병익, 김주연의《현대 한국 문학의 이론》에 맞서《창작과 비평》이 《문학과 예술의 사회사》를 번역해 세계 문학과 예술의 흐름을 소개한 것은 자신의 문학론을 제시하는 방법의 하나였다. 문학의 사회적 맥락을 중시한《창작과 비평》에 이 책은 매우 유용한 텍스트였던 셈이다.

내 경험에 비춰보아도《문학과 예술의 사회사》만큼 지속적인 영향을 미친 책도 드물다. 나 역시 젊은 시절에 이 책을 통해 서양 미술에 입문했고, 하우저의 시선으로 작품들을 감상했다. 이 책에서 하우저의 역량이 유감없이 발휘된 부분 중 하나는 르네상스와 바로크 사이에 놓인 매너리즘에 대한 설명이다. 파르미자니노, 틴토레토, 엘 그레코의 걸작들을 실제로 만났을 때 하우저의 혜안에 감탄하지 않을 수 없었다.

《문학과 예술의 사회사》는 백낙청, 염무웅, 반성완에 의해 우리말로 옮겨져 창비에서 1974년부터 1981년까지 네 권으로 출간됐다. 이후 1999년에 개정 1판, 2016년에 개정 2판이 나왔다. 개정 2판에는 많은 컬러 도판들이 실려 있다.

"성공한 사람들만이 기억된다.
가망없는 일, 패배한 주의 주장,
그리고 패배자들
자신은 잊혀지고 만다."

3.
아래로부터의 역사:
에드워드 팔머 톰슨의《영국 노동계급의 형성》

2015년 영국 출판협회와 도서협회 등은 온라인 투표로 역사상 가장 영향력 있는 책 20권을 선정했다. 찰스 다윈의《종의 기원》을 비롯해 플라톤의《국가》, 이마누엘 칸트의《순수이성 비판》, 윌리엄 셰익스피어의 전집, 조지 오웰의《1984》와 함께 선정된 책이 에드워드 파머 톰슨(Edward Palmer Thompson, 1924~1993)의《영국 노동계급의 형성》(The Making of English Working Class)이었다. 1963년에 발표된 학술 저작이 인류의 위대한 고전들과 어깨를 나란히 했다는 사실은《영국 노동계급의 형성》이 얼마나 문제적인 책이었는지를 단적으로 보여준다.

《영국 노동계급의 형성》은 두 가지 점에서 큰 주목을 받았다. 첫째, 톰슨은 방대한 자료 분석에 기반해 1780년에서 1832년에 이르는 영국 노동계급의 형성 과정을 치밀하게 추적했다. 그는 위로부터의 역사가 아닌 '아래로부터의 역사'를 서술하여 노동사와 사회사의 새로운 지평을 열었다.

둘째, 시인이기도 했던 톰슨은 당시 노동자들의 일과 여가, 의식과 종교, 기쁨과 고통을 생생히 재현해 정지된 역사가 아닌 '살아 있는 역사'를 선보였다. 예를 들어 다음과 같은 구절은 그가 말하려는 메시지를 선명히 전달한다.

"성공한 사람들만이 기억된다. 가망없는 일, 패배한 주의 주장, 그리고 패배자들 자신은 잊혀지고 만다. 나는 가난한 양말제조공, 러다이트운동에 가담한 전모공, '시대에 뒤떨어진' 수직공, '유토피아적' 장인 등과 아울러, 심지어는 꼬임에 빠진 죠우애너 싸우스컷〔18세기 후반과 19세기 초반에 활동한 광신적 여성종교가〕의 추종자까지도 후손들의 지나친 멸시에서 구해내려는 것이다."

인문·사회과학을 공부하는 이들이라면 이런 구절을 읽은 다음 밑줄을 긋거나 잠시 생각에 잠길 것이다. 현대를 살아가는 다수의 사람들이 바로 이 '패배자들'의 후예인 까닭이다. 책은 역사란 무엇인지 질문을 던진다. 역사의 중심을 이루는 주체는 농민·노동자를 포함한 민중이지 않은가? 이 민중의 삶과 경험을 정직하게 기록하는 게 역사학의 본령이지 않을까? 《영국 노동계급의 형성》은 바로 이런 질문에 당당하게 응답한 책이다.

《영국 노동계급의 형성》의 주요 내용

《영국 노동계급의 형성》은 3부로 이뤄져 있다. 제1부 〈자유의 나무〉는 프랑스 대혁명 이후 성장한 민중적 급진주의 운동을 다양한 갈래에서 추적하고, 제2부 〈아담에 대한 저주〉는 초기 산업화 과정에서 나타난 착취와 억압 등 노동자들의 다양한 경험과 노동규율을 주목한다. 제3부 〈노동계급의 등장〉은 선거운동, 노동조합운동, 러다이트운동, 오웬주의운동, 선거법 개정 투쟁 등을 통해 노동자들이 같은 이들과는 동질성을, 그리고 다른 이들과는 차별성을 갖는 계급의식을 획득해 가는 과정을 분석한다.

톰슨이 파악한 '계급'은 주어진 존재가 아니라 경험을 통해 형성해 가는 역사적 집합체다. 그에게 계급이란 '구조'나 '범주'가 아니라 '역사적 현상', 다시 말해 인간관계에서 발생하는 사회적·문화적 구성체다. 정통 마르크스주의가 생산관계로부터 계급을 도출하고, 자유주의 성향의 이론이 계급의 기능적 속성을 강조한다면, 톰슨의 계급 이해는 그 모두를 비판하는 것이었다. 톰슨이 《이론의 빈곤》 (1978)에서 인간 주체의 능동적 역할을 등한시한 알튀세르의 구조주의적 마르크스주의를 격렬하게 비판한 이유도 바로 이러한 맥락에서였다.

《영국 노동계급의 형성》을 발표한 이후 톰슨은 시대를 거슬러 올라가 18세기 영국 민중에 대한 탐구에 주력해 《휘그파와 사냥꾼들》(1975)이라는 저작을 내놓았다. 또 평화운동에 뛰어들어 반핵운동가로 활동했다. 초기 노동자 교육에서 후기 반핵운동에 이르기까지, 톰슨은 이론과 실천을 결합시키려 했던 마르크스주의자로서의 정체성을 일관되게 보여준 진보적 역사학자였다.

톰슨과 노동의 미래

《영국 노동계급의 형성》은 출간과 함께 서구 학계 안팎에서 뜨거운 관심을 모았다. 노동계급 형성으로 나가는 역동적인 역사를 톰슨이 생생하게 재구성했기 때문이다. 《영국 노동계급의 형성》은 사료가 역사가를 통해 진실에 아주 가까운 사실을 말하는 경지에 도달한 저작이다. 이 책은 계급 형성에 대한 톰슨 특유의 이론적 주장을 담고 있을 뿐 아니라, 독자들의 감성을 뒤흔드는 당대 노동계급의 역사를 파노라마처럼 펼쳐 보인다.

《영국 노동계급의 형성》에 대한 토론은 경험적 측면과 이론적 측면에서 모두 진행됐다. 먼저 경험적 측면에서 톰슨이 영국 노동계급의 형성 시기를 1830년대로 본 것은 예외적인 견해다. 톰슨과 함께 전후 영국 역사학을 주도한 에릭 홉스봄은 영국 노동계급의 형성이 1880년대 이후 20년 동안에 이뤄졌다는 견해를 내놓았다. 영국에서 19세기 중반 이후에 자본주의 산업화가 본격화됐다는 점에서 홉스봄의 주장이 더 일반적인 견해로 받아들여지고 있다.

이론적 측면에서 톰슨의 계급 이해는 양면성을 갖는다. 구조주의적이고 결정론적인 계급론에 맞서서 톰슨은 자원주의적이고 의지론적인 계급론을 제시했다. 구조와 행위자의 관계가 갖는 역동성을 고려할 때, 톰슨의 계급론은 정태적인 계급론의 한계를 극복하게 한다. 하지만 이런 톰슨의 과도한 자원주의적 접근은 자본주의 생산관계로부터 비롯되는 구조적 강제를 과소평가한다는 문제를 안고 있다.

자본주의의 역사는 자본의 역사인 동시에 노동의 역사다. 21세기 현재의 시점에서 노동은 일대 전환에 놓여 있다. 오늘날 비정규직 문제에서도 볼 수 있듯, 노동 내부의 불평등은 증대해 왔다. 또 '알파고의 충격'에서 볼 수 있듯, 정보사회의 진전은 노동 없는 사회를 등장시키고 있다. 이러한 노동의 변화를 고려하면《영국 노동계급의 형성》은 다소 낡은 책일지 모른다. 그러나 노동 문제의 중심에 노동자의 구체적인 경험이 놓여 있다는 톰슨의 주장은 노동의 미래를 대처하는 데 무엇이 출발점이 돼야 하는지를 성찰하게 한다. 그것은 바로 노동하는 인간에 대한 유보 없는 존중이다.

구해근의《한국 노동계급의 형성》

《영국 노동계급의 형성》으로부터 큰 영향을 받아 한국사회 노동계급의 역사를 분석한 책이 있다. 사회학자 구해근의《한국 노동계급의 형성》(Korean Workers: The Culture and Politics of Class Formation, 2001)이 바로 그것이다. 구해근은 한국의 산업화 과정에서 "사람들에 관한, 즉 피와 땀으로 놀라운 경제성장을 이루어낸 수백만 명의 남녀 노동자들에 대한 진지한 관심"을 오랫동안 품어 왔다.

많은 사회과학자들은 한국의 경제성장에서 노동이 중요한 역할을 했다는 점을 잘 알고 있음에도 불구하고 노동을 생산요소나 비교우위의 요소로만 파악했다. 노동하는 사람들의 인간적인 경험은 상대적으로 등한시한 게 사회과학의 현실이었다. 이 점에 주목해《한국 노동계급의 형성》은 한국의 제1세대 노동자들이 어떻게 근대적 노동세계에 적응하고, 어떻게 자신들의 새로운 노동 경험을 이해하려고 노력했는지 분석한다.

이 책에서 구해근이 던지는 가장 중요한 질문은 "어떻게 공장 노동자들이 공순이·공돌이처럼 노동자를 경멸하는 문화적인 이미지와 국가가 강제한 산업전사라는 타의적 정체성을 극복하고 노동자로서 자신들의 집합적 정체성을 발전시키게 되었느냐"이다. 이에 구해근은 10여 년 간 공장 노동지, 노조 활동가, 노동문제 전문가들과의 비공식 면접과 국내외 자료 및 연구들에 대한 조사를 통해 한국 노동계급 형성의 역동적인 과정을 치밀하게 재구성한다.

책의 내용은 크게 두 부분으로 나뉜다. 하나는 노동자들이 억압적이고 착취적인 생산체제로부터 자신들을 보호하기 위한 노동조합 결성을 위해 어떤 노력을 기울여 왔는지에 대한 분석이고, 그들이 노동자로서의 새로운 집단적 정체성과 공유된 이해에 기초한 연대감을 어떻게 발전시켰는지에 대한 분석이 다른 하나다.

사회학자 신광영에 의해 우리말로 옮겨진 이 저작은 2003년 미국사회학회가 수여하는 아시아 부문 최고의 책으로 선정됐다.

《영국 노동계급의 형성》은 2000년에 역사학자 나종일을 비롯한 서양사 전공 학자들에 의해 우리말로 옮겨져 나왔다. 원본에는 없는 '용어 해설', '1750∼1850년 연표', '1800년 무렵의 브리튼'과 '1810년 무렵의 런던과 웨스트민스터 지도'를 덧붙인 훌륭한 번역이다.

"가장 발달한 경제에서도
물질생활의 먼 과거가
흔적을 남기고 있다."

4.
근대 초기 문명의 전체사:
페르낭 브로델의 《물질문명과 자본주의》

인문·사회과학에서 어떤 분야든 그 기본은 철학적 접근과 역사적 접근이다. 철학적 접근이 연구 대상의 본질에 대한 이해를 제공한다면, 역사적 접근은 연구 대상의 변화에 대한 분석을 제공한다. 근대 이후 역사학을 포함한 사회과학에서 가장 중요한 두 분석 대상은 시장과 국가, 달리 말하면 자본주의와 민주주의였다. 경제적 자본주의와 정치·사회적 민주주의는 현대성을 이루는 양대 기둥이다.

제2차 세계대전 이후 이러한 자본주의의 역사를 설명하고 분석하는 데 가장 큰 영향을 미친 역사학 저작을 꼽는다면, 바로 프랑스 역사학자 페르낭 브로델(Fernand Braudel, 1902~1985)의 《물질문명과 자본주의》(Civilisation matérielle, économie et capitalisme, XVe – XVIIIe siècle, 1967~1979)일 것이다. 두 가지 점에서 그렇다. 첫째, 브로델이 사건·국면·구조의 다층적 시각에서 시도한 역사적 분석은 산업혁명 이전 근대 초기 문명의 역사적 실체에 가깝게 다가서게 했다. 둘째, 브로델이 제시한 장기지속의 역사학은 마르크스와 베버로 대표돼온 국민국가적 접근을 지구적 접근으로 확장해, 세계 체제론은 물론 세계화 담론에 적지 않은 영감과 통찰을 안겨줬다.

브로델은 전후 역사학계에서 새로운 흐름을 주도한 프랑스 아날학파의 제2세대를 대표하는 역사학자다. 뤼시앵 페브르와 마르크 블로크가 창시한 아날학파는 정치보다 사회, 개인보다 집단, 연대보다 구조를 역사 인식의 중심으로 삼았다. 이들은 평범한 사람들의 삶을 주목했다는 점에서 아래부터의 역사를, 장기지속의 시간을 중시했다는 점에서 장구한 변동의 역사를 밝히는 데 크게 기여했다. 브로델의《필리페 2세 시대의 지중해와 지중해 세계》(1949)와 더불어《물질문명과 자본주의》는 아날학파의 성취를 보여주는 대표적인 저작이다.

《물질문명과 자본주의》의 주요 내용

브로델 역사학의 독창성은 시간과 공간의 새로운 해석에서 찾을 수 있다. 그에 따르면 시간은 사회적 창조물이다. 그는 사회적 시간을 시간 지속의 길이와 측정 대상에 따라 단기지속(사건), 중기지속(국면), 장기지속(구조)으로 구별하고, 여기에 각각 사건사, 사회사, 구조사를 대응시킨다. 이 세 차원의 시간 가운데 중심축은 장기지속이다. 장기지속은 지리 또는 문화 영역에서의 구조와 같이 매우 더디게 진행하는, 중기지속과 단기지속에 중대한 영향을 미치는 시간의 역사를 함의한다.

《물질문명과 자본주의》에 앞서 발표한《필리페 2세 시대의 지중해와 지중해 세계》는 브로델의 존재를 널리 알린 저작이다. 그는 지리와 기후라는 거의 변화하지 않는 구조, 다시 말해 거의 움직이지 않는 역사에 대한 분석에서 출발한다. 그리고 이 구조 위에 존재하는 사회집단의 다양한 생활을 기술하고, 이 생활의 토대 위에서 진행된 사건과 정치와 인물을 서술한다.

《물질문명과 자본주의》는 세 권으로 이뤄져 있다. 제1권 〈일상생활의 구조〉는 1967년에 출간됐고, 제2권 〈교환의 세계〉와 제3권 〈세계의 시간〉이 1979년에 동시에 나옴으로써 완간됐다. 우리말 번역본이 2,800쪽에 달하는 방대한 저작이다.

이 책의 기본 내용은 15세기부터 18세기에 이르는 초기 근대에 대한 세계사적 분석이다. 브로델은 역사를 '3층집'으로 파악한다. 1층이 장기지속에 해당하는 '물질문명'이라면, 2층과 3층은 이 물질문명의 구조 위에 놓인 '경제'와 '자본주의'다. 브로델에게 근대 자본주의는 물질문명과 시장경제의 기반 위에 진행된 원거리 교역에서 시작된 것이었다.

브로델이 겨냥한 것은 근대 초기 문명에 대한 전체사다. 산업혁명 이전에 자본주의가 이미 지구적 수준에서 성장하고 발전함으로써 세계경제를 활성화시켰다는 그의 분석과 통찰은 역사학 및 사회과학에 중대한 영향을 미쳤다.

브로델과 근대 세계의 역사

《물질문명과 자본주의》는 프랑스 안팎에서 큰 반향을 일으켰다. 브로델은 15~18세기 근대 문명의 전체사를 서술함으로써 세계사 기술의 새 지평을 열었다고 평가받았다. 특히 일상생활의 역사에 대한 그의 탐구는 아날학파의 장점이 유감없이 발휘된 것이었다. 이러한 브로델의 연구는 아날학파 제3세대인 에마뉘엘 르 루아 라뒤리, 조르주 뒤비, 자크 르고프 등에 큰 영향을 미쳤다. 나아가 브로델의 이론적 착상과 역사적 분석은 미국 사회학자 이매뉴얼 월러스틴의 세계체제론에 기본틀을 제공했다.

《물질문명과 자본주의》에 대해 비판이 제기되지 않은 것은 아니었다. 《20세기 프랑스 역사가들》(2010)의 〈페르낭 브로델〉 부분을 집필한 미국 역사학자 에릭 더스텔러는 《물질문명과 자본주의》에 대해서 빈약한 이론, 부정확한 자본주의 개념, 유럽중심주의라는 비판이 제기됐다고 지적했다. 하지만 이런 지적들이 이 책의 성취를 부정하는 것은 아니었다. 이 놀라운 저작을 통해 우리 인류는 15~18세기 세계사회의 구조와 국면과 사건을 전체적으로 조망하고, 심층적으로 이해할 수 있게 됐다.

현재의 시점에서 볼 때 브로델의 《물질문명과 자본주의》는 이중의 의미를 안겨준다. 근대 문명이 일상에서 구조까지 정치·경제·문화를 포괄하는 전체로서 존재한다는 게 하나라면, 일국적 차원을 넘어선 교환과 교류가 근대 문명이 갖는 주목할 특징이라는 게 다른 하나다. 이러한 브로델의 발견과 통찰은 세계화의 역사에 대한 심도 깊은 이해를 제공할 뿐 아니라 세계화 시대 학제 간 연구의 중요성을 계몽한다. 《물질문명과 자본주의》는 21세기에도 읽어야 할 20세기 고전 중 하나임에 분명하다.

브로델의 후학들

브로델의《물질문명과 자본주의》를 생각하면 동시에 세 사람의 학자가 떠오른다. 프랑스 역사학자 라뒤리, 미국 사회학자 이매뉴얼 월러스틴, 그리고 역사학자 주경철이다.

브로델 역사학을 잇는 아날학파 제3세대인 라뒤리는 1967년부터 잡지《아날》의 편집에 참여했고, 1973년 브로델의 뒤를 이어 콜레주 드 프랑스의 근대문명사 담당 교수를 맡았다. 그의 대표작인《랑그도크의 농민들》(1969)과《몽타이유》(1975)는 우리말로 옮겨져 있다.

《랑그도크의 농민들》은 그의 박사학위 논문이다. 이 책은 15세기 말부터 18세기 초까지 프랑스 남부 랑그도크 지방의 토지세 대장과 십일조 기록에 대한 분석을 바탕으로 농업의 성장 및 쇠퇴 주기를 서술한 탁월한 저작이다. 이 책의 결론으로 제시되는 랑그도크의 역사인 '움직이지 않는 역사'는 그의 콜레주 드 프랑스 취임 강연의 주제가 됐다.

월러스틴은 브로델의 이론과 분석에 기반을 둔 세계체제론을 발표해 브로델의 역사학을 세계화시키는 데 크게 기여했다. 그는 자신이 가르쳤던 뉴욕주립대(빙햄턴)에 '경제, 역사 체제, 문명을 위한 페르낭 브로델 센터'를 세우기도 했다.▼

《물질문명과 자본주의》를 우리말로 옮긴 주경철은 국내 서양사

▶   월러스틴의 사회이론에 대해선 이 책의 5장을 볼 것.

연구의 새로운 지평을 열어온 역사학자다. 그는 서울대 경제학과를 졸업하고 대학원에서 서양사학을 공부한 뒤 프랑스 파리 사회과학 고등연구원에서 역사학 박사학위를 받았다. 그가 발표한 일련의 책들은 전문가가 가져야 할 깊이와 대중들이 가질 수 있는 흥미를 겸비한 저작들로 평가됐다.

《대항해 시대》(2008)는 이러한 그의 역량이 유감없이 발휘된 저작이다. 그는 농경사회 중심의 시각과 서구 중심의 시각을 넘어서 해상 팽창이 지구적 네트워크를 구축하는 명암의 과정을 추적함으로써 지구적 근대 문명의 등장을 분석했다. 최근 그는《마녀》(2016)를 발표해 다시 한번 주목받았다. 근대 문명이 그 이면에 마녀사냥이라는 야만의 심연을 숨겨 왔다는 그의 분석은 역사적 사실에 대한 심층적인 이해는 물론 권력의 작동방식에 대한 날카로운 통찰을 안겨줬다.

《물질문명과 자본주의》 전 3권은 역사학자 주경철에 의해 우리말로 옮겨졌다. 입문서로는 브로델의 강연을 번역가 김홍식이 우리말로 옮긴 《물질문명과 자본주의 읽기: 자본주의라는 이름의 히드라 이야기》가 유용하다. 역사학자 김응종의 《페르낭 브로델: 지중해·물질문명과 자본주의》는 브로델 역사학을 이해하는 데 훌륭한 안내서다.

"15세기 말에서 16세기 초에 유럽
세계경제라 할 만한 것이 생겨났다. (…)
그것은 이전의 세계에서는
실로 찾아볼 수 없는
일종의 사회체제였으며,
바로 이 점이 근대 세계체제의
뚜렷한 특징이었다."

5.

자본주의의 역사적 기원:
이매뉴얼 월러스틴의《근대 세계체제 1》

　전후 서구사회에 가장 중요한 영향을 미친 정치적 사건은 68혁명과 1989년 동구 사회주의 몰락이었다. 68혁명이 자본주의와 사회주의에 내재한 국가주의에 대한 거부를 요구했다면, 동구 사회주의 몰락은 자본주의에 맞서온 현실사회주의 기획의 실패를 함의했다. 두 사건이 지식사회에 미친 영향은 결코 작지 않았다. 68혁명 이후 자본주의 국가 비판과 국민국가의 한계를 다룬 연구들이 대거 등장했고, 동구 사회주의 몰락 이후 자유시장 체제를 지지하는 신자유주의 담론의 위력은 강력해졌다.

　미국 사회학자 이매뉴얼 월러스틴(Immanuel Wallerstein, 1930~)은 68혁명의 사상적 적자(嫡子)라 할 만하다. 1974년《근대 세계체제 1》(The Modern World-System 1)을 발표해 자신의 존재를 알린 그는 두 가지 점에서 이채로운 사상가였다. 첫째, 그는 사회과학의 분석 단위에서 일대 혁명을 일으켰다. 국민국가를 거부하고 세계체제의 차원에서 자본주의 역사를 분석했다. 둘째, 근대 자본주의의 미래에 대한 거시적 전망을 제시했다. 자본주의가 초시간적 체제가 아니라 역사적 체제라는 게 그의 일관된 주장이었다.

월러스틴의 세계체제론은 아날학파 페르낭 브로델의 장기지속 역사학으로부터 큰 영향을 받았다. 뿐만 아니라 마르크스의 사회이론과 안드레 군더 프랑크, 사미르 아민의 종속이론으로부터도 이론적 자극을 받았다. 세계체제론은 마르크스, 브로델, 종속이론이라는 세 기둥 위에 세워진 역사적 사회과학 이론이었다.《근대 세계체제 1》을 발표한 이후 월러스틴은 뉴욕주립대(빙햄턴)의 페르낭 브로델 센터를 중심으로 '세계체제 학파'를 이끌었다. 그의 세계체제론이 1980년대 이후 세계화 담론에 지대한 영향을 미친 것은 두말할 필요가 없다.

《근데 세계체제 1》의 주요 내용

세계체제론의 가장 중요한 기여는 분석 단위에서 일대 전환을 요구했다는 데 있다. 마르크스와 베버로 대표되는 고전 사회학에서는 계급 또는 집단, 국민국가가 일차적인 분석 단위였다. 이런 이론적 가정에 맞서 월러스틴은 주권국가나 민족사회가 아닌 세계체제가 사회과학의 분석 단위가 돼야 한다고 주장한다.

월러스틴에 따르면, 자기 충족적이고 내적인 발전 동인을 갖는 체제는 '소체제'와 '세계체제'뿐이다. 이 세계체제는 다시 '세계제국'과 '세계경제'로 구분된다. 세계제국이 고대 로마처럼 공통의 정치체제를 갖고 있다면, 세계경제는 근대사회처럼 복수의 정치체제로 이뤄져 있다. 16세기 이래 세계체제는 재분배적 공납제의 세계제국으로부터 자본주의 세계경제로 이행했다는 게 그의 해석이다.

《근대 세계체제 1》에서 가장 유명한 개념들은 '중심부', '반(半) 주변부', '주변부'다. 이른바 '긴 16세기'에 등장한 유럽 세계경제는 영국·네덜란드 등의 중심부, 스페인·이탈리아 등의 반주변부, 동유럽·히스패닉 아메리카 등의 주변부로 이뤄져 있었다. 월러스틴은 자본주의 세계경제가 이러한 3분 구조의 국제분업으로 이뤄졌다고 분석한다.

월러스틴은 자본주의 세계경제를 네 단계로 구분한다. 농업자본주의 단계인 유럽 세계경제의 등장(1450~1640), 중상주의 시대인 유럽 세계경제의 공고화(1640~1815), 산업자본주의 단계인 세계경제의 지구화(1815~1917), 자본주의 세계경제의 공고화(1917년 이후)가 그것이다. 《근대 세계체제 1》은 '자본주의적 농업과 유럽 세계경제의 기원'이라는 부제에서 볼 수 있듯 농업자본주의를 분석한 저작이다. 월러스틴은 이후 시대를 다룬 연작을 출간해 왔다.

세계체제론의 메시지에서 주목할 것은 자본주의 세계경제가 지구상에 존재했던 역사적 사회체제의 하나라는 점이다. 여기서 '역사적'이란 자본주의 세계경제가 탄생·확장·종말이라는 생애주기를 갖고 있다는 뜻이다. 월러스틴은 자본주의가 등장하고 발전하며 모순이 격화되어 구조적 위기를 일으킴으로써, 결국 안에서부터 붕괴될 것이라는 전망을 내놓았다.

비판과 반비판

《근대 세계체제 1》은 출간되자마자 격렬한 논쟁을 일으켰다. 그 초점은 자본주의에 대한 정의, 분석 단위 문제, 경제주의적이고 기능주의적인 설명방식 등에 맞춰졌다.

월러스틴은 자본주의를 시장에서의 판매를 위한 생산 체제라고 정의했다. 이런 이론화에 대한 비판들 가운데는 역사학자 로버트 브레너의 비판이 가장 잘 알려져 있다. 브레너는 세계체제론이 자본주의 이행을 시장 및 분업의 확대 과정으로 이해할 뿐 생산관계, 기술혁신 및 잉여 착취체제를 간과하는 오류를 범한다고 이의를 제기했다.

월러스틴은 자신을 유통주의자로 몰아세우는 이러한 비판에 대해 오랜 침묵을 지키다 '영국 만세 학파'라며 반비판했다. 그에게 브레너의 주장은 영국 자본주의를 표준적인 발전모델로 받아들이는 서구중심주의적 이론화일 뿐이었다.

세계체제론은 세계화 담론에 큰 영향을 미쳤다. 세계화는 국제화와 근본적으로 다르다. 국제화가 국민국가 간 교류가 양적으로 증대되는 현상을 말한다면, 세계화는 현대적 사회생활이 새롭게 재구성됨으로써 세계사회가 독자적 차원을 획득하는 과정을 의미한다. 분석 단위의 전환을 주장한 세계체제론은 이러한 세계화의 개념화와 분석에 결정적 통찰을 안겨줬다.

1980년대 이후 월러스틴은 근대 자본주의의 미래를 전망하는 글을 발표해 왔다. 그는 역사적 체제로서의 자본주의 문명이 '존재의 가을'에 도달했음을 강조했다. 자본주의는 정상적 기능을 유지하기 위한 필수적 조정에 들어가는 비용이 지나치게 커져 체제의 평형상태로 돌아갈 수 없는 분기의 지점에 다가서고 있다는 게 그의 전망이다. 자본주의의 현재와 미래를 알기 원하는 이들에게 이 체제의 역사적 기원을 분석한《근대 세계체제 1》을 읽는 것은 여전히 의미 있는 일이다.

분단체제 논쟁

월러스틴의 세계체제론이 우리 지식사회에 미친 대표적인 영향으로는 분단체제론을 들 수 있다. 분단체제론은 영문학자 백낙청이 주조한 이론이다.

백낙청이 말하는 분단체제란 월러스틴이 이론화한 근대 세계체제의 하위 체제다. 자본주의 세계경제와 한국 사회라는 국민국가 사이에 존재하는, 동아시아에 위치한 특이한 존재를 말한다. 분단의 역사적 현실과 분단체제의 영향을 주목해 백낙청은 한국 사회운동이 다른 나라의 사회운동과 구별되는 분단체제 변혁운동이라는 중대한 과제를 안고 있다고 주장했다.

이 분단체제론을 놓고 1994년《창작과비평》에서 백낙청과 정치학자 손호철 사이에 논쟁이 벌어졌다. 손호철은 분단체제가 세계체제와 같은 자기 완결성과 내적 노동분업을 갖고 있지 못하기 때문에 '체제'로 파악되기 어렵고, 분단모순을 지나치게 강조한 나머지 계급모순과 민족모순을 소홀히 하게 된다고 우려했다. 이에 대해 백낙청은 분단이 갖는 특수성과 국민국가적 관점의 한계를 다시 한 번 강조했다.

월러스틴의 세계체제론에 대한 사회학계와 역사학계 연구도 주목할 만하다. 사회학자 이수훈은 월러스틴의 사회이론에 대한 선구적인 연구서인《세계체제론》(1993)을 내놓았다.《세계체제론》은 《근대 세계체제 1》을 중심으로 세계체제론의 형성과 자본주의 세계체제의 발전과정을 추적힌다. 그리고 월러스틴이 분석한 근대 자본주의 세계체제의 특징과 위기를 재정리하면서 그 의미를 탐구한다.《근대 세계체제 1》을 이해하는 데 유용한 길잡이가 될 수 있는 연구서다.

역사학계에서 이뤄진 월러스틴의 세계체제론에 대한 연구로는 한국서양사학회가 편집한《근대 세계체제론의 역사적 이해: 브로델과 월러스틴을 중심으로》(1996)를 들 수 있다. 이 책은 두 부분으로 구성돼 있다. 제1부는 마르크스의 사회이론과 브로델의 역사이론이 월러스틴 세계체제론에 어떤 영향을 미쳤는지를 주목한다. 제2부는 봉건제에서 자본주의로의 이행을 위시한 서양 근대사 연구의 주요 주제들에 대한 월러스틴의 해석의 적실성을 검토한다. 이 저작은 실증적 연구를 중시하는 역사학자와 논리적 정합성을 중시하는 사회과학자의 대화를 모색했다는 점에서 역사학계와 사회학계에서 모두 주목을 받았다.

《근대 세계체제 1》은 역사학자 나종일 등에 의해 우리말로 옮겨졌다. 《근대 세계체제 2》는 역사학자 유재건 등에 의해, 《근대 세계체제 3》은 역사학자 김인중 등에 의해 번역됐다.

"지금은 거울에 비추어 보듯이
희미해서 진리는 우리 앞에
명명백백하게 드러나지 않는다.
우리는 이 세상의 허물을 통해
그 진리를 편편(片片)이
볼 수 있을 뿐이다."

6.

소설로 보는 포스트모더니즘:
움베르토 에코의《장미의 이름》

소설이 사상이 될 수 있을까? 결론부터 말하자면 그렇다. 소설의 주제가 사유 방식의 탐구에 있다면 그 소설은 훌륭한 사상이 될 수 있다. 20세기 전반기에 발표된 토마스 만의《마의 산》이 계몽주의의 성찰을 담았다면, 제임스 조이스의《율리시즈》는 의식의 흐름을 펼쳐 보였다. 전후 사상가로서의 소설가의 위상을 보여준 두 사람은 조지 오웰과 움베르토 에코(Umberto Eco, 1932~2016)다. 오웰의《1984》가 전체주의에 대한 비판을 다뤘다면, 에코의《장미의 이름》(Il nome della rosa)은 다원주의의 상상력을 옹호했다.

1980년 에코가《장미의 이름》을 출간했을 때 서구 지식사회는 두 번 놀랐다. 당대를 대표하는 기호학자가 소설을 발표한 게 첫 번째 놀라움이었다면, 작품의 완성도가 매우 높았다는 게 두 번째 놀라움이었다. 놀라움은 여기서 그치지 않았다.《장미의 이름》발표 이후에 에코는《푸코의 진자》(1988),《전날의 섬》(1994),《바우돌리노》(2000) 등을 연속 발표함으로써 세계적으로 화제를 불러 모았다.

에코의 작품들은 흔히 포스트모더니즘 소설로 평가된다. 기호학자이자 중세학자인 에코를 포스트모더니즘을 대표하는 사상가라고 보기는 어렵다. 포스트모더니즘의 사상을 살펴보는 데는 철학자 장 프랑수아 리오타르와 사회학자 장 보드리야르가 더 적절할 수 있다. 하지만 에코의 소설은 밀란 쿤데라, 토마스 핀천의 소설과 함께 포스트모더니즘을 대중에게 알리는 데 크게 기여했다. 에코의 《장미의 이름》, 쿤데라의 《참을 수 없는 존재의 가벼움》, 핀천의 《49호 품목의 경매》 등이 보여준 다원주의 상상력은 20세기 후반 포스트모더니즘이 전달하려는 가장 중요한 메시지였다. 이 책에서 에코의 《장미의 이름》을 다루는 이유가 바로 여기에 있다.

《장미의 이름》의 주요 내용

"지금은 거울에 비추어 보듯이 희미해서 진리는 우리 앞에 명명백백하게 드러나지 않는다. 우리는 이 세상의 허물을 통해 그 진리를 편편(片片)이 볼 수 있을 뿐이다."

《장미의 이름》 프롤로그에 나오는 말이다. 《신약성서》의 〈고린도전서〉를 인용해 쓴 구절이다. 진리란 무엇인가? 그것은 하나인가 여럿인가? 분명한 것인가 모호한 것인가? 《장미의 이름》을 통해 에코는 포스트모더니즘이 강조하는 이성의 한계를 주목하고 사유의 복수성을 옹호한다.

《장미의 이름》은 에코가 존경해온 아르헨티나 작가 호르헤 루이스 보르헤스의 '바벨의 도서관' 이야기와 영국 추리작가 코넌 도일의 '셜록 홈스 시리즈'를 차용하는 포스트모던 기법을 활용한다. 소설은 1327년 프란체스코회 수도사 윌리엄과 멜크 수도원 수련사 아드소가 의문의 살인사건을 해결하기 위해 이탈리아의 한 베네딕트 수도원에 도착하면서 시작한다. 묵시록에 예언된 것처럼 연쇄 살인사건이 발생하고, 윌리엄과 아드소가 사건의 중심에 있는 장서관의 비밀을 풀어내는 게 소설의 내용을 이룬다.

이 소설의 절정은 '웃음은 예술이며 식자(識者)들의 마음이 열리는 세상의 문'이라는 내용을 다룬 아리스토텔레스의《시학》제2권이 장서관에 존재한다는 '사실 아닌 사실'을 밝히는 지점이다. 존재하지 않는《시학》제2권을 에코가 앞세운 것은 비극을 높이 평가한《시학》에 대한 저항 또는 해체를 함축한다. 에코에게 진리란 여럿이며, 그러기에 애매하고 불확실한 것이다. 이렇듯《장미의 이름》은 에코의 다원주의 사상을 선명하게 보여준다.

포스트모더니즘과 새로운 중세

《장미의 이름》은 추리소설 기법을 활용해 14세기 중세를 다룬 역사소설이다. 그동안 문학적·기호학적·철학적 시각에서 다양한 해석들이 제시돼 왔다. 사상의 측면에서 볼 때《장미의 이름》은 포스트모더니즘을 대표하는 소설의 하나로 파악할 수 있다. 비극에 대응해 희극을 내세운 에코의 의도는 절대주의와 단원(單元)주의에 맞서 상대주의와 다원주의를 부각시키려는 데 있었다. 상대주의와 다원주의는 포스트모더니즘을 지탱하는 사상적 지반이다.

흥미로운 것은 전후 현대에 대한 에코의 분석이다. 에코는 엘리트주의적 모더니즘에 맞선 반엘리트주의적 포스트모더니즘에 공감을 표시했다. 동시에 그는 현대가 '새로운 중세'로 나가고 있다고 진단했다. 중세시대의 강고한 요새와 같은 독점 대기업, 현실로부터 유리된 수도원과 같은 대학, 요새와 수도원 밖에서 질병과 범죄에 시달리는 중세 민중과 같은 무력한 현대인들이 새로운 중세의 특징이라는 게 에코의 주장이었다.

에코의 소설들에 찬사만 쏟아진 것은 아니다. 적지 않은 평론가들은 에코의 소설이 지나치게 관념적이며 지루하다고 비판했다. 이러한 평가에도 불구하고 독자들이 그의 소설을 즐겨 읽는 이유를 생각해 봐야 한다. 에코의 작품에는 무한한 박식과 관념적 유희가 주는 지적 즐거움에 더해, 기존의 사유를 전복하고 성찰하려는 지적 도전이 담겨 있다. 독자들은 이러한 도전에 공감한 것이 아닐까?

오늘날, 진리는 통약불가능하고, 결국 부재한다는 포스트모더니즘의 상대주의 세계관에 쉽게 동의하긴 어렵다. 하지만 21세기에 들어와 우리 인류를 위협하고 있는 것들 중 하나는 근본주의적 절대주의 세계관이다. 이 세계관이 낳아온 폭력을 돌아볼 때, 상대주의는 매우 중요한 가치다. 민주주의는 개인주의와 자유주의, 그리고 다원주의를 기반으로 한다.

민주주의가 소중한 가치라면, 다원주의 상상력은 이 민주주의를 배양하고 성숙시킨다. 오웰의 《1984》와 더불어 에코의 《장미의 이름》이 사상을 담은 소설의 고전으로 평가될 수 있는 까닭은 이것만으로도 충분하다.

포스트모더니즘과 한국사회

우리 사회에서는 1990년대에 들어와 '문화의 시대'가 열리면서 포스트모더니즘이 본격적으로 논의됐다. 포스트모더니즘에 담긴 의미가 고급문화와 대중문화의 경계가 허물어지고 혼성모방 기법이 적극 활용되며 상품 소비가 이미지 소비로 나타난다는 데 있다면, 1990년대 우리 문화에서는 포스트모더니즘이 관찰된다고 볼 수 있었다. 당시 유하의 시, 김경욱의 소설, 열린음악회, 각종 광고들은 그 구체적인 사례로 제시됐다.

이러한 포스트모더니즘의 등장은 한국 자본주의의 구조변동과 밀접히 관련돼 있었다. 소득 향상에 따른 소비 계층의 확대와 소비양식의 세계화로 여가활동, 영상, 레저 등은 새로운 대량소비 품목이 됐다. 1997년 외환위기가 발생하기 이전까지 소비 취향이 다양해지고 내적 스타일 분화가 증가한 셈이었다. 포스트모더니즘이란 말은 이러한 현상을 망라하는 개념으로 널리 통용됐다.

주목할 것은, '문화로서의 포스트모더니즘'이 이렇게 실재했더라도 '제도로서의 포스트모더니티'는 부재했다는 점이다. 우리 사회 근대화 과정을 돌아볼 때 '포스트모던'이 아니라 '모던'이 중대한 과제라는 주장이 지식사회 안에선 다수의 견해를 이뤘다. 그 대표적인 연구의 하나가 《한국의 근대와 근대성 비판》(1996)에 실린 사회학자 임현진의 〈사회과학에서의 근대성 논의〉였다.

임현진은 광복 이후 근대화 프로젝트를 검토해 다음의 세 가지 결론을 이끌어냈다. 첫째로 국민국가가 미완의 상태이고, 둘째로 자본주의가 자립적이지 못하며, 셋째로 민주주의의 실질적 제도화가 필요하다는 점에서 근대화는 여전히 미완의 과제라는 주장이었다. 이러한 논리는 1996년의 시점에서 볼 때 현실 분석의 적실성을 가졌다.

1990년대 포스트모더니즘을 둘러싼 토론은 '한국적 이론 소비'의 한 전형을 보여준다. 대학에서 연구되는 학문의 상당수가 서구에서 발전된 만큼 우리 지식사회는 서구 이론에 민감할 수밖에 없다. 하지만 한국적 현실을 고려하지 않고 수입되고 적용되는 각종 이론들은 유행이 끝나면 시야에서 빠르게 사라지게 마련이다. 21세기에 들어와 포스트모던 상황이 지구적으로 강화되는 현실 속에서 이미 소비된 포스트모더니즘 이론은 그 생명력을 회복하기 어려웠다.

서구 이론에 대한 개방적이면서도 주체적인 태도는 우리 학문에서 여전히 중요한 과제다.

《장미의 이름》은 소설가이자 번역가인 이윤기에 의해 우리말로 옮겨졌다. 이윤기는 여러 차례 수정해 번역본의 완성도를 높였다. 《장미의 이름》의 탄생 배경에 대해선 1983년에 출간된 《장미의 이름 작가 노트》를 읽어보는 게 좋다. 이 역시 이윤기에 의해 번역됐다.

"민족은 본래 제한되고
주권을 가진 것으로
상상되는 정치공동체이다."

7.

발명으로서의 민족:
베네딕트 앤더슨의《상상의 공동체》

전후 사상의 역사에서 가장 뜨거운 논쟁을 이룬 쟁점 중 하나는 민족주의다. 민족주의는 제2차 세계대전 종전 이후 등장한 비서구 사회 신생 독립국에게 민주주의와 함께 기본 이념을 제공했다. 뿐만 아니라 민족갈등은 계급갈등과 함께 정치·사회 질서를 뒤흔들었다. 이러한 역사와 현실은 인문학은 물론 사회과학에서 자연스럽게 민족과 민족주의를 탐구하게 하고 토론하게 했다.

민족주의 연구에서 가장 획기적인 주장은 어니스트 겔러, 베네딕트 앤더슨(Benedict Anderson, 1936~2015), 에릭 홉스봄으로 대표되는 '현대주의적' 이론이었다. 철학자이자 인류학자인 겔러, 정치학자이자 역사학자인 앤더슨, 역사학자인 홉스봄은 근대화 과정에서 민족주의가 형성됐고, 이 민족주의가 민족을 만들었다는 혁신적인 견해를 내놓았다. 기존의 통념을 뒤흔든 이러한 이론틀은 민족과 민족주의에 대한 새로운 성찰을 요구하고, 나아가 뜨거운 논쟁을 일으켰다.

앤더슨의《상상의 공동체》(Imagined Communities, 1983)는 현대주의적 이론을 대표하는 저작이다. 책 제목이 암시하듯 민족은 민족주의 지식인들이 만들어낸 '상상의 공동체'라는 게 앤더슨의 주장이었다. 앤더슨의 이론은 민족을 영원한 공동체로 인식하는 '영속주의적' 이론에 이의를 제기한 것이었다. 이 접근은 민족주의에 대한 새로운 인식을 촉구했다는 점에서 역사학·문학·사회학·인류학·정치학 등에 결코 적지 않은 영향을 미쳤다. 세계화 시대에 민족주의는 한편에선 약화되고, 다른 한편에선 강화된다. 이러한 역동적 현실을 지켜볼 때《상상의 공동체》는 여전히 문제적이면서도 성찰적인 내용을 담고 있다.

《상상의 공동체》의 주요 내용

《상상의 공동체》의 부제는 '민족주의의 기원과 전파에 대한 성찰'이다. 앤더슨은 이 저작에서 민족과 민족주의에 대한 독특한 해석을 제시한다. 그에게 민족이란 제한되고 주권을 가진 것으로 상상되는 정치 공동체다. 여기서 중요한 것은, 다른 민족과 구별되고 독자적 주권을 가졌다고 파악되는 민족이 객관적으로 존재하는 실재의 공동체가 아니라, 근대 민족주의자들이 만들어낸 상상의 공동체라는 점이다.

앤더슨이 보기에 상상의 공동체로서의 민족에 대한 인식에 결정적 영향을 미친 것은 '인쇄 자본주의'였다. 인쇄 자본주의의 등장은 문필가들에게 라틴어가 아닌 지역 주민들이 읽을 수 있는 지방어로 저술하게 했고, 이때 민족주의 지식인들은 자신의 민족주의 사상을 전파하기 위해 민족을 공동체로 상상할 수 있게 하는 저작들을 발표했다. 이러한 민족주의 지식인들의 저작들을 통해 지역 주민들이 상상의 공동체인 민족을 실재하는 것으로 받아들이게 됐다고 그는 주장한다.

앤더슨에 따르면, 민족주의에는 세 유형이 존재한다. 아메리카 대륙의 제1세대 크리올 민족주의, 유럽 대륙의 제2세대 종족 언어 민족주의와 이와 연관된 관 주도 민족주의, 제2차 세계대전 이후 신생국의 민족주의가 그것이다. 주목할 것은 그가 민족주의의 기원을 유럽이 아닌 아메리카 대륙에서 찾았다는 점이다. 백인 이주민의 후손인 크리올들은 가장 앞서 자신들의 '민족됨'을 자각했고, 이는 민족주의의 형성으로 귀결됐다. 유럽 민족주의가 크리올 민족주의를 모방하고 표절했다면, 신생국 민족주의는 크리올 민족주의와 관 주도 민족주의로부터 큰 영향을 받았다.

요컨대 앤더슨은 민족주의를 18세기 후반이라는 특정한 시기에 여러 역사적 동력들이 교차해 등장한 특수한 문화적 조형물이라고 파악한다. 이러한 이론화를 통해 앤더슨은 민족을 불변하는 실체로 보는 통념에 맞서서 민족과 민족주의에 대한 새로운 성찰을 제공한다.

민족주의의 빛과 그늘

《상상의 공동체》는 출간되자마자 민족주의를 연구해온 인문·사회과학자들의 큰 관심과 논쟁을 일으켰다. 1980년대 초반까지만 해도 민족을 과거로부터 이어진 영원에 가까운 존재로 파악하는 견해가 작지 않은 영향력을 행사해온 상황에서 앤더슨의 주장은 혁신적인 발상을 담고 있었기 때문이다. 앤더슨의 이론은 같은 현대주의적 이론가로 지목되는 겔러의《민족과 민족주의》(1983), 홉스봄의《1780년 이후의 민족과 민족주의》(1990)에서 제시된 이론과 유사했다.

앤더슨의 민족주의 이론은 유럽의 역사적 경험을 놀아볼 때 나름대로의 경험적 적실성을 가진 논리였다. 근대 자본주의 국가는 사회통합을 위해 민족주의를 발전시켰고, 이 과정에서 공동체로서의 민족을 호명했다. 하지만 이러한 현대주의적 이론에 대한 비판도 만만치 않았다. 사회학자 앤서니 스미스의 민족주의 이론이 대표적인 반론이었다. 스미스는 민족을 같은 장소에서 살아온 소속감 및 결속력을 가진 공동체로 파악하고, 근대 이전에도 이 민족이 역사적 실재로서 존재한다고 주장했다.

이러한 스미스의 이론은 유럽과 다른 동아시아에서 경험적 적실성이 높은 것으로 보인다. 근대 이전에 한국, 중국, 일본의 경우 민족과 민족주의는 실재했다고 보는 게 더 온당할 수 있기 때문이다. 사회학자 신기욱은 앤더슨보다 스미스의 이론에 주목해 한국 민족주의의 역사적 계보와 정치적 함의를 추적하기도 했다.

21세기 현재, 한편에선 서로 다른 민족주의들이 격렬히 충돌하고 있다. 하지만 다른 한편에선 세계시민사회의 등장과 다문화사회의 도래에서 볼 수 있듯, 민족주의의 배타성이 시험대 위에 올라서 있다. 분명한 것은 강대국과 약소국이 경쟁하는 지구적 차원에서 민족주의를 일방적으로 거부할 수만은 없다는 점이다. 그렇다고 해서 민족주의에 내재된 권위주의와 인종주의를 승인해서도 안 된다. 민족적 정체성과 세계시민적 정체성을 어떻게 생산적으로 공존시킬 것인지는 21세기 정치사회 및 시민사회에 부여된 매우 중대한 과제다.

민족주의와 한국사회

일본 제국주의의 식민지를 겪고 이로부터 독립을 이룬 역사적 경험은 20세기 우리나라를 강력한 민족주의의 영향력 아래 놓이게 했다.

"민족의 혈통은 영구적이다. (…) 오늘날 소위 좌우익이란 것도 결국 영원한 혈통의 바다에서 일어나는 일시적인 풍파에 불과하다는 것을 잊어서는 아니 된다."

김구의 《백범일지》 가운데 〈민족국가〉의 한 구절이다. 이러한 김구의 주장은 국민 다수의 상당한 공감을 받아 왔다.

민족주의가 민주주의와 함께 광복 이후 우리 사회를 대표해온 이념인 만큼 많은 인문·사회과학자들은 민족주의를 다각도로 연구해 왔다. 역사학자 이기백과 사회학자 신용하가 대표적인 민족주의 옹호자들이라면, 역사학자 임지현과 정치학자 권혁범은 주목할 만한 민족주의 비판자들이다. 민족주의 비판자들은 민족주의에 내재된 과도한 집단주의와 권위주의, 국가주의에 초점을 맞췄다.

한국 민족주의의 특징에 주목해 앤더슨의 민족주의 이론에 대해 반론을 제기한 대표적인 연구로는 사회학자 신용하의 논문과 신기욱의 저작이 있다.

신용하는 〈'민족'의 사회학적 설명과 '상상의 공동체론' 비판〉(2006)을 통해 앤더슨 이론을 강하게 비판했다. 그에 따르면, 앤더슨의 상상적 공동체 이론은 역사적 인과관계부터 잘못돼 있다. 앤더슨은 민족보다 민족주의가 먼저 등장했다고 본 반면, 신용하는 민족이 먼저 형성되고 이어서 민족주의가 출현했다고 파악했다. 민족주의 문필가들의 저작들이 이미 형성돼 있던 민족의식을 강화하여 민족주의 형성에 나름대로의 역할을 했다는 게 신용하의 주장이었다.

신기욱 역시 《한국 민족주의의 계보와 정치》(Ethnic Nationalism in Korea, 2006)에서 앤더슨의 민족주의 이론에 이의를 제기했다. 그는 한국의 민족주의를 '종족적 민족주의'로 이해할 것을 제안했다. 한국의 종족적 민족주의는 이중적 특징을 갖는다. 긍정적 측면에서는 반식민주의·반제국주의 이데올로기로서의 역할을 담당하고 산업화를 위한 개발 윤리의 토대를 이뤘다. 하지만 부정적 측면에서는 인권과 시민권의 침해를 정당화하는 이념으로 작동하기도 했다.

21세기 세계화 시대와 정보 시대에 민족주의는 여전히 '양날의 칼'이다. 민족주의에 내재된 권위주의와 배타성은 거부돼야 한다. 하지만 동시에 세계적 차원에서 갈수록 치열해지는 국가 간 경쟁을 고려할 때 민족주의의 영향력은 상당 기간 지속될 것으로 보인다.

《상상의 공동체》는 인류학자 윤형숙에 의해 우리
말로 옮겨졌다. 책 말미에 덧붙여진 '역자 해설'은
이 저작에 대한 이해를 돕고 있다.

II. 철학과 자연과학

이 책 제목인 '사상'에 가장 걸맞은 분야는 철학이다. '사상'이라 하면 가장 먼저 철학을 떠올리게 된다. 철학은 신학과 함께 가장 오랜 역사를 가진 학문이다.

전후 서구 철학을 주도한 흐름은 영미의 언어철학, 프랑스의 실존철학, 독일의 사회철학이다. 루드비히 비트겐슈타인이 언어철학을, 장 폴 사르트르가 실존철학을, 위르겐 하버마스가 사회철학을 대표해 왔다. 더불어, 한스-게오르그 가다머의 해석학, 모리스 메를로-퐁티의 현상학, 자크 데리다의 해체철학, 그리고 포스트모더니즘 철학이 주목받았다.

이 가운데 여기서는 막스 호르크하이머와 테오도어 아도르노의 《계몽의 변증법》과 위르겐 하버마스의 《의사소통행위 이론》을 먼저 주목했다. 《계몽의 변증법》이 독일 비판이론의 초석을 놓았다면, 《의사소통행위 이론》은 그 종합을 모색한 저작이다. 스승인 아도르노와 제자인 하버마스는 잘못된 계몽의 참다운 계몽, 다시 말해 '계몽의 계몽'을 주장해 비판적 이성의 중요성을 역설한다.

데리다의《그라마톨로지》가 전후 철학사상에서 차지하는 위상은 독특하다. 데리다는 해체의 철학자다. 서구 형이상학에 내재된 이분법을 해체하는 것이 데리다가 겨냥하는 목표다. 그의 사상은 난해한 만큼 논란도 컸고, 근본적인 만큼 영향도 컸다. 페미니즘, 포스트모더니즘, 포스트콜로니얼리즘은 데리다 철학으로부터 새로운 사유의 방식을 자극 받았다.

정치철학자 한나 아렌트와 존 롤즈의 기여 또한 주목 받아 마땅하다. 아렌트의《인간의 조건》과 롤즈의《정의론》은 전후 영향력이 가장 두드러진 저작들로 손꼽힌다.《인간의 조건》이 아렌트 특유의 철학적 인간학을 펼쳐 보인다면,《정의론》은 정의의 정치철학을 세우고 정교화한다. 특히 롤즈가 제시한 '공정으로서의 정의'는 어느 나라든 사회제도의 제1덕목으로서 의미를 갖는다. 아렌트, 롤즈는 푸코, 하버마스와 함께 전후 서구 사상을 대표하는 철학자들로 평가할 수 있다.

여기서 다루지는 않지만 비트겐슈타인의《철학적 탐구》, 사르트르의《변증법적 이성 비판》, 메를로-퐁티의《지각의 현상학》, 가다머의《진리와 방법》역시 전후 철학사상을 대표하는 저작들이다. 이 가운데《철학적 탐구》가 제시한 '언어 게임' 이론은 언어철학은 물론 철학사상 전반에 심원한 영향을 미쳤다.

사회심리학자 에리히 프롬의《소유냐 존재냐》는 흥미로운 저작이다. 프롬에 대해 지식사회는 무관심했지만, 시민사회는 호의적이었다. 시민들은《소유냐 존재냐》가 펼치는 인본주의 심리학을 크게 환영했다. 대중적 관심이라는 측면에서는 진화심리학자 스티븐 핑거의 《빈 서판》 역시 큰 화제를 모았다. 인간의 본성을 탐구한 문제작 《빈 서판》을 여기서 살펴보지 못한 것은 아쉬움으로 남는다.

머리말에서 밝혔듯 이 책은 자연과학 저작들을 풍부히 다루지 못하고 있다. 여기서 주목하는 자연과학 저작은 토마스 쿤의 《과학혁명의 구조》와 에드워드 윌슨의 《사회생물학》이다.

인문학과 사회과학, 자연과학을 통틀어 볼 때 《과학혁명의 구조》는 전후 사상의 역사에서 가장 문제적인 저작이다. 쿤의 이론은 책 제목처럼 혁명적이다. 과학적 지식의 발전은 누적이 아닌 과학혁명이라는 단절을 통해 이뤄진다는 게 그의 주장이다. 한 저작이 일으키는 사회적 논란의 측면에서 《사회생물학》이 가져온 파장은 《과학혁명의 구조》 못지않았다. 사회성의 진화가 유전적 반응이라는 윌슨의 주장은 인간에 대한 이해를 뒤흔들었고, 이에 대해선 여전히 토론과 논쟁이 진행되고 있다. 흥미로운 것은 《과학혁명의 구조》와 《사회생물학》이 자연과학은 물론 인문·사회과학에 미친 충격과 영향이 매우 컸다는 점이다.

인문·사회과학과 비교할 때 자연과학은 시민들이 쉽게 접근하기 어려운 분야다. 어느 정도의 전문적 지식이 요구되기 때문이다. 이러한 자연과학이 대중화되는 데에 기여한 리처드 도킨스의 《이기적 유전자》, 칼 세이건의 《코스모스》, 스티븐 호킹의 《시간의 역사》를 이 책에서 다루지 못한 것은 아쉬움으로 남는다. 이 저작들은 인문·사회과학자는 물론 일반 시민들도 주의 깊게 읽어볼 만하다.

"진보적 사유라는 포괄적 의미에서
계몽은 예로부터 인간에게서
공포를 몰아내고
인간을 주인으로 세운다는
목표를 추구해 왔다.
그러나 완전히 계몽된 지구에는
재앙만이 승리를 구가하고 있다."

8.
야만으로 퇴보한 계몽:
막스 호르크하이머와 테오도어 아도르노의
《계몽의 변증법》

《계몽의 변증법: 철학적 단상》(Dialektik der Aufklärung: Philosophische Fragmente)은 독일 철학자 막스 호르크하이머(Max Horkheimer, 1895~1873)와 테오도어 아도르노(Theodor Adorno, 1903~1969)의 저작이다. 이 책은 1944년 미국 로스앤젤레스에서 완성되고 1947년 네덜란드 암스테르담의 퀘리도출판사에서 나왔다. 독일 철학자들의 독일어 책이 미국에서 집필되고 네덜란드에서 출간됐다는 사실은 이 저작의 주제인 계몽의 운명을 암시한다. 계몽은 서구 근대를 이끌어온 사상의 주인이었지만, 그 주인은 이제 그 근대 문명으로부터 소외돼 세상을 떠도는 쓸쓸한 망명객과도 같다.

호르크하이머와 아도르노는 흔히 프랑크푸르트학파라 불리는 '비판이론'을 주도한 철학자들이다. 프랑크푸르트학파는 프랑크푸르트대학이 1924년 창립한 '사회연구소'에 참여한 학자 그룹을 지칭한다. 호르크하이머, 아도르노, 헤르베르트 마르쿠제 등이 프랑크푸르트학파의 제1세대다. 호르크하이머와 아도르노의《계몽의 변증법》과 호르크하이머의 《이성의 상실》(1947), 아도르노의 《부정의 변증법》(1966), 마르쿠제의 《일차원적 인간》(1964) 등은 제1세대를 대표하는 저작들이다.

1930년대부터 1960년대까지 왕성한 활동을 펼쳤던 이들은 두 가지 사유를 공유한다. 독일 관념론, 마르크스주의, 프로이트 정신분석학을 결합해 독창적 사상체계를 발전시킨 게 하나라면, 현대사회를 기능·도구적 합리성이 전체적으로 지배하는 사회로 파악하려 했다는 게 다른 하나다.

《계몽의 변증법》의 주요 내용

《계몽의 변증법》은 이해하기 쉽지 않은 저작이다. 그 내용은 크게 세 부분으로 이뤄져 있다. 계몽의 개념에 대한 탐구가 첫 번째 부분이라면, 문화산업 분석과 반유대주의 분석이 두 번째와 세 번째 부분을 이룬다. 책을 시작하는 다음의 두 문장은 《계몽의 변증법》의 핵심 아이디어를 요약한다.

"진보적 사유라는 포괄적 의미에서 계몽은 예로부터 인간에게서 공포를 몰아내고 인간을 주인으로 세운다는 목표를 추구해 왔다. 그러나 완전히 계몽된 지구에는 재앙만이 승리를 구가하고 있다."

인습에 젖은 사람들을 가르쳐 깨우친다는 '계몽'은 인간을 세계의 주인으로 만들어 왔지만, 1940년대 전반의 시점에서 그 계몽의 결과는 야만으로 나타났다는 게 호르크하이머와 아도르노의 문제의식이다.

호르크하이머와 아도르노가 제시하는 계몽의 의미는 기존에 우리가 알고 있던 계몽주의와 사뭇 다르다. 계몽주의가 서구 근대 시민혁명을 이끌었던 자유와 평등의 진보사상을 함축한다면, 이들은 이런 계몽주의에 앞서 이미 계몽이 존재했다고 주장한다. 호르크하이머와 아도르노는 신화와 계몽의 이분법을 거부하며, 신화와 계몽은 객체에 대한 주체의 우위와 자연에 대한 인간의 지배라는 공통점이 있다고 말한다.

《계몽의 변증법》은 신화로부터 시작된 계몽이 자연에 대한 인간의 지배인 문명을 가져 왔다고 파악한다. 문제는 이 문명화 과정이 사회라는 제2의 자연에 인간을 다시 예속시키는 것으로 나타났다는 점이다. 자연을 지배하기 위해 계몽이 등장했지만, 이 계몽이 선사한 문명은 새로운 폭력과 야만을 만들어냈고, 이는 계몽의 퇴보로 귀결됐다. 계몽이 보여준 전진과 후퇴의 과정이 바로 계몽의 정(正)과 반(反)을 이루는 변증법인 셈이다.

이러한 철학적 사유에 기반하여 《계몽의 변증법》은 1940년대 전반 당시 계몽이 처한 두 가지 퇴보를 주목한다. 미국이 선도한 문화산업과 독일에서 등장한 반유대주의가 그것이다. 문화산업이 일상을 지배하는 기만당한 계몽의 대표적인 사례라면, 반유대주의는 야만상태로 돌아간 자기파괴적 계몽의 대표적인 사례다.

이 가운데 특히 문화산업에 대한 분석은 전후 인문·사회과학 연구에 큰 영향을 미쳤다. 호르크하이머와 아도르노는 대중문화와 문화산업을 구분한다. 이들이 예시하는 문화산업은 영화와 라디오다. 영화와 라디오는 개성과 교양의 배양이라는 문화 본래의 목적보다는 이윤 창출이라는 자본주의 시장과 산업의 원리를 우선시한다. 문화산업이 모든 이데올로기를 거부하는 자유주의적 태도를 취하지만, 시장과 산업을 새로운 이데올로기로 받아들이는 결과를 초래했다고 호르크하이머와 아도르노는 비판한다.

개성과 비판적 이성의 상실은 문화산업에 내재된 계몽의 퇴보를 잘 보여주는 현상이다. 문화산업은 복제와 대량소비를 위한 상품인 다양한 대중문화를 생산하고, 대중은 일상으로 들어온 표준화된 문화상품을 끝없이 소비한다. 이 소비 과정에서 대중은 각종 문화상품이 제시하는 표준화된 삶의 모델들을 승인하고, 결국 자기만의 정체성 형성이라는 개성은 물론 계몽의 일차적 가치인 비판적 이성을 내면화할 수 있는 기회를 박탈당한다.

《계몽의 변증법》과 현대 사상

아도르노의 수제자인 위르겐 하버마스는《현대성의 철학적 담론》(1985)에서《계몽의 변증법》이 시민 사상가들이 쓴 책들 중 '가장 어두운 책'이라고 평가한다.《계몽의 변증법》이 야만으로 퇴보한 계몽의 자기파멸적 운명을 드러내 보인다는 점에서 하버마스의 주장은 경청할 만하다.

1969년에 쓴 개정판 서문에서 호르크하이머와 아도르노는 "오늘날 중요한 것은 간접적이나마 '관리되는 세계'로의 발전을 촉진시키는 것보다는 자유를 지키고, 전개시키고, 확산시키는 것"임을 강조한다. 자유의 수호와 발전과 확장은 오도된 계몽을 진정한 계몽으로 바꾸는 것, 다시 말해 '계몽의 계몽'을 뜻하며, 이 계몽의 계몽이야말로 두 비관적인 철학자가 관료화된 자본주의라는 시대적 절망 속에서 발견한 한 줄기 희망의 빛이다.

《계몽의 변증법》은 대중사회와 대중문화 분석의 이론적 기반을 제공해 왔다. 대중사회론과 대중문화론은 대량생산된 문화상품에 기반을 둬 이뤄지는 엘리트의 대중 지배와 대중문화에 내재한 이윤 창출과 자본 재생산의 논리를 부각시킨다. 오늘날 그 어떤 대중문화도 시장과 산업의 논리로부터 자유롭지 못하다는 점에서 호르크하이머와 아도르노의 주장은 여전히 설득력을 갖는다.

하지만《계몽의 변증법》은 대중문화에 담긴 복합적인 과정을 간과한다는 문제점을 안고 있다. 많은 이들이 대중문화에 몰두하지만, 그 가운데 적지 않은 이들은 비판적이고 성찰적인 방식으로 대중문화를 소비한다. 고급문화든 대중문화든 오늘날 문화가 시장과 자본에 구속돼 있더라도 그것이 전달하는 메시지들에 대한 독해는 열려 있다. 이 열린 공간에서 시민들이 비판적인 태도와 의지를 견지하는 것이야말로 21세기적 '계몽의 계몽'이 될 것이다.

프랑크푸르트학파의 사상가들

호르크하이머, 아도르노, 마르쿠제가 프랑크푸르트학파 제1세대를 대표한다면, 하버마스와 악셀 호네트는 제2세대와 제3세대를 각각 대표한다.

마르쿠제가 1964년에 발표한《1차원적 인간》은 당시 선풍적 인기를 끌었다.《1차원적 인간》의 기본 아이디어는 1차원적 사유와 2차원적 사유의 구분이다. 2차원적 사유가 현실을 넘어 더 나은 미래를 모색하기 위한 긍정과 부정의 변증법적 사유를 함축한다면, 1차원적 사유는 현실을 이성의 구체화로 파악하여 그 현실을 넘어서는 것을 회피하는 사유를 의미한다. 전후 고도화된 기술 지배 아래서 개인이 이제 그 지배의 자발적 신민(臣民)이 되는 사회가 1차원적 사회다. 1차원적 사회에 대해 '위대한 거부'를 촉구한 마르쿠제의 사상은 1960년대 서구 사회에서 분출했던 저항운동들에 큰 영향을 미쳤다.

하버마스는 서유럽과 미국의 다양한 사회이론들을 접목해 독창적이면서도 종합적인 비판이론으로 재구성했다.▼ 호네트는《인정투쟁》(1992)으로 제3세대 비판이론의 새로운 지평을 열었다. 인정이란 삶을 성공적으로 실현하는 사회적 조건이자 긍정적 자기의식을 갖게 하는 심리적 조건이다. 타자로부터 당당한 존재로 인정받지 못할 때 인간은 분노하며, 이 분노는 인정투쟁이라는 사회갈등으로 외화된다. 인정투쟁은 오늘날 지구적으로 관찰할 수 있는, 계급투쟁으로 환원할 수 없는 도덕적 갈등이다. 하버마스가 의사소통을 중시해 사회가 갖는 통합의 속성을 강조한다면, 호네트는 인정투쟁을 주목해 현대사회에 내재한 갈등의 측면을 부각시키고 비판이론에 새로운 역동성을 부여했다.

▶ 하버마스의 사상에 대해선 이 책 15장을 볼 것.

《계몽의 변증법》은 독문학자 김유동 등에 의해
우리말로 옮겨졌다. 사회학자 노명우의 《계몽
의 변증법: 야만으로 후퇴하는 현대》는 난해한
《계몽의 변증법》을 간결하고 깊이 있게 해설한
다. 노명우가 쓴 책을 참조해 김유동 등이 번역한
《계몽의 변증법》을 읽어보는 것도 좋다.

"이 세계에서 행위하며 살아가는 복수의 인간들은 자신과 타인에게 의미 있는 말을 할 수 있는 경우에만 유의미성을 경험할 수 있다."

9.

철학적 인간학과 정치의 복원:
한나 아렌트의《인간의 조건》

지난 20세기에 한나 아렌트(Hannah Arendt, 1906~1975)만큼 문제적인 사상가를 만나기란 쉽지 않다. 여기서 문제적이라는 것은 아렌트의 사상이 인간과 세계에 근본적인 질문을 던졌다는 의미다. 아렌트는 인간이란 어떤 존재인지, 정치의 본질이 무엇인지의 문제를 제기하고 이에 응답함으로써 정치이론 및 정치철학의 새로운 지평을 열었다.

그를 유명하게 만든 개념인 '악의 평범성'은 문제적 사상가로서의 아렌트의 특징을 적절히 보여준다. 나치 전범인 아이히만의 재판을 지켜보고 쓴《예루살렘의 아이히만》(1963)에서 아렌트는 악의 평범성을 말한다. 그가 발견한 것은 아이히만이 악마가 아니라 평범한 사람이었다는 점이다. 명령을 충실히 수행했을 뿐 그것이 무엇을 의미하는지를 생각하지 않은 아이히만의 행동이 대량 학살을 가져왔다는 게 그의 결론이다. 타자의 입장에서 생각하지 못하는 무능력이 악의 근원임을 주장해 아렌트는 사유의 중요성을 환기시켰다.

어떤 이들은 아렌트를 '제2의 로자 룩셈부르크'라고 부른다. 여성 유태인 지식인이었다는 점에서 두 사람은 유사하다. 하지만 룩셈부르크가 혁명가의 길을 걸었다면 아렌트는 철학자의 삶을 살았다. 오히려 아렌트는 시몬 드 보부아르, 수전 손택과 함께 전후를 대표하는 여성 이론가로 평가하는 게 온당하다. 이뿐만 아니라 현대 민주주의의 철학적 탐구에서 그는 존 롤즈, 위르겐 하버마스와 어깨를 나란히 할 만하다.

유태인으로 독일에서 태어나 나치의 탄압을 받고 미국으로 건너가 무국적자로 살다가 시민권을 얻어 활동한 아렌트는 서구 사회 안에선 세계 시민이었다. 어떤 사상가는 이론 못지않게 시대에 맞선 삶 자체가 우리에게 성찰과 위안을 안겨주는 경우가 있다. 아렌트는 그런 사상가다. 자기 책 제목의 한 구절처럼 '어두운 시대'를 살아온 아렌트는 시대의 어둠에 맞서 '세계 사랑(Amor Mundi)'을 열정적으로 옹호한 사상가였다.

《인간의 조건》의 주요 내용

아렌트의 대표 저작들로는 《전체주의의 기원》(1951), 《인간의 조건》(The Human Condition, 1958), 《예루살렘의 아이히만》이 손꼽힌다. 여기서 《인간의 조건》을 다루는 까닭은 이 책이 아렌트 정치사상의 출발점을 이룬다는 데 있다.

아렌트는 인간의 '활동적 삶(vita activa)'을 이루는 세 가지 활동을 구분한다. '노동', '작업', '행위'가 그것이다. 이 가운데 그가 가장 중시한 것은 행위다. 행위란 공동체 안에서 타인을 승인하고 소통을 나누며 공적 가치를 실현하려는, 다시 말해 인간을 인간답게 해주는 활동을 말한다. 그는 이 행위의 역사적 원형을 고대 그리스 아테네의 폴리스에서 찾을 수 있다고 주장한다.

아렌트가 주목한 것은 그리스에서의 공적 영역과 사적 영역의 분리다. 공적 영역은 자유로운 시민들이 폴리스 전체의 공공선을 위해 함께 토론하는 공간이며, 이러한 토론의 행위가 다름 아닌 정치 본래의 의미라는 것이다. 아렌트가 우려한 것은 근대 서구사회에서의 '공·사의 이분법' 해체다. 근대 자본주의가 등장하면서 노동은 다른 활동들을 압도하고 사적 영역이 공적 영역을 지배하기 시작했다. 이러한 근대의 과정이 지구로부터 탈출하고 세계로부터 도피하려는 이중적 의미의 '세계 소외'를 가져 왔다는 게 그의 진단이다.

아렌트 전기를 쓴 엘리자베스 영-브륄에 따르면, 아렌트는 《인간의 조건》의 책 제목을 '세계 사랑'으로 붙이고 싶어 했다. 세계 사랑이란 인간의 존엄성 및 복수성, 그 안에 존재하는 공동선에 대한 태도를 말한다. 실존 및 영혼에 대한 배려인 '자아 사랑'과 이데올로기 및 주관주의의 '세계 멸시'에 대응해 세계 사랑을 역설함으로써 아렌트는 인간의 조건에 대한 철학적 인간학과 정치의 복원이란 규범적 정치이론의 새로운 토대를 마련하려고 했다.

아렌트와 현대 정치사상

아렌트의 사상에 대한 관심은 1990년대 이후 한층 높아졌다. 그

일차적인 이유는 서구 신사회운동의 부상과 동구 사회주의의 몰락에 있었다. 시민사회와 민주주의를 중시하는 사회이론가들은 공적 영역에 대한 아렌트의 이론을 재발견했고 전체주의에 대한 아렌트의 비판을 재평가했다. 이후 '아렌트 르네상스'라고 부를 정도로 아렌트는 전후 가장 중요한 정치철학자의 한 사람으로 자리매김해 왔다.

아렌트의 사상이 21세기에 들어와서도 낡지 않은 이유는 인간 존재와 사회 공공성에 대한 깊은 통찰에 있다. 개인적으로 가장 인상적이었던 것은 역사학자 토니 주트의 평가다. 주트의 〈해나 아렌트와 악〉(《재평가》(2008))에 따르면, 아렌트 이론에는 내적 모순이 존재하고 개념적·역사적 설명이 빈곤하며 현실 문제를 해결할 구체적 대안이 부재한다. 그러나 동시에 정중함과 중용, 공적 담론의 회복을 포함한 공화주의적 사유에 대한 아렌트의 이론화는 현대 정치이론의 새로운 출발로 삼을 수 있다는 게 주트의 결론이다.

아렌트의 사상은 경제를 등한시하는 약점을 지닌다. 그러나 아렌트는 인간의 공적인 활동과 관조적 삶에 일차적 관심을 뒀고, 이에 대한 포괄적인 이론을 제시함으로써 정치의 재구성의 새로운 가능성을 제공했다. 아렌트는 보수와 진보 둘 중 어느 하나에 귀속시키기 어려운 사상가다. 그는 자유를 존중한 동시에 공공성을 중시했다. 삶에서든 사회에서든 그는 '철학 없는 정치'와 '정치 없는 철학'을 모두 경계함으로써 인문학과 사회과학 사이에 새로운 가교를 놓으려고 했다.

"이 세계에서 행위하며 살아가는 복수의 인간들은 자신과 타인에게 의미있는 말을 할 수 있는 경우에만 유의미성을 경험할 수 있다." 아렌트가《인간의 조건》서론에 쓴 한 구절이다. '행위하는 복수의 인간들의 소통'이야말로 아렌트가 현대 사회사상에 선사한 통찰일 것이다.

아렌트와 한국사회

1990년대 중반 이후 우리 사회에서도 아렌트 저작들이 속속 번역됐다.《인간의 조건》에 이어《칸트 정치철학 강의》,《정신의 삶 1》,《혁명론》,《과거와 미래 사이》,《예루살렘의 아이히만》,《전체주의의 기원 1·2》,《정치의 약속》,《어두운 시대의 사람들》,《공화국의 위기》,《한나 아렌트: 사랑 개념과 성 아우구스티누스》,《라헬 파른하겐》,《한나 아렌트의 말》이 잇달아 나왔다.

2006년 아렌트 탄생 100주년을 기념해 개최된 학술대회 '한나 아렌트와 세계 사랑'은 아렌트 열풍의 정점을 이뤘다. 한나아렌트학회가 한국정치사상학회, 사회와철학연구회와 함께 개최한 이 심포지엄에는 아렌트의 사상에 대한 대표적 연구자들인 정치학자 홍원표, 김비환, 서유경, 철학자 김선욱 등이 참여해 논문들을 발표했다.

아렌트에 대한 주요 연구들로는 김비환의《축복과 저주의 정치사상: 20세기와 한나 아렌트》, 김선욱의《한나 아렌트 정치판단 이론: 우리 시대 소통과 정치 윤리》와《아모르 문디에서 레스 푸블리카로: 한나 아렌트의 공화주의》, 홍원표의《한나 아렌트의 정치철학: 행위, 전통, 인물》등을 들 수 있다.

홍원표의《아렌트: 정치의 존재 이유는 자유다》(2011)는 아렌트의 사상에 대한 훌륭한 입문서다. 홍원표는 10개의 질문을 던지고 이에 응답하는 방식으로 아렌트의 사상의 핵심을 간결하면서도 깊이 있게 전달한다. 홍원표는 아렌트에 대한 대표적인 전기인 엘리자베스 영-브륄의 《한나 아렌트 전기: 세계 사랑을 위하여》를 우리말로 옮겨 아렌트의 삶과 사상을 적극적으로 소개하기도 했다.

아렌트의 사상이 우리 사회에서 갖는 특별한 호소력은 '사회운동에 의한 민주화'라는 한국 민주화의 특징에서 찾을 수 있다. 참여와 공공성에 대한 열망이라는 한국 시민운동의 경향은 아렌트의 사상과 친화성이 높을 수밖에 없었다. 참여민주주의와 공공성 구축이 한국 민주주의의 핵심 과제인 한, 아렌트의 사상에 대한 높은 관심은 계속 이어질 것으로 보인다.

《인간의 조건》은 철학자 이진우와 태정호에 의해 우리말로 옮겨졌다. 역자 이진우의 〈근본악과 세계애의 사상: 한나 아렌트의 《인간의 조건》〉이라는 깊이 있는 해설이 실려 있다. 《예루살렘의 아이히만》이 불러온 논쟁으로 인해 아렌트가 겪었던 고난의 삶은 2012년 마가레테 폰 트로타 감독에 의해 영화 《한나 아렌트》로 만들어졌다.

"나는 패러다임이
어느 일정한 시기에 전문가 집단에게
모범이 되는 문제와 풀이를 제공하는,
보편적으로 인식된
과학적 성취라고 간주한다."

10.

패러다임의 과학철학:
토마스 쿤의《과학혁명의 구조》

아무리 위대한 학자라 하더라도 그 영향력은 주로 자신의 전공 분야와 이웃 학문으로 제한된다. 그런데 여기 예외가 있다. 미국 과학사가이자 과학철학자인 토마스 쿤(1922~1996)은 지난 20세기 후반 모든 학문 분야에 걸쳐 가장 큰 영향을 미친 학자로 꼽힌다. 대학에 들어와 무엇을 전공하든 익히는 개념의 하나가 '패러다임'이다. 1962년 쿤이《과학혁명의 구조》(The Structure of Scientific Revolutions)를 통해 주조한 패러다임 개념과 이에 기반한 과학철학은 근대 이후 발전해온 지식체계를 근본적으로 뒤흔들었다.

《과학혁명의 구조》를 발표할 즈음 과학철학의 안과 밖에서는 새로운 흐름이 형성되고 있었다. 안에서는 이론의 주관적 접근과 비교·실험의 객관적 방법이 밀접한 관계를 맺고 있다는 견해들이 나타났고, 밖에서는 인간과 사회의 역사를 설명하는 데 구조적 단절의 발상을 중시하는 이론들이 등장했다. 이러한 흐름 속에서 쿤은 혁신적인 과학관을 제시했고, 이 과학관은 자연과학은 물론 인문·사회과학에 지대한 영향을 미쳤다. 구글 학술 검색에 따르면, 2013년 현재《과학혁명의 구조》는 20세기에 출판된 책과 논문 가운데 가장 많은 5만 8,000회 이상 인용됐다.

《과학혁명의 구조》의 주요 내용

《과학혁명의 구조》는 과학의 역사에서 나타난 과학혁명과 그 위기를 주목함으로써 과학이란 무엇인지에 대한 새로운 인식을 제공한다. 쿤은 과학의 진보가 누적적으로 이뤄진다는 기존의 과학관과 다른 새로운 과학관을 제시한다. 과학적 지식의 발전은 과학혁명이라는 전환을 통해 이뤄진다는 게 그의 생각이다. 과학혁명이란 한 패러다임이 그것과 양립 불가능한 다른 패러다임에 의해 전체적으로, 또는 부분적으로 대체되는 비누적적 에피소드들을 말한다.

쿤에게 패러다임은 두 가지 의미를 갖는다. 광의의 패러다임이 과학자 사회의 구성원들이 공유하는 신념·가치·기술 등을 포괄한 총체적 집합을 뜻한다면, 협의의 패러다임은 그 집합의 한 구성 요소인 문제 해결 사례에 해당하는 범례를 의미한다. 이 패러다임이 쿤 과학철학의 핵심 개념이다. 그는 한 패러다임에 의해 지배받는 과학자들의 활동을 '정상과학'으로, 한 패러다임이 다른 패러다임으로 교체되는 현상을 '과학혁명'으로 개념화한다.

이러한 개념들에 기초해 쿤은 과학의 역사에 대해 대담한 견해를 제시한다. 그에 따르면, 과학사에는 '정상과학' 시기와 '위기' 시기가 반복해 왔다. 다시 말해, 새로운 이론들을 추구하지 않는 정상과학은 변칙 사례들이 누적되면 위기에 도달하며, 이때 새로운 이론들이 정립되면 기존의 패러다임이 새로운 패러다임으로 교체되는 과학혁명이 일어나게 된다. 아인슈타인의 상대성이론이 확립된 후 전통적인 시공간 이론이 의미를 상실한 것은 패러다임 교체의 대표적인 사례다.

《과학혁명의 구조》에서 제시된 개념들에서 가장 큰 논란을 이룬 것은 '통약불가능성'이다. 패러다임이 다르면 세계관, 개념 체계의 구성, 문제 파악 방식이 다르고, 개념이 지칭하는 대상조차 달라진다. 상이한 패러다임들은 비교할 수 없고 공통분모를 갖지 않는다는 점에서 통약불가능하다. 이러한 쿤의 주장은 한편으론 상대주의 과학관의 출발점을 제공했지만, 다른 한편에선 결과적으로 과학의 절대적인 진리성을 부정하는 함의를 담고 있었다.

《과학혁명의 구조》를 둘러싼 논쟁

《과학혁명의 구조》는 자연과학은 물론 인문·사회과학 전반에 일파만파의 반향을 불러일으켰다. 흥미로운 것은 쿤의 이론을 적극적으로 환영한 분야가 자연과학보다는 인문·사회과학이었다는 점이다. 쿤이 책의 머리말에서 주목한 장 피아제의 심리학과 게슈탈트 심리학에서 볼 수 있듯, 당시 인문·사회과학 안에서는 인간과 사회를 설명하는 데 구조적 단절과 전체론을 중시하는 이론들이 등장하고 있었다. 이러한 구조주의적 인문·사회과학에 쿤의 과학철학은 중요한 철학적 논거를 제공했다. 쿤의 과학철학은 미셸 푸코의 지식 고고학, 페르낭 브로델의 장기지속 역사학, 이매뉴얼 월러스틴의 자본주의 세계체제 분석과 이론적 친화성이 높았다.

《과학혁명의 구조》를 둘러싼 가장 뜨거운 논쟁은 1965년 영국 런던에서 진행됐다. 1970년 《현대 과학철학 논쟁》으로 출간된 이 논쟁에 참여한 주요 학자들은 쿤, 칼 포퍼, 임레 라카토시, 폴 파이어아벤트 등 당대 과학철학을 대표하는 이들이었다.

먼저 포퍼는 쿤의 주장이 과학의 실제 역사에 들어맞지 않는다고 비판했다. 그리고 상대주의를 극복하기 위해선 탐구의 심리학이 아니라 '반증' 원리에 기초한 발견의 논리를 따라야 한다고 주장했다. 라카토시는 반증이 누적되면 패러다임의 변화가 가능하다고 파악해 쿤 이론과 포퍼 이론의 절충을 시도했다. 파이어아벤트는 쿤보다 더 급진적으로 과학자 사회를 지배하는 어떤 규칙도 인정하지 않는 무정부주의적 과학관을 제시했다.

현재의 시점에서 《과학혁명의 구조》는 과학을 바라보는 인식에 가히 혁명적 변화를 가져다준 것으로 보인다. 전통적인 자연과학자 그룹과 쿤의 철학을 따르는 쿠니안(Kuhnian) 그룹 사이에 벌어진 '과학 전쟁'은 쿤의 과학철학이 지식사회에 얼마나 큰 영향을 미쳤는지를 보여주는 사례의 하나였다.

오늘날 패러다임과 과학혁명에 대한 쿤의 과학철학을 여전히 받아들이지 않는 사연과학지들도 적지 않다. 그러나 쿤을 통해 과학이 특별한 위상을 가진 지식이 아니라 여러 지식 또는 문화 가운데 하나라는 인식에 도달한 지식인들 또한 적지 않다. 한 권의 책이 인간과 세계 인식에 얼마나 큰 영향을 미칠 수 있는지에 대해 《과학혁명의 구조》에 필적할 만한 저작은 여전히 찾기 어렵다.

칼 포퍼의 과학철학

포퍼와 쿤은 20세기 후반을 대표하는 과학철학자들이다. 두 사람의 연구 결과를 잘 정리한 책이 과학철학자 장대익의《쿤 & 포퍼: 과학에는 뭔가 특별한 것이 있다》(2008)이다. 이 책은 적잖이 어려운 쿤과 포퍼의 과학철학을 간결하면서도 설득력 높게 전달한다. 특히 제3장 〈쿤의 법정〉은 상호 토론 방식을 통해 포퍼, 쿤, 라카토시, 파이어아벤트 철학의 차이를 흥미롭게 펼쳐 보인다.

장대익은 책의 마지막에서 과학 자체의 발전을 위해서라도 과학에 대한 철학적 성찰을 이공계 학생들이 배워야 한다고 주장한다. 과학혁명을 이끈 과학자들은 나무와 숲을 동시에 볼 수 있는 시각을 가진 사람들이었다는 게 그의 조언이다. 사회학을 전공하는 내가 보기에 포퍼와 쿤의 과학철학은 사회과학 분야 학생들도 배워야 한다. 사회과학 방법은 자연과학 방법에 작지 않게 의존하고 있기 때문에 포퍼와 쿤의 착상은 사회과학의 이론 구성에 지적 자극과 통찰을 선사한다.

쿤과 달리 포퍼는 자신의 이론에 입각해 분명한 정치적 입장을 표명해 왔다. 1945년에 발표한《열린 사회와 그 적들》은 그의 정치사상을 선명히 보여준 저작이다.

그는 플라톤, 헤겔, 마르크스를 '열린 사회의 적'으로 파악한다. 세 사람의 철학은 법칙에 따라 역사가 발전한다는 목적론적 이론이며, 이런 반증불가능한 논리는 '닫힌 사회'인 전체주의를 가져온다고 주장했다. 포퍼가 제시하는 '열린 사회'란 이성의 한계를 자각한 인간들이 그 어떤 사상에 대해서도 비판할 수 있는 사회를 의미한다.

이렇듯 현대 과학철학에 담긴 문제의식은 현대 사회와 민주주의를 성찰하는 데 매우 중요한 함의를 안겨준다. 현대 민주주의에서 상대주의는 다원주의의 철학적 출발점을 제공한다. 문제의 핵심은 상대주의가 갖는 양면성에 있다. 상대주의는 한편에서 다원주의적 민주주의를 풍요롭게 하지만, 다른 한편에선 무정부주의로 귀결될 가능성이 존재한다. 상대주의가 어떤 '자기 제한성'을 가져야 할 것인지는 오늘날의 민주주의에 부여된 매우 중대한 과제다.

쿤이 1969년에 쓴 〈후기〉를 포함한 《과학혁명의
구조》 재판본(1970)은 사회학자 조형과 화학자
김명자에 의해 각각 우리말로 옮겨졌다. 출간 50
년을 기념한 제4판(2012)은 김명자와 과학사학
자 홍성욱에 의해 우리말로 번역됐다. 이 판본에
는 이 책의 의의에 대한 과학철학자 이언 해킹의
서론이 실려 있다.

"'기호의 자의성'을 다루는 학문,
흔적의 무동기화를 다루는 학문,
음성 언어 이전에,
또 음성 언어 속에 있는
에크리튀르〔문자언어〕를 다루는
학문인 그라마톨로지는
가장 폭넓은 장을 포괄한 것이다."

11.

해체주의란 무엇인가: 자크 데리다의《그라마톨로지》

전후 서구 사상사에서 가장 문제적 철학자로 프랑스의 자크 데리다(Jacques Derrida, 1930~2004)를 꼽는 이들이 적지 않다. 데리다의 철학은 혁신적인 만큼 난해하고, 열렬한 지지를 받는 만큼 비난을 받았다. 그의 철학 사상은 해체주의로 알려져 있다. 해체란 말이 함의하듯 그는 기존 사유에 도전하고 그 논리를 전복함으로써 뜨거운 토론을 불러일으켰다.

1992년 영국 케임브리지대학에서 일어난 한 사건은 데리다의 사상을 둘러싼 논쟁을 잘 보여준다. 사건은 데리다에게 명예박사학위를 수여할 것인지를 놓고 진행됐다. 어떤 교수들은 데리다 철학을 높이 평가한 반면, 다른 교수들은 정밀함과 명확함을 결여한 유행에 불과하다고 비판했다. 명예박사학위가 저명한 이들의 업적을 기리는 제도라는 점에서 이례적인 사건이었다. 결국 이 문제를 놓고 투표가 진행됐는데, 반대 204표, 찬성 336표를 얻어 데리다는 학위를 받았다. 데리다의 사상은 그만큼 문제적이었다.

데리다의 사상은 전기와 후기로 나누어볼 수 있다. 1967년에 발표한 세 저작《그라마톨로지》(De La Grammatologie),《목소리와 현상》,《글쓰기와 차이》에서부터 1980년의 《우편엽서》에 이르는 전기가 해체주의 사상을 발전시킨 시기였다면,《마르크스의 유령들》(1993),《우애의 정치학》(1994),《환대에 대하여》(1997), 독일 철학자 위르겐 하버마스와의 공동선언문이 담긴 《테러 시대의 철학》(2003) 등을 발표한 후기는 독자적인 징치 철학을 제안한 시기였다.

《그라마톨로지》의 주요 내용

《그라마톨로지》는 데리다의 대표 저작으로 손꼽힌다. 이 책은 데리다의 사상의 핵심을 이루는 개념들인 '문자언어' '차연(差延)' '대리보충' '탈구축' 등이 제시된 저작으로 유명하다. 그는 언어학자 페르디낭 드 소쉬르, 인류학자 클로드 레비-스트로스, 철학자 장-자크 루소의 저작들을 분석하고 해석함으로써 서양 형이상학 전통에 대한 근본적 비판을 시도했다. 책의 핵심 아이디어는 다음과 같다.

데리다에 따르면, 서양 형이상학을 관통하는 것은 음성언어와 문자언어 간 이분법의 위계다. 이분법의 위계란 음성언어를 이성·합리성과 결부되고 개인 의식 속 내면적 진리에 가까운 것으로, 문자언어를 이차적 외연, 목소리의 대리보충물, 이성에 본질적이지 않은 보조적 테크놀로지로 파악하는 것을 말한다. 서구 형이상학이 갖는 특징 중 하나는 글자보다 음성이, 다시 말해 글보다 말이 로고스에 더 가깝고, 그래서 더 가치 있다고 보는 데 있다. 이러한 이분법의 위계를 그는 '음성 중심주의' 또는 '로고스 중심주의'라고 이름 짓는다.

데리다가 겨냥한 것은 이러한 로고스 중심주의에 내재한 질서다. 진리와 허위, 정신과 육체, 남성과 여성, 서양과 비서양, 현전과 부재, 문명과 야만 등의 이항대립은 음성언어와 문자언어의 이항대립처럼 전자를 지배적인 것으로, 후자를 종속적인 것으로 간주하는 위계를 이뤄 왔다. 그런데 후자가 전자보다 열등하다는 것은 그 근거가 부재한 착각이자 환상이라는 게 데리다의 주장이다. 이러한 이분법의 위계질서가 그동안 부당하게 이뤄진 억압들을 합리화시키고 정당화시키는 논리로 작동해 왔다는 게 그의 통찰이다.

탈구축은 이러한 폭력적 위계를 '해체'하는 것을 말한다. 탈구축은 외부로부터의 파괴가 아닌, 내부에서 그 위계질서를 전도시키고 열등한 것들을 옹호하는 것을 함의한다. 데리다에게 '그라마톨로지', 즉 문자학이란 기호·흔적·문자 언어에 대한 학문이다. 문자학은 로고스 중심주의에 맞서는, 서양 형이상학 전통을 탈구축하려는 시도인 셈이다. 이러한 데리다의 사상이 그동안 서양 인문·사회과학을 지배해온 이성중심주의, 서구중심주의, 남성중심주의를 비판한 포스트모더니즘, 포스트콜로니얼리즘, 페미니즘에 큰 영향을 미쳤음은 두말할 필요가 없다.

비판과 반비판

위르겐 하버마스는 《현대성의 철학적 담론》에서 현대 프랑스 사상의 계보를 프리드리히 니체에서 마르틴 하이데거를 거쳐 데리다로 이르는 흐름과 니체에서 조르주 바타유와 자크 라캉을 거쳐 미셸 푸코로 이르는 흐름으로 구분했다. 하버마스에 따르면, 데리다는 형이상학을 비판하는 니체의 전통 아래 놓인, 주체 철학의 기원을 멀리 소크라테스 이전까지 추적한 해체의 철학자다. 푸코와 함께 데리다 역시 무정부주의 철학자라는 게 하버마스의 비판이었다.

영국 철학자 앤서니 케니는 《서양 철학사》 제4권 〈현대 철학〉에서 데리다를 진지한 철학자로 평가해야 한다고 말했다. 하지만 동시에 데리다의 사상은 문학보다 철학에서 그 명성이 떨어졌고, 그를 따르는 이들이 진짜 철학과 사이비 철학을 구분하는 것에 소홀했다고 지적했다. 케임브리지대학 명예박사학위 수여를 둘러싼 논란에서 볼 수 있듯, 데리다는 전통적인 철학적 사유에 익숙한 이들에겐 적잖이 불편한 존재였다.

그러나 사회이론 관점에서 데리다의 사상이 던지는 의미는 컸다. 무엇보다 데리다는 인간의식 내부와 사회구조에 존재하는 이분법을 비판적으로 성찰할 수 있는 사유의 프레임을 선사했다. 로고스 중심주의에 대한 그의 비판은 서양과 동양, 남성과 여성, 백인과 유색인종의 이분법에 대한 근본적 비판의 거점을 제공함으로써 이 분야 연구들에 큰 영향을 미쳤다.

데리다의 사상을 이해하는 것은 결코 쉽지 않다. 전통 인문·사회과학 담론의 시각에서 보면 빈 틈새들이 존재하고 낯설기까지 하다. 하지만 그가 제시하는 통찰은 인간 존재와 그 존재들이 구성한 사회의 선 자리를 돌아보게 하고, 인문·사회과학이 지향해야 할 방향을 다시 생각하게 한다. 인간과 사회의 감춰진 측면을 새롭게 조명한다는 점에서 그의 사상은 한 번쯤 읽고 숙고할 만한 충분한 가치를 갖는다.

프랑스 사상과 한국사회

데리다의 사상이 국내에 소개되기 시작한 것은 1980년대부터였다. 영문학자 김성곤은 그 선구자들 가운데 한 사람이었다. 그는 《탈모더니즘 시대의 미국 문학》(1989)과 《포스트모더니즘과 현대 미국소설》(1990) 등에서 데리다의 해체주의가 포스트모더니즘과 현대 소설에 미친 영향을 분석했다. 1980년대가 마르크스주의의 시대였음을 고려할 때 김성곤의 저작들은 이채롭고 신선했다.

1990년대에 들어와 프랑스 사상은 '문화의 시대' 개막과 맞물려 신드롬을 일으켰다. 라캉, 루이 알튀세르, 푸코, 질 들뢰즈, 데리다의 책들은 지식사회는 물론 시민사회에서도 널리 읽혔다. 데리다는 특히 푸코와 함께 포스트모더니즘의 사상적 기초를 제공한 철학자로 주목받았다.

이러한 시대적 분위기 아래 철학자 김형효의 《데리다의 해체 철학》(1993)과 철학자 김상환의 《해체론 시대의 철학》(1996)은 적지 않은 관심을 모았다. 《데리다의 해체 철학》이 현대성의 가치관을 해체하는 철학을 강조했다면, 《해체론 시대의 철학》은 니체에서 데리다에 이르는 해체론이 서양 철학사에서 갖는 의미들을 탐구했다.

1997년 외환위기 이후 문화담론 르네상스가 돌연 종언을 고한

후 데리다 철학을 포함한 프랑스 사상에 대한 관심은 줄어들었다. 알랭 바디우, 자크 랑시에르, 장-뤽 낭시 등의 철학이 소개됐지만 그 영향력은 푸코, 데리다, 들뢰즈와 비교할 때 그렇게 크지 않았다.

이 시기에 나온 철학자 이광래의 《해체주의와 그 이후》(2007)는 데리다를 포함한 프랑스 해체주의를 비판적으로 검토해 주목받았다. 그는 한때 "서양의 명품(푸코)에 우쭐해하고 유행(데리다)에 들떠 있던" 자신의 학문적 객기를 성찰한다는 문제의식 아래, 해체와 유목 철학의 운명을 돌아본 다음 융합과 무구조의 포스트-해체주의 철학을 전망했다.

이렇듯 우리 사회에서 데리다의 철학을 포함한 프랑스 사상의 수용은 그 명암이 분명했다. 한편 새로움에 대한 열광이 식어가면서 그 영향력은 적잖이 약화됐다. 하지만 다른 한편, 데리다의 해체주의와 푸코의 권력 비판은 이성중심주의, 서양중심주의, 남성중심주의 사유를 비판하고 성찰하는 데 큰 영향을 미쳤다.

《그라마톨로지》는 언어학자 김성도와 불문학자 김웅권에 의해 각각 우리말로 옮겨졌다. 김웅권은 번역본 제목을 《그라마톨로지에 대하여》로 붙였다. 김성도는 2010년 전면 개정판을 내놓았는데, 120쪽이 넘는 〈옮긴이 해제〉는 난해한 《그라마톨로지》를 이해하는 데 큰 도움을 준다.

"사상 체계의 제1덕목을
진리라고 한다면
정의는 사회 제도의 제1덕목이다."

12.

공정으로서의 정의:
존 롤즈의《정의론》

어느 시대나 분과 학문들을 가로질러 그 시대를 주도하는 개념이 있기 마련이다. 서구사회에서 1970년대를 풍미한 개념이 '정의'였다면, 1980년대는 '공동체', 1990년대는 '시민권'이었다. 그리고 2008년 금융위기 이후 2010년대에는 '불평등'이 그것이다. 이러한 개념의 등장에는 대개 천재적인 사상가의 기여가 절대적이다. 1970년대 '정의'의 경우에는 1971년에 출간된 존 롤즈(John Rawls, 1921~2002)의《정의론》(A Theory of Justice)이 결정적 영향을 미쳤다.

'정치란 무엇인가'라는 물음은 정치학은 물론 사회학·행정학·복지학, 그리고 철학과 역사학에까지 매우 중요하다. 권력 투쟁인 동시에 갈등 조정의 주체인 정치에 대해선 근대 이후 사회과학이 체계화되면서 숱한 토론이 이뤄졌다. 이러한 정치의 본질 못지않게 중요한 질문은, 공동체의 존속을 위해 정치가 불가피하다면, '정치란 어떻게 하면 하는가'라는 당위적 물음이다.

롤즈의《정의론》이 갖는 의의는 정치가 가져야 할 규범을 본격적으로 탐구했다는 데 있다.《정의론》이 펼치는 주장의 핵심은 사회제도의 제1덕목이 곧 정의라는 것이다. 정의로운 제도만이 공정한 사회를 만들 수 있고, 이런 정의로운 제도의 설계 및 운영이 바로 정치의 역할이라는 게 롤즈의 정치철학이다.

《정의론》은 출간되자마자 큰 반향을 일으켰다. 롤즈가 주창한 '공정으로서의 정의'의 가장 중요한 기여는 정의를 철학과 정치학의 중심 주제로 복권시키고, 바람직한 정치가 무엇인지에 대한 토론을 지식사회는 물론 정치사회 안에서 촉발시켰다는 데 있다. 지식인에게 최고의 영예는 자신의 이론을 청소년들이 배우는 것이다. 1970년대 초반에 발표된 저작임에도 불구하고, 오늘날 어느 나라든 많은 교과서들은 롤즈의《정의론》을 소개한다. 우리나라에서도 고등학생들은《정의론》을 통해 정의의 의미와 중요성을 학습하고 있다.

《정의론》의 주요 내용

《정의론》은 공리주의에 대한 비판에서 출발한다. 롤즈에 따르면, 공리주의는 권리가 이익에 우선한다는 점을 고려하지 않기 때문에 자유민주주의 국가의 토대가 될 수 없다. 양도할 수 없는 자유의 권리를 보장하기 위해 그는 공리주의를 대신해 사회제도를 공정하게 운영할 수 있는 정의의 원칙을 제시한다. 그 원칙은 두 가지로 이뤄져 있다.

모든 사람은 다른 사람들의 유사한 자유와 양립할 수 있는 가장 광범위한 기본적 자유에 대해 동등한 권리를 가져야 한다는 게 정의의 '제1원칙'이라면, 사회적·경제적 불평등은, 첫째, 그 불평등이 모든 사람에게 이익이 되리라는 것이 합당하게 기대되고, 둘째, 그 불평등이 모든 사람에게 개방된 직위와 직책에 결부돼야 한다는 조건을 만족시키도록 조정돼야 한다는 게 '제2원칙'이다.

롤즈는 제1원칙을 '자유의 원칙'으로, 제2원칙을 '평등의 원칙'으로 이름 짓고, 자유의 원칙이 평등의 원칙에 우선한다고 주장한다. 《정의론》이 갖는 이론적 전제는 '원초적 입장'이라는 사고의 실험이다. 원초적 입장은 개인이 '무지의 베일'을 쓴 채 자신의 이익을 극대화한다는 조건으로 이뤄져 있다. 롤즈가 이런 원초적 입장을 제시한 까닭은 공리주의를 넘어서 타당한 정의의 원칙을 이끌어내려는 데 있다.

《정의론》에서 특히 주목할 것은 최소 수혜자에게 최대 이득이 돌아갈 수 있도록 분배하는 '차등의 원칙'이다. 차등의 원칙을 통해 롤즈는 기계적 평등이 소망스럽지 않은 상황에서 정당한 불평등을 어떻게 수용할 것인지를 추구한다. 자유주의의 문제의식이 권리의 동등한 분배에 있다면, 사회주의의 문제의식은 자원의 동등한 분배에 있다. 《정의론》의 문제의식은 자유주의의 관점에서 사회주의적 비판을 수용하려는, 다시 말해 자유와 평등, 효율과 형평 간의 균형을 모색하려는 데 놓여 있다. 롤즈의 《정의론》이 '자유적 평등주의'라 불리는 이유가 바로 여기에 있다.

자유주의 대 공동체주의

롤즈의《정의론》은 1970년대 규범적 정치철학을 부활시키는 출발점을 이뤘다. 그는 정치에 대한 당위적 질문에 응답하려 했고, 정치가 추구해야 할 정의의 원리들을 제시했다.《정의론》으로부터 자극을 받아 마이클 노직이《아나키, 국가, 유토피아》(1974)를, 마이클 왈저가《정의의 영역들》(1983)을 출간함으로써 서구사회에선 규범적 정치철학에 대한 토론이 풍성해졌다. 롤즈의 자유주의, 노직의 자유지상주의, 그리고 왈저의 공동체주의 등이 정치철학의 르네상스를 가져 왔다.

롤즈의 정치철학에 대한 가장 주목할 비판은 왈저, 알레스데어 매킨타이어, 찰스 테일러, 마이클 샌델로 대표되는 공동체주의자들에 의해 이뤄졌다. 공동체주의는《정의론》이 과도한 개인주의의 이론적 가정에 기반해 있고, 인간의 공동체적 특성을 간과하는 추상적 보편주의에 기울어져 있다고 비판했다.

《정의론》에 제기된 문제들에 응답하고 자신의 정치철학을 심화하기 위해 롤즈는《정치적 자유주의》(1993)를 발표했다.《정치적 자유주의》에서 그는 보편적 도덕이론이 아닌 실천적 정치이론의 관점에서 자신의 '공정으로서의 정의'에 대한 새로운 이론을 펼쳐 보였다. 중첩적 합의, 옳음의 우선성과 좋음, 공적 이성이라는 개념들을 중심으로 재구성한 정치적 자유주의 이론은 기존 정의론을 현실적 차원으로 가져와 구체화하고 있다는 점에서 주목을 받았다.

현대사회를 지탱하는 제도의 두 차원은 정치와 경제다. 경제가 물질적 삶을 풍요롭게 하는 게 목표라면, 정치는 개인의 자유와 평등을 실현하는 것을 목표로 삼는다. 바람직한 정치란 무엇이고, 어떻게 구현할 수 있을까? 이에 대한 답변은 롤즈의《정의론》제1장 제1절을 시작하는 다음과 같은 주장으로부터 출발해야 할 것이다. "사상체계의 제1덕목을 진리라고 한다면 정의는 사회제도의 제1덕목이다."

정의와 한국사회

우리 사회에서 롤즈 못지않게 널리 알려진 정치철학자는 샌델이다. 2010년에 우리말로 옮겨진 샌델의《정의란 무엇인가》는 출판사의 주장에 따르면 200만 권이나 팔렸다고 한다. 적지 않은 집 서가에 이 책이 꽂혀 있는 셈이니 이 정도면 '샌델 열풍'이라 할 만했다.

흥미로운 것은 원본이 출간된 미국에선 이 책이 10만권 정도 판매됐다는 점이다. 샌델 열풍을 지켜보면서 먼저 떠오른 생각은 우리 사회 특유의 소용돌이 문화다. 일단 소용돌이가 발생하면 그 구심력은 다른 모든 것들을 압도한다. 이런 소용돌이가 문화에만 그치지 않는다. 정치와 경제 역시 소용돌이를 비켜갈 수 없다.

소용돌이 문화보다 더 눈여겨봐야 할 것은 당시의 사회적 분위기다.《정의란 무엇인가》가 열풍을 일으킨 데에는 정의에 대한 목마름이 중요했던 것으로 보인다. 정의의 핵심은 절차의 공정에 있다. 공정이란 한쪽에 치우치지 않는 올바름을 뜻한다. 2008년 촛불집회, 2009년 노무현 대통령의 서거는 권력의 공정성을 환기시켰고, 이는 시민사회가 정의라는 가치에 목마르게 했다. 바로 이때 '하버드대 20년 연속 최고의 명강의'라는 권위를 가진《정의란 무엇인가》가 출간된 것이다.

정의의 관점에서 보면 경쟁은 공정해야 하고, 약자는 보호돼야 한다. 2012년 총선과 대선에서 공정한 경쟁을 중시하는 '경제민주화'와 사회적 약자 보호를 추구하는 '복지국가'가 시대정신으로 부상한 데에는 이렇듯 정의에 대한 사회적 관심 증대라는 배경이 놓여 있었다. 2012년 대선 당시 보수 정치세력마저도 경제민주화와 복지국가를 시대정신으로 내건 것을 보면 샌델 열풍이 결코 가볍지 않았음을 알 수 있다.

'헬조선'과 '수저계급론' 담론에서 볼 수 있듯, 결코 적지 않은 국민들은 우리 사회가 불공정하고 불평등한 사회라고 생각한다. 절차와 제도의 정의를 어떻게 실현할 것인지는 롤즈가 지적했듯 국가를 포함한 정치사회의 제1과제다. 국민 다수는 정의에 대한 감각을 이미 갖고 있는데, 정치사회가 이를 제대로 실천하지 못하는 게 우리 정치가 갖는 가장 중요한 문제다. 정의에 대한 감각이야말로 한국 정치에 부여된 제1덕목이라 할 수 있다.

《정의론》은 철학자 황경식에 의해 우리말로 옮겨졌다. 처음에는 책 제목이 《사회정의론》으로 붙여졌다가 최근에는 《정의론》으로 바뀌었다. 롤즈의 또 다른 주저들인 《정치적 자유주의》와 《만민법》은 정치학자 장동진 등에 의해 우리말로 번역됐다.

"사회생물학은 모든 사회행동의
생물학적 기초에 관해서 체계적으로
연구하는 학문이라고 정의할 수 있다."

13.

사회적 행동의 생물학:
에드워드 윌슨의 《사회생물학》

"그들은 우리의 몸과 마음을 창조했다. 그리고 그들이 살아 있다는 사실이야말로 우리가 존재하는 궁극적인 이론적 근거이기도 하다. 자기 복제자는 기나긴 길을 지나 여기까지 왔다. 이제 그들은 유전자라는 이름으로 계속 나아갈 것이며, 우리는 그들의 생존기계다."

전후에 쓰인 과학 관련 저작들 중에서 이 구절만큼 유명한 말도 찾기 어렵다. 영국 생물학자 리처드 도킨스의 《이기적 유전자》(1976)에 나오는 표현이다.

1970년대 세계 지성사에서 주목할 사건의 하나는 사회생물학의 도전이다. 사회생물학은 이제까지 인문·사회과학의 탐구 대상이었던 인간의 사회적 행동에 대한 생물학적 해석을 내놓았다. 사회생물학을 이끈 이들이 바로 도킨스와 미국 생물학자 에드워드 윌슨(Edward Wilson, 1929~)이다. 대중적으로는 《이기적 유전자》가 더 유명하지만, 지식사회 안에서 사회생물학의 등장을 알리고 격렬한 논쟁을 일으킨 저작은 윌슨의 《사회생물학: 새로운 종합》

(Sociobiology: The New Synthesis, 1975)이다.

찰스 다윈으로부터 시작된 진화론을 인간 연구에까지 확장시켜보려는 《사회생물학》의 도전은 《인간 본성에 대하여》(1978), 《통섭: 지식의 대통합》(1998)으로 이어졌다. 《사회생물학》, 《인간 본성에 대하여》, 《통섭》은 서구사회에서 자연과학자들은 물론 인문·사회과학자들, 나아가 시민들에게까지 널리 읽힌 저작들이다. 사회생물학의 논리와 방법론에 대해 불편해하는 인문·사회과학자들이 여전히 적지 않다. 하지만 윌슨의 사회생물학이 지난 40여 년 동안 지식사회는 물론 세상을 뒤흔들었던 것은 분명해 보인다.

《사회생물학》의 주요 내용

윌슨의 《사회생물학》은 두 버전이 있다. 하나는 1975년 출간한 저작이고, 다른 하나는 1980년 대중적 개론서로 나온 축소판 저작이다. 우리말로 옮겨진 것은 축소판이다. 축소판이라 하더라도 이 책은 3부 26장으로 구성되어 800쪽이 넘는 방대한 저작이다.

사회생물학이란 모든 사회적 행동의 생물학적 기초에 대해 체계적으로 연구하는 학문이다. 윌슨의 《사회생물학》은 세 부분으로 이뤄져 있다. 제1부에서는 진화론의 시각에서 사회생물학이란 무엇인지를 실명하고, 제2부에서는 의사소통·공격·순위체제 등 동물의 사회적 행동 메커니즘을 서술한 다음, 제3부에서는 군체성 무척추동물, 사회성 곤충, 인류를 제외한 영장류 등의 진화와 행동을 주목한다. 제3부의 마지막에는 사회생물학에서 사회학까지 인간의 사회적 행동에 대한 윌슨의 견해가 덧붙여진다.

이 저작을 관통하는 문제의식은 사회성의 진화가 생리학적 관성의 구속 아래 이뤄지는 유전적 반응이라는 것이다. 윌슨에 따르면, 생물은 그 자신을 위해 살고 있는 게 아니다. 생물의 주요 기능은 유전자를 재생산하는 데 있고, 따라서 생물은 유전자의 임시 운반자로서의 역할을 맡고 있다는 게 그의 주장이다. 윌슨의 견해에서 흥미로운 것은 이타성에 대한 해석이다. 이타적 행동이란 자신과 같은 유전자를 갖는 개체를 남기려는 적응 활동인 동시에 혈연자와 공동체를 구하려는 집단 선택이라는 게 그의 설명이다.

윌슨은 사회생물학의 논리가 인간의 사회적 행동을 이해하는 데 중요한 이론과 방법론이 될 수 있고, 결국 인문·사회과학이 생물학의 소분야로 존재하게 될 것이라는 과감한 주장을 내놓는다. 이러한 주장은 사회과학으로부터 거세게 비판받았다. 이에 윌슨은 문화·성·종교 등을 포함한 인간의 사회적 행동을 생물학적 현상으로 파악한 《인간 본성에 대하여》를 발표했다. 이러한 윌슨의 사유는 생물학을 바탕으로 한 인문·사회과학과 자연과학의 통합을 제시한 《통섭》으로 나타났다.

생물학과 사회과학 간의 논쟁

윌슨의 《사회생물학》은 출간되자마자 격렬한 논쟁에 휩싸였다. 인간의 사회적 행동이 생물학적 기초 위에 이뤄진다는 주장은 사회과학으로부터 거센 반론을 낳았다. 윌슨의 견해는 도킨스와 비교해 환경의 요인을 상대적으로 더 주목하지만, 기본적으로 생물학적 환원론 또는 유전자 결정론으로 파악할 수 있다. 이러한 환원론과 결정론은 제도와 문화가 미치는 영향을 부정하는 문제를 안고 있다는 게 그 반론의 핵심이다. 인간의 사회적 행동은 유전자 못지않게 교육을 포함한 사회적 요소들로부터 큰 영향을 받기 때문이다.

생물학 안에서도 사회생물학에 대한 비판이 제기됐다. 윌슨의 하버드대 동료인 생물학자 리처드 르원틴과 스티븐 제이 굴드가 이끈 '민중을 위한 과학의 사회생물학 연구 그룹'은 이 비판을 주도했다. 이들은 윌슨의 사회생물학이 미국의 이민제한법이나 독일의 인종차별주의를 부활하도록 만든다고 비판했다. 이에 윌슨은 인간이 유전과 환경의 중간에 있는 존재라고 반박하고, 사회생물학이 현상 유지를 위한 이데올로기적 함의를 갖고 있지 않다고 반비판했다.

윌슨의 사회생물학은 1990년대에 진행된 인간 게놈 프로젝트와 스티븐 핑커, 로버트 라이트 등으로 대표되는 진화심리학의 발전에 큰 영향을 미쳤다. 핑커의 《빈 서판》과 《우리 본성의 선한 천사》 등은 베스트셀러가 되기도 했다. 21세기에 들어와 진화심리학은 점점 더 영향력을 확대하고 있다.

지난 40여 년 동안 사회생물학은 인간이란 누구이고 어떤 존재인지에 대한 질문과 연구에 패기만만한 문제제기를 해왔다. 사회학 연구자인 내가 보기에 인간은 생물학적 존재인 동시에 사회학적 존재다. 인간은 유전자에 의해서만 결정되는 존재도 아니며, 사회와 문화에 의해서만 결정되는 존재도 아니다. 인간의 삶은 사회생물학과 사회과학 모두의 이해를 요구하는 것으로 보인다.

사회생물학과 한국사회

월슨의 사회생물학이 국내에 본격적으로 소개되기 시작한 것은 1990년대였다. 《사회생물학》, 《이기적 유전자》, 스티븐 로즈 등의 《우리 유전자 안에 없다》가 번역되면서 사회생물학에 대한 관심이 높아졌다. 사회생물학의 도입과 연구에는 《사회생물학》을 번역한 생물학자 이병훈과 월슨의 제자인 생물학자 최재천의 기여가 컸다.

특히 최재천은 전문적인 연구를 수행하면서 월슨의 《통섭》을 번역하고, 《개미 제국의 발견》 등 대중적 저작들을 발표함으로써 사회생물학에 대한 관심을 높이는 데 결정적인 영향을 미쳤다.

지난 20여 년 동안 우리말로 출간된 사회생물학 관련 저작들은 적지 않다. 사회생물학을 둘러싼 논쟁 또한 다양하게 진행됐다. 그 가운데 특별한 주목을 받을 만한 저작은 과학저술가 김동광, 최재천, 정치학자 김세균이 편집한 《사회생물학 대논쟁》이다. 이 책은 2009년 서울대 사회과학연구원, 이화여대 통섭원, 한국과학기술학회가 공동으로 개최한 심포지엄 '부분과 전체: 다윈, 사회생물학, 그리고 한국'에서 발표된 논문들을 모았다.

이 저작은 사회생물학을 둘러싼 세 주제를 다룬다. 사회생물학은 환원주의인가, 생물학으로 문화를 설명할 수 있는가, 한국에서 사회생물학은 올바로 수용됐는가의 문제가 그것들이다. 뜨거울 수밖에 없는 이 주제들에 대한 발표를 맡은 이들은 사회과학자인 김환석, 이정덕과 자연과학자인 장대익, 전중환, 이병훈, 김동광이었다. 여기에 최재천과 김세균이 〈서문〉과 〈후기〉를 덧붙였다.

이 책에 실린 논문들 가운데 특히 흥미로운 것은 문화의 생물학적 이해를 둘러싸고 상반된 견해를 펼치는 이정덕과 전중환의 주장이다. 이정덕은 문화가 갖는 다양성을 사회생물학은 설명하지 못한다고 보는 반면, 전중환은 문화가 기본적으로 인간의 생물학적 특성에서 비롯된다고 파악한다.

책의 편집자들 역시 서로 다른 견해를 내놓고 있다. 최재천은 문화가 결국 긴 유전자의 팔 안에 있다는 주장을 제시한다면, 김세균은 사회과학자답게 생물학적 환원주의는 배격돼야 한다는 주장을 펼쳐 보인다. 사회생물학을 둘러싼 논쟁에 관심이 있는 이들에게 권할 만한 책이다.

《사회생물학》축소판은 생물학자 이병훈과 박시
룡에 의해 2권으로 나뉘어 우리말로 옮겨졌다.
사회생물학을 폭넓게 이해하기 위해선 문제적인
베스트셀러인 도킨스의 《이기적 유전자》를 함께
읽어보는 것도 좋다.

"존재적 실존양식의
전제조건은 독립과 자유 그리고
비판적 이성을 지니는 것이다."

14.
인본주의 심리학을 위하여: 에리히 프롬의《소유냐 존재냐》

전후 서구 사상가들에게 가장 큰 영향을 미친 전전(戰前) 사상가들은 누구일까? 20세기 전반에 국한한다면 정신분석학자 지그문트 프로이트, 사회학자 막스 베버, 언어학자 페르디낭 드 소쉬르가 그들일 것이다. 20세기 후반 사상가들은 이 선배 사상가들과의 지속적인 대화를 통해 자신의 이론을 발전시켜 왔다.

이들 중 특히 프로이트의 영향은 상당했다. 정신분석학자 에릭 에릭슨과 자크 라캉은 프로이트로부터 심원한 영향을 받았고, 철학자 헤르베르트 마르쿠제, 루이 알튀세르, 위르겐 하버마스 역시 자신의 이론을 구성하는 데 프로이트의 착상을 빌려 왔다.

에리히 프롬(Erich Fromm, 1900~1980) 또한 프로이트의 영향이라는 자장 안에서 성장한 정신분석학자이자 사회심리학자였다. 그는 두 얼굴을 갖고 있었다. 대중은 프롬을 매우 사랑했다. 그의《자유로부터의 도피》(1941),《사랑의 기술》(1956),《소유냐 존재냐》(To Have or To Be, 1976)는 현재에도 꾸준히 읽힌다. 하지만 전문가들은 프롬에 냉담했다. 그는 정신분석학과 심리학 분야에서 주변적 위치에 머물렀고, 그의 책들은 전문 연구서라기보다 대중적 저작들로 평가됐다.

이 책에서 프롬을 다루는 까닭은 두 가지다. 첫째, 시민들을 위한 사상이 존재한다면 프롬은 시민들이 쉽게 접근할 수 있는 사상을 펼친 '시민 사상가'였다. 사상이 전문적 연구자들만의 독점물은 아니다. 둘째, 프롬을 지탱했던 것은 마르크스주의와 프로이트주의, 그리고 인본주의였다. 어떤 사상이더라도 결국 대면하는 문제는 인간이란 어떤 존재인가라는 질문이다. 프롬의 책들은 이 질문에 대해 여전히 주목할 만한 답변을 제공한다. 《소유냐 존재냐》는 후기 프롬의 대표적 저작이었다.

《소유냐 존재냐》의 주요 내용

《소유냐 존재냐》의 서론에서 프롬은 오늘날 현대사회에서 이행되지 않는 인류의 위대한 약속과 새로운 선택의 문제를 제기한다. 그에게 위대한 약속이란 자연의 지배, 물질적 풍요, 최대 다수의 최대 행복, 무제한적인 개인의 자유에 관한 약속이었다. 하지만 오늘날 이 약속이 실패로 나타나고 있다. 무엇이 이 약속을 이행하지 못하게 한 것일까? 프롬이 특히 주목하는 원인은 극단적 쾌락주의와 무제한적 이기주의란 심리학적 전제다. 이러한 생각이 계속되는 한 인간의 삶은 결국 퇴보할 수밖에 없다.

소유와 존재는 근본적으로 다른 인간 체험의 두 가지 형태다. 프롬에 따르면, 많은 현대인들은 소유적 실존양식이 인간의 본성에 기원하기 때문에 변화하지 않는다고 본다. 그러나 소유적 실존양식과 존재적 실존양식 모두 인간 본성에 잠재해 있는 가능성이다. 인간은 자신의 능력을 표출하려는, 활동하려는, 타인과 관계를 맺으려는, 이기심의 감옥에서 빠져나오려는, 요컨대 존재하고자 하는 뿌리 깊은 욕구를 갖고 있음을 프롬은 강조한다.

《소유냐 존재냐》에서 주목할 프롬의 아이디어는 '사회적 성격'이다. 사회적 성격이란 개인의 정신적 구조와 사회경제적 구조 간의 상호작용의 결과를 말한다. 프롬은 16세기부터 20세기 후반에 이르는 동안 사회적 성격으로서의 '시장적 성격'의 영향력이 증대해 왔다고 주장한다. 시장적 성격은 인간이 자신을 상품으로 파악하는, 사용가치가 아니라 교환가치로 체험하는 것을 함의한다. 프롬의 메시지는 이러한 시장적 성격이 결국 인간을 불행하게 만든다는 데 있다.

이러한 상황을 벗어나기 위해서 프롬은 먼저 완전히 존재하기 위해 모든 형태의 소유를 기꺼이 포기할 마음가짐 등을 포함한 인간 성격구조의 근본적 변화를 제안한다. 이어서 건전하고 이성적인 소비를 목적으로 하는 생산 등을 포함한 새로운 사회를 위한 정책 방향을 제시한다. 소유를 위한 삶이냐, 존재를 위한 삶이냐는 인간이라면 누구나 피할 수 없는 질문이다. 존재 지향의 삶이 가치 있다고 생각하는 이들에게 《소유냐 존재냐》는 여전히 많은 생각거리들을 안겨주고 있다.

인본주의 사회심리학과 현대사회

지난 20세기 프로이트로부터 영향을 받은 대표적인 사상가들로는 에릭슨, 마르쿠제, 라캉, 그리고 프롬이 손꼽혔다. 에릭슨이 자아의 성장 이론을 제시했고, 마르쿠제가 자본주의 변혁에서의 성 에너지 역할을 주목했다면, 라캉은 무의식의 주체로서 인간의 욕망을 분석했다. 프롬은 프로이트의 본능 이론으로부터 큰 영향을 받았지만, 인간 행위에 본능보다 사회적 요인이 더 중요한 동기로 자리잡고 있다는 견해로 이동했다.

프롬의 사상에서 프로이트 못지않게 중요한 사상가는 카를 마르크스였다. 프로이트가 개인의 본능을 중시했다면, 마르크스는 경제적 요인을 강조했다. 개인적 차원과 사회적 차원을 각각 주목하는 프로이트 이론과 마르크스 이론을 연결시키는 프롬의 개념이 '사회적 성격'이다. 사회적 성격에 따르면, 개인의 성격은 인간 본성에서 비롯된 동시에 사회구조에 적응해 가면서 형성된 것이다. 이렇듯 인간 심리에 내재된 능동성을 이론화한 인본주의 사회심리학을 주조함으로써 프롬은 인간에 대한 희망의 끈을 놓지 않았다.

독일에서 태어나고 공부한 프롬은 나치즘이 등장하자 1933년 미국으로 이주했다. 그의 삶에는 대공황과 나치즘, 그리고 제2차 세계대전의 비극괴 전후 자본주의 황금기가 사회적 배경을 이뤘다. 이러한 야만과 절망의 시대, 그리고 소비와 욕망의 시대를 살아가면서도 그는 인간해방에 대한 희망을 포기하지 않았다. 인본주의는 보는 이에 따라 소박한 가치지향일지도 모른다. 그러나 인본주의는

21세기 현재에도 현대성의 가장 중요한 가치다. 인본주의에 관심을 가진 이들에게 프롬은 여전히 매력적인 사상가임에 분명하다.

사상의 유행과 한국사회

사상에도 유행이 존재한다. 우리 사회의 경우 1970년대 후반과 1980년대 초반에는 독일 프랑크푸르트학파가 관심을 모았다가 1980년대 중반 이후에는 정통 마르크스주의가 르네상스를 맞이했다. 동구 사회주의 몰락 이후 마르크스주의에 대한 관심이 줄어들면서 그 대신 프랑스 탈구조주의가 부상했다. 이러한 흐름에서 각 조류를 대표하는 하버마스, 마르크스, 푸코 사상에 대한 열풍이 불었다.

주목할 것은 1997년 외환위기 이후 과거와 같은 사상의 선풍적 유행이 없었다는 점이다. 세계화론, 정보사회론, 사회적 자본론, 사회생물학 등 다양한 담론들이 지식사회 안팎에서 주목받았지만, 프랑크푸르트학파, 마르크스주의, 탈구조주의가 누렸던 담론의 유행은 찾기 어려웠다.

사상의 유행이 끝난 데에는 두 가지 요인이 중요했다. 첫째, 우리 사회가 갖는 복합성이 커지면서 어느 한 이론이 압도적인 영향력을 갖기 어려웠다. 인간과 사회를 분석하는 데는 다양한 이론들이 필요하다는 공감대가 형성됐다. 둘째, 지식 담론들에 대한 시민사회의 관심이 엷어졌다. 1980~90년대에는 지식사회와 시민사회 간 소통이 활발했었다면, 21세기에 들어와선 그 소통이 많이 줄어들었다. 소통이 줄어든 만큼 담론의 유행 또한 크게 일지 않았다.

돌아보면 사상의 유행에는 빛과 그늘이 존재했다. 유행을 타면 높은 평가를 받고 분야를 넘어선 주목을 받지만, 유행이 꺼지면 평가조차 제대로 이뤄지지 않고 심지어 자기 분야에서도 잊혀지고 만다. 이러다 보니 정작 중요한 이론들마저 유행의 구속을 받아 그 의의에 대한 토론이 제대로 이루어지지 못하는 경우가 있었다.

프롬을 포함한 광의의 프랑크푸르트학파에 대한 관심은 그 하나의 사례다. 현재 시점에서 보면 테오도어 아도르노 등의《권위주의 성격》이나 프롬의《자유로부터의 도피》등은 한국인 사회심리를 분석하는 데 함의하는 바가 결코 작지 않다. 하지만 유행이 끝난 탓인지 이 고전적인 연구들은 학설사를 공부하는 데 한 부분을 이루고 있거나 대학 신입생을 위한 필독서로 지정돼 있을 뿐이다.

사상의 유행 속에는 유행과 알맹이가 뒤섞여 있다. 소멸하는 유행의 거품 속에서 인간과 사회에 대해 본질적 질문을 던지고 그 해답을 찾아내는 것은 인문·사회과학자들에게 부여된 중요한 과제 중 하나일 것이다.

《소유냐 존재냐》는 베스트셀러였던 만큼 여러
사람들에 의해 우리말로 옮겨졌다. 프롬에 관심
있는 이들은 현대사회에서 자아가 처한 심리적
상황을 날카롭게 해부한 《자유로부터의 도피》를
함께 읽어보면 좋다.

"새로운 갈등들은
오히려 문화적 재생산, 사회통합,
그리고 사회화의 영역에서 생겨난다.
(⋯) 분배의 문제에서가 아니라
생활형식들의 문법의 문제에서
불붙는다."

15.

미완의 기획으로서의 계몽:
위르겐 하버마스의《의사소통행위 이론》

사상은 논쟁을 통해 성숙하고 풍요로워진다. 논쟁은 메마른 사상에 따뜻한 피를 돌게 해 설득력과 공감을 높인다. 전후 사상의 역사에서 뜨거웠던 논쟁들 한가운데 서 있던 지식인은 독일의 위르겐 하버마스(Jürgen Habermas, 1929~)다. 아도르노, 포퍼, 알베르트가 참여한 실증주의 논쟁, 가다머와의 해석학 논쟁, 루만과의 체계이론 논쟁, 그리고 포스트모더니즘 논쟁 등 하버마스는 전후 주요 논쟁들에서 주역을 맡았다.

하버마스는 호르크하이머, 아도르노, 마르쿠제 등 비판이론 제1세대에 이어 비판이론의 제2세대를 이끌어온 사회이론가다. 동시에 그는 호네트, 오페 등 비판이론 제3세대까지를 포함해 프랑크푸르트학파로 알려진 비판이론을 주도해온 철학자다. 나아가 미국의 롤즈, 프랑스의 푸코와 함께 전후 사상을 대표하는 사상가다. 사유의 깊이와 포괄성, 그리고 사회적 영향력을 고려할 때 하버마스는 20세기 전반 독일 학문 전통을 상징해온 베버와 프로이트를 계승하는 위대한 사상가임에 분명하다.

1962년 교수자격 논문인《공론장의 구조변동》을 출간한 이래 하버마스는 지식사회 안팎에서 큰 관심을 모은 저작들을 잇달아 발표했다.《인식과 관심》(1968),《후기 자본주의에서의 정당성 문제》(1973),《의사소통행위 이론》(Theorie des kommunikativen Handelns, 1981),《현대성의 철학적 담론》(1985),《사실성과 타당성》(1992) 등 그의 주요 저작들은 이 책에서 모두 개별적으로 다뤄도 좋을 만한 문제작들이다. 이 가운데 하버마스 사상을 대표하는 저작을 한권 꼽으라면 그것은《의사소통행위 이론》일 것이다.

《의사소통행위 이론》의 주요 내용

《의사소통행위 이론》은 2권으로 이뤄져 있다. 제1권 제목은〈행위합리성과 사회합리화〉이며, 제2권 제목은〈기능주의적 이성 비판을 위하여〉다. 이 방대한 저작에서 하버마스는 독일의 비판이론적 전통과 영미의 사회이론적 전통을 검토하고 재구성해 독자적인 이론을 제출한다. 그것이 '체계-생활세계' 이론이다.

하버마스는 근대화에 따른 사회의 내부 분화에 주목하여 현대사회를 행정체계와 경제체계로 구성되는 '체계'와 공적 영역과 사적 영역으로 이뤄지는 '생활세계'로 양분한다. 각기 독립적인, 그러나 상호작용하는 이 두 영역은 근대화가 진행되면서 그 관계가 변화한다. 그에 따르면, 근대화의 진전과 고도화에 따른 체계의 복합성 및 강제성의 증대는 생활세계를 위협하는 병리 현상을 불러일으킨다.

이 병리 현상은 두 가지 형태로 나타난다. 첫 번째가 체계의 과도한 발달이 생활세계의 일상적 실천을 위협하고 파괴하는 양상이라면, 두 번째는 지식생산이 제도화돼 등장한 전문가문화가 시민들의 문화적 참여를 차단함으로써 초래되는 생활세계의 문화적 빈곤 양상이다.

하버마스가 진단하는 현대 서구사회의 위기는, 대량 실업·생태 위기와 같은 체계의 기능 혼란이 생활세계의 하부구조에 전가되는 것에서 비롯된다. 다시 말해, 체계의 기능 상실은 상징적 재생산의 영역에서 혼란을 낳고, 이것이 다시 의미상실, 아노미, 노이로제와 같은 정신적 병리 현상을 증폭시키는 것으로 구체화된다. 하버마스는 체계에 의한 생활세계의 이러한 병합 현상을 '생활세계의 식민화'로 개념화한다. 그리고 이 생활세계의 식민화에 맞설 수 있는 정치적 대안으로 환경·여성·평화운동 등과 같은 신사회운동들을 제시한다.

하버마스는 《의사소통행위 이론》을 통해 생산을 중시하는 마르크스주의, 기능을 중시하는 구조기능주의 사회학, 행위를 중시하는 현상학 등의 이론적 한계들을 넘어서려고 한다. 비판이론은 《의사소통행위 이론》에 와서 사회제도와 일상생활을 포괄하는 일반 사회이론으로 정립된 셈이다.

하버마스가 현대 사상에 미친 영향

하버마스의 전체 저작들을 관통하는 문제의식은 후기 자본주의 시대인 현대사회에 대한 철학적·사회과학적 분석과 이를 바탕으로 한 새로운 사회에 걸맞는 규범의 '재정초(refoundation)'에 있다.

《의사소통행위 이론》이 규범의 재정초를 위한 이론의 재구성을 겨냥했다면, 《현대성의 철학적 담론》은 이를 위한 사상의 재평가를 시도했다. 그리고 《사실성과 타당성》은 규범의 재정초를 위한 정치적 대안을 모색했다. 이러한 일련의 탐구는 그가 비판이론가답게 평생 이론과 실천의 변증법적 통일에 얼마나 충실했는지를 생생히 증거한다.

하버마스는 그와 함께 전후 사상을 대표해온 미셸 푸코, 앤서니 기든스와 자주 비교된다. 푸코가 포스트모더니즘의 사상적 기초를 제공한 탈구조주의자로, 기든스가 '후기 현대'로 불린 '제2 현대성' 이론가로 알려졌다면, 하버마스는 계몽주의의 옹호자를 자처했다.

하버마스에 따르면, 문제의 핵심은 계몽주의의 실패가 아니라 이에 내재된 비판적 태도의 상실에서 찾을 수 있다. 계몽의 본질은 어떤 전통이라 하더라도 비판하고, 이 비판을 전유하여 더 나은 진리에 도달할 수 있는 가능성에 있다. 그가 제시하는 현대성의 과제는 그릇된 계몽에 대한 올바른 계몽, 다시 말해 이성에 대한 신뢰와 자기 제한성을 발휘해 정치적 억압, 경제적 불평등, 문화적 소외를 극복하는 것에 맞춰져 있다. 그에게 현대성은 '미완의 기획'이다.

돌아보면 지난 20세기는 현대성의 드라마틱한 시험대였다. 자본주의와 민주주의를 양대 축으로 하는 현대성은 자유주의와 파시즘, 복지국가와 신자유주의에서 볼 수 있듯 빛과 그늘을 동시에 드러냈다. 현대성은 여전히 미완의 기획인가, 넘어서야 할 과제인가?

현대 사상에서 가장 중요한 이 문제를 제대로 탐구하기 위해선 그 출발이 하버마스 사상에서 시작해야 함은 너무도 자명하다.

하버마스와 한국사회

1970년대 후반 이후 프랑크푸르트학파에 대한 소개가 이뤄지면서 하버마스 사상에 대한 국내의 관심은 높아졌다. 그의 책들이 번역되고 그의 이론을 연구한 논문들이 발표됐다. 특히 철학과 사회학 분야에서 하버마스 사상은 석·박사 논문들이 즐겨 다룬 주제의 하나였다.

하버마스에 대한 관심이 절정에 이른 것은 1996년 4월 그가 우리나라를 방문했던 전후의 시기였다. 사회학자 한상진은 그가 국내에서 강연한 글들을 모아《현대성의 새로운 지평: 하버마스 한국 방문 7강의》(1996)를 출간했다.

'나는 왜 시민사회론을 주창하는가: 사회학적 성찰', '민주주의의 세 가지 규범 모델: 언술정치를 향하여', '유럽 국민국가에 대한 성찰: 세계화의 도전과 응전', '현대성의 구상과 비판적 논쟁: 신고전주의의 관점', '칸트의 영구평화론과 인권: 세계시민사회를 향하여', '철학은 오늘날 무엇을 해야 하나: 지식인 역할의 재조명'이라는 강연 제목들이 보여주듯 한국에서의 강연들은 그의 이론적·실천적 관심을 망라했다.

당시 하버마스의 사상에 대한 국내 연구들은 철학자 이진우와 계명대 철학연구소가 엮은《하버마스의 비판적 사회이론》(1996),

철학자 장춘익 등이 쓴《하버마스의 사상: 주요 주제와 쟁점》(1996), 철학자 정호근 등이 쓴《하버마스: 이성적 사회의 기획, 그 논리와 윤리》(1997)에 집약돼 있다. 독일과 국내에서 철학과 사회학을 공부한 이들이 주요 필자들로 참여한 이 저작들은 하버마스 사상에 대한 수준 높은 토론과 분석을 담고 있다.

하버마스 사상 가운데 국내에서 큰 영향력을 행사한 이론은 신사회운동론이다. 하버마스는 생활세계의 식민화를 저지하고 방어하는, 그리하여 합리적이고 실천적인 의사소통을 제도화하려는 일련의 사회운동을 신사회운동이라고 정의한다. 이 신사회운동은 체계에 대항하는 잠재력의 성격에 따라 '해방운동', '저항운동', '퇴각운동'으로 구별된다.

여성운동과 미국 민권운동이 해방운동의 사례라면, 환경과 평화, 시민주도, 녹색당, 공동체 등의 대안운동들은 저항 및 퇴각운동에 속한다. 이러한 하버마스의 논리와 분류는 1990년대 이후 성장한 우리 사회 시민운동을 분석하는 데 유용한 문제틀을 제공했다. 하버마스의 시각에서 볼 때 한국 시민운동들은 자율과 연대를 추구한 참여민주주의의 정치적 기획이었던 셈이다.

《의사소통행위 이론》 1·2권은 철학자 장춘익에
의해 우리말로 옮겨졌다. 사회학자 한상진이 엮은
《현대성의 새로운 지평》은 함께 읽어볼 만하다.

Ⅲ. 정치와 경제

정치와 경제 연구는 사회과학의 중심을 이루는 영역이다. 근대의 특징을 국가와 사회의 분리에서 찾는다면, 국가를 다루는 학문이 정치학이고 사회의 핵심 영역인 경제를 다루는 학문이 경제학이다. 어떤 개인적 삶이더라도 제도의 구속을 받을 수밖에 없다는 점을 고려할 때, 그 제도의 중심을 이루는 정치와 경제에 대한 탐구는 사회사상의 과제라 할 수 있다.

이 책에서는 전후 정치 분야를 대표하는 저작들로 대니얼 벨의 《이데올로기의 종언》, 안토니오 그람시의《옥중수고》, 로버트 달의 《경제 민주주의》, 새뮤얼 헌팅턴의《문명의 충돌》, 앤서니 기든스의 《제3의 길》을 주목했다.

달과 헌팅턴은 전후 미국을 대표하는 정치학자들이다. 달은《다두정》을 포함해 민주주의에 대한 여러 뛰어난 저작들을 남겼다. 그의《경제 민주주의》는 경제 영역에서의 민주주의의 구현을 부각시킴으로써 민주주의론의 새로운 지평을 열고 있다. 헌팅턴의《문명의 충돌》은 뜨거운 논쟁을 일으킨 저작이다. 이념이 아닌 문명 간 갈등이 탈냉전 시대 세계정치 구도의 중핵을 이룬다는 게 그 핵심 주장이다.

벨과 기든스는 전후 미국과 영국을 대표해온 사회이론가들이다. 벨의《이데올로기의 종언》과 기든스의《제3의 길》은 전후 서구 정치사상에서 보수와 진보를 각각 대변하는 저작들이다.《이데올로기의 종언》이 보수적 관점에서 급진적 이념의 소멸을 분석한다면,《제3의 길》은 진보적 관점에서 사회민주주의의 쇄신을 모색한다. 벨의《탈산업사회의 도래》와 기든스의《좌파와 우파를 넘어서》역시 세계적으로 큰 관심을 모았다.

그람시의《옥중수고》는 이례적인 저작이다. 2차 세계대전 이전에, 그것도 감옥 안에서 집필됐기 때문이다. 뒤늦게 출간된《옥중수고》가 전후 사상에 미친 영향은 매우 컸다. 특히 시민사회와 헤게모니에 대한 정치적 통찰은 여전히 그람시에게 빚지고 있다.

이외에도 프란츠 파농의《대지의 저주 받은 사람들》, 니코스 풀란차스의《정치권력과 사회계급》, 마이클 오크숏의《인간행동론》, 프랜시스 후쿠야마의《역사의 종말》, 조지프 나이의《소프트 파워》등은 앞의 책들과 함께 다뤄도 손색이 없을 정도로 큰 영향을 미친 정치학 저작들이다.

전후 서구 자본주의를 이끈 양대 경제사상은 케인스주의와 신자유주의다. 케인스주의가 복지국가의 이념적 기초를 이뤘다면, 신자유주의는 세계화의 이념적 토대를 제공했다. 프리드리히 하이에크는 이러한 신자유주의론을 대표하는 경제학자다. 그의《법, 입법 그리고 자유》는 시장의 자생적 질서를 중시하는 신자유주의 경제학의 표준적인 저작이다.

피터 드러커는 경영학자이자 미래학자다.《경영의 실제》가 경영학자로서의 그의 연구를 대표한다면,《단절의 시대》는 미래학자로서의 그의 관심을 잘 보여준다.《단절의 시대》는 지식사회의 도래를 선구적으로 예견한 저작이다.

드러커가 말한 지식사회의 21세기적 버전이 바로 제4차 산업혁명이다. 제4차 산업혁명은 나라에 따라 'AMI(Advanced Manufacturing Initiative)', '인더스트리 4.0', '소사이어티 5.0' 등 다양하게 불리고 있다. 다보스포럼의 회장이자 경제학자인 클라우스 슈밥의《제4차 산업혁명》은 제4차 산업혁명의 도전·방법·전망을 포괄적으로 다루고 있다.

케인스, 슘페터, 하이에크의 뒤를 이어 대중들에게 널리 알려진 경제학자는 토마 피케티다. 문제작《21세기 자본》을 발표해 그는 지식사회에서 세계적인 스타로 부상했다. 피케티는 역사적 통계 분석에 기반해 세습자본주의가 다시 등장하고 있다고 경고한다. 불평등 확대가 21세기 자본주의가 직면한 최대의 과제라는 점에서 피케티의 분석은 큰 반향을 일으켜 왔다.

전후 세계적으로 주목받은 경제학 저작들은 이외에도 적지 않다. 존 갤브레이스의《풍요한 사회》, 밀턴 프리드먼의《자본주의와 자유》, 군나르 뮈르달의《아시아의 드라마》, 아마티아 센의《불평등의 재검토》, 조지프 스티글리츠의《세계화와 그 불만》등을 다루지 못한 것이 아쉬움으로 남는다.

"서구세계에서는 오늘날 정치적 쟁점에 대한 대체적인 의견의 일치가 지식인들 사이에 이루어져 있다. 즉 복지국가의 용인, 권력 분권화에 대한 희망, 혼합경제체제와 정치적 국가 다원론이 여기에 속한다. 이런 의미에서도 역시 이데올로기의 시대는 끝난 것이다."

16.

이념의 종언과 신좌파 비판:
대니얼 벨의《이데올로기의 종언》

어떤 시대든 그 나라를 대표하는 '공적 지식인'이 있기 마련이다. 전후 '팍스 아메리카나'가 공고화된 시대에 미국 사회를 대표하던 공적 지식인은 대니얼 벨(Daniel Bell, 1919~2011)과 놈 촘스키였다.

공적 지식인은 전문적 지식인과 사뭇 다르다. 전문적 지식인이 지식사회 안에서 학술 연구로 주목받는 이들이라면, 공적 지식인은 많은 시민들에게 지적이고 정치적인 헤게모니를 행사하는 이들이다. 미셸 푸코가 프랑스 사회에, 위르겐 하버마스가 독일 사회에 미친 영향에 필적할 정도로 벨은 미국 사회에 큰 영향을 미친 공적 지식인이었다. 진보 성향의 촘스키, 푸코, 하버마스와 달리 벨은 보수 성향의 지식인이었다. 젊은 시절에는 트로츠키주의자였지만 나이가 들어가면서 실용적이고 보수적인 경향을 드러냈다.

주목할 것은 벨을 대중들에게 헤게모니를 행사한 공적 지식인으로만 평가할 순 없다는 점이다. 그의 주저들로 꼽히는 세 저작

《이데올로기의 종언》(The End of Ideology, 1960), 《탈산업사회의
도래》(1973), 《자본주의의 문화적 모순》(1976)은 시민사회에 큰 영
향을 미쳤을 뿐 아니라 정치사회학·정보사회학·문화사회학 분야에
도 학문적으로 크게 기여했다.

벨은 저널리스트로서 지적 경력을 시작했다. 잡지 《뉴 리더》,
《포천》 등의 편집을 담당하다가 교수가 되어 컬럼비아대학, 하버드
대학 등에서 사회학을 가르쳤다. 벨에 대한 높은 대중적 호응은 그
의 지적 이력에서 비롯됐다. 저널리스트 출신답게 그는 분명한 논
리를 설득력 있는 문체로 전달했다. 그를 단숨에 유명하게 만든 《이
데올로기의 종언》에 실린 논문들은 《코멘터리》, 《엔카운터》 등의
잡지에 게재된 글들이었다.

《이데올로기의 종언》의 주요 내용

《이데올로기의 종언》의 부제는 '1950년대 미국 정치 이념의 고
갈에 대하여'다. 이 책은 3부로 이뤄져 있다. 제1부는 〈미국: 이론의
모호성〉, 제2부는 〈미국: 생활의 복합성〉이며, 제3부는 〈유토피아
의 고갈〉이다. 제1부와 제2부는 1950년대 미국 사회 변동의 거시적
이고 미시적인 측면을 분석하고, 이를 바탕으로 제3부는 미국 사회
주의의 좌절부터 서구에서 이데올로기의 종언까지를 조명한다.

'이데올로기의 종언'은 벨이 처음 쓴 개념이 아니다. 이 개념이
본격적으로 제시된 것은 1955년 이탈리아 밀라노에서 열린 '문화적
자유를 위한 회의'에서였다. 이 콘퍼런스에서 벨, 마이클 폴라니, 에

드워드 실즈, 한나 아렌트, 존 갈브레이스, 시드니 후크 등은 프랑스 사회학자 레이몽 아롱이 제안한 이데올로기의 종언 현상에 대해 다각적인 토론을 벌였다.

벨의 핵심적 테제는 19세기에 등장한 이데올로기의 혁명적 에너지의 소진이다. 그에 따르면, 1950년대 혼합경제의 도래, 다원주의 정치의 부상, 복지국가의 대두, 과학기술의 발전 등은 마르크스주의로 대표되는 사회 변혁 이데올로기의 종언을 가져 왔다. 이 이데올로기의 종언에 대해 벨은 두 가지 단서를 달았다. 첫째, 이데올로기의 종언이 급진적 이데올로기의 퇴장을 뜻하는 것이지 일반 이데올로기의 소멸을 의미하는 것은 아니다. 둘째, 비서구사회인 아시아와 아프리카에선 근대화나 민족주의와 같은 새로운 이데올로기가 형성되고 있다.

이 책을 통해 벨이 겨냥한 것은 1950년대 서구사회에 큰 영향력을 행사해온 신좌파의 네오마르크스주의 이론에 대한 비판이다. 그는 신좌파가 정열과 에너지는 갖고 있지만 미래에 대한 비전을 제시하지 못하는 무책임한 이들이라고 비난했다. 1950년대 미국 사회를 특징지은 대중사회의 도래, 계급갈등의 완화, 대외적 봉쇄 정책의 등장 등은 과거와는 다른 새로운 사회 현상들이며, 이러한 복합 현실에 대해 신좌파의 문제틀을 넘어서는 새로운 이론 구성과 정치적 실천이 필요하다는 게 벨의 결론이다.

이념과 탈이념의 공존

이데올로기의 종언 테제는 곧바로 비판과 반비판을 불러일으켰다. 진보적 사회학자 C. 라이트 밀스는 이 테제가 현실 변화를 제대로 반영하지 못하는 또 하나의 이데올로기에 불과하다고 혹평했다. 반면 보수적 정치학자 시모어 마틴 립셋은 정치사회 안에서 좌파와 우파 간 합의의 발전이 선통적 이데올로기를 쇠퇴시키고 있다고 주장해 벨의 견해를 지지했다. 서구만 아니라 동구에서도 이데올로기의 종언이 관찰된다는 벨의 주장은 자본주의와 사회주의가 점차 유사해져 간다는 '수렴 이론'의 출발점을 제공하기도 했다.

문제는 현실의 변화였다. 벨이 《이데올로기의 종언》을 발표한 후 역설적으로 이데올로기의 새로운 르네상스가 도래했다. 베트남 전쟁으로 촉발된 반전운동에서 68혁명으로 시작된 신사회운동들에 이르기까지 서구사회에서 이데올로기의 영향력은 오히려 커졌다. 서구 이념 구도는 좌파 대 우파의 기존 구도에 구좌파와 신좌파, 구우파와 신우파의 대립이 더해지면서 한층 복잡해졌다. 적어도 1970년대 후반까지는 이데올로기의 종언보다 내적 분화가 서구 현실에 가까운 진단이었던 것으로 보인다.

전후 70여 년을 통틀어 볼 때 이데올로기는 부침을 거듭해 왔다. 벨이 주목한 1950년대에는 이데올로기의 종언이 두드러졌지만, 1960년대부터 이데올로기는 분화하면서 경쟁하는 양상을 드러냈다. 1980년대 이후에는 신자유주의를 경제 이념으로 전면에 내세운 신보수주의의 시대가 열렸고, 1990년대 중반 이후에는 이런 신보수주의에 맞서 신사회민주주의 기획인 '제3의 길'이 등장했다.

최근 주목할 현상은 이데올로기의 통섭이다. 보수가 진보 정책을 차용하고 진보가 보수 정책을 활용하는 탈이념의 경향이 21세기 현재 정치사회의 풍경을 이룬다. 정치 본래의 특징 중 하나가 적과 동지의 이분법이라면, 이념의 시대는 앞으로도 지속될 것이다. 하지만 정치가 서로 다른 대안들을 조정하고 합의하는 과정이라면, 기성 이념의 쇠퇴 역시 계속될 것으로 보인다.

벨과 한국사회

벨의 사회이론에 대한 국내의 관심은 그리 높지 않았다. 최근까지 이데올로기의 종언과 탈산업사회의 도래가 선진국의 현상이었지 우리 사회의 현실은 아니었기 때문이다. 벨의 저작들은 미국 사회에 미친 영향을 고려해 전후 서구 사회변동을 이해하는 필독서의 하나로 소개되는 데 그쳤다.

1989년 동구 사회주의의 몰락 직후 벨의《이데올로기의 종언》은 잠시 주목을 받았다. 하지만 당시 더 큰 관심을 모은 것은 프랜시스 후쿠야마의 '역사의 종말' 테제였다. 1960년에 발표된 벨의《이데올로기의 종언》이 오래전의 분석이었던 반면, 후쿠야마의 테제는 1980년대 후반이라는 시점에서 사회주의의 몰락을 직접적으로 다뤘다.

벨은 국내 인문·사회과학자들이 관심을 두기엔 매력이 적은 인물이었다. 그는 미국 사회학자이자 보수적 성향의 지식인이었다.

게다가 대중적 지식인이어서 그의 저작들이 사회과학 학계 안에서는 호응을 얻기 어려웠다. 벨이라는 이름은 널리 알려져 있었지만 그의 사회이론은 환영받지 못했다. 예를 들어, 김우창·유종호·도정일 등이 엮은《103인의 현대사상: 20세기를 움직인 사상의 모험가들》(1996)에서 앨빈 토플러와 같은 미래학자는 소개됐지만 벨은 다뤄지지 않았다. 이는 벨이 국내 학자들의 관심 영역 밖에 존재했음을 보여주는 하나의 사례였다.

21세기에 들어와 벨이 새롭게 주목받은 것은 그의 탈산업사회론 때문이었다. 벨의《탈산업사회의 도래》는 정보사회의 등장을 예견한 저작이었다. 정보사회론을 대표하는 토플러의《제3의 물결》과 마누엘 카스텔의《정보 시대》3부작도 탈산업사회의 대두라는 벨의 문제의식으로부터 크고 작은 영향을 받았다.

이론적 지식, 전문적 연구자, 서비스 부문의 부상으로 특징지어지는 탈산업사회에서 지식과 정보의 중요성이 갈수록 커진다는 벨의 선구적인 미래 예측은 21세기 현재에도 여전히 유효하다.《탈산업사회의 도래》가 출간된 지 30여 년이 지난 2006년에 뒤늦게 우리말로 옮겨진 까닭도 여기에 있다.

《이데올로기의 종언》은 여러 출판사에서 우리말
로 옮겨져 나왔다. 이 책들은 원본의 일부 논문들
을 빼고 번역한 것이다. 완역본은 아니지만 벨의
주장을 이해하는 데 큰 어려움은 없다. 벨의 또
다른 주저들인 《탈산업사회의 도래》와 《자본주의
의 문화적 모순》 역시 우리말로 옮겨져 있다.

"지식은 현대 경제와
현대 사회의 기반이 되었으며,
그리고 사회적 행동의 원칙
그 자체가 되었다."

17.

지식사회의 도래:
피터 드러커의 《단절의 시대》

미국 역사학자 H. 스튜어트 휴즈는 《지식인들의 망명》에서 파시즘을 피해 유럽 대륙을 떠나 미국이나 영국 등으로 이주한 지식인들을 다뤘다. 호르크하이머, 아도르노, 마르쿠제, 프롬 등 독일 프랑크푸르트학파가 대표적인 이들이었다. 이 독일인들 이외에 또 하나의 이주 그룹은 오스트리아인과 헝가리인이었는데, 프로이트, 슘페터, 포퍼, 비트겐슈타인, 하이에크, 폴라니 등이 그들이었다. 오스트리아와 헝가리 출신 지식인들이 전후 서구사회에 미친 사상적 영향은 실로 지대했다.

이 그룹의 한 사람이 피터 드러커(Peter Drucker, 1909~2005)였다. 드러커는 오스트리아에서 태어나 독일에서 대학을 다니고 영국을 거쳐 미국으로 이주한 지식인이었다. 흥미로운 것은, 중부 유럽 출신의 이 지식인이 가장 미국적인 학문이라 할 수 있는 '경영학의 아버지'로 불렸다는 점이다. 《경영의 실제》(1954)를 위시해 그가 발표한 저작들은 전후 경영학의 발전에 튼튼한 토대를 마련했다. 많은 추종자들을 거느린 정신적 스승을 산스크리트어로 '구루'라고 하는데, 드러커는 경영학의 '구루'인 셈이었다.

드러커의 저작이 경영학에만 머문 것은 아니었다. 그는 현대 서구사회 현실을 분석하고 미래를 전망하는 저작들을 잇달아 발표함으로써 미래학 분야에도 큰 영향을 미쳤다. 《단절의 시대》(The Age of Discontinuity, 1969), 《새로운 현실》(1989), 《자본주의 이후의 사회》(1993), 《넥스트 소사이어티》(2002) 등은 그 대표적 저작들이다. 드러커는 자신이 미래학자로 분류되는 것을 달가워하지 않았다. 하지만 '지식사회(knowledge society)'와 '지식경제' 등 그가 주조한 개념 및 시대 진단은 새로운 미래를 예감하게 했고, 그가 예측한 미래는 적잖이 현실화됐다. 전후 사상의 역사를 통틀어 볼 때 전문가뿐만 아니라 일반 시민들과의 소통에서도 드러커만큼 영향력이 컸던 대중적 지식인을 찾아보기 어렵다.

《단절의 시대》의 주요 내용

드러커의 책들은 크게 경영학 저작과 시대 진단 저작으로 나눠 볼 수 있다. 드러커는 스스로 《경영의 실제》가 경영을 종합적으로 파악한 최초의 책이라고 평가했다. 이 저작에서 그는 경영의 정의, 경영자라는 주체, 경영자의 일 등을 본격적으로 탐구했다. 경영이 사람에 관한 것이라는 드러커의 경영 철학은 이후 경영학의 발전에 중대한 영향을 미쳤다.

《단절의 시대》는 현대 사회에 대한 드러커의 현실 진단과 미래 예측의 출발점이 되는 책이다. 이 책은 4부로 이뤄져 있다. 제1부와 제2부가 지식 기술과 글로벌 경제를 다룬다면, 제3부와 제4부는 조직사회와 지식사회를 분석한다. 부제는 '우리의 변화하는 사회에 대한 지침'이다.

1960년대 후반의 시점에서 드러커가 주목한 것은 과거로부터의 단절 현상이었다. 그에 따르면, 네 가지 현상들이 중요하다. 첫째, 20세기 후반 성장 산업은 전후 1950~1960년대 이뤄진 양자물리학, 원자학 및 분자학 등 과학적 발견으로부터 시작되고 있다. 둘째, 경제는 개별 국가가 주도하는 국제 경제에서 세계가 하나의 시장을 이루는 글로벌 경제로 변화하고 있다. 셋째, 사회와 정치 체제가 고도로 집중된 권력으로부터 이탈하여 다원화되고 있다. 넷째, 지식이 경제의 새로운 자원으로 부상하고, 그 결과 지식사회가 도래하고 있다.

결론에서 드러커는 20세기 후반에 과학기술이 급속도로 발전하며 생산과 생산성에 대한 관심이 새롭게 증가할 것이라고 예견했다. 오늘날 일상적으로 쓰이는 지식사회라는 개념이 이 책에서 최초로 체계적으로 분석된 것에서 볼 수 있듯,《단절의 시대》는 과학기술 지식의 중요성과 지식사회의 도래, 나아가 지식사회에서 해결해야 할 과제를 선구적으로 다룬 저작이다. 이러한 드러커의 문제의식은《새로운 현실》,《자본주의 이후의 사회》,《넥스트 소사이어티》로 이어졌다.

드러커와 지식사회의 미래

지식사회에 대한 드러커의 현실 진단과 미래 예측은 1970년대 이후 탈산업사회론과 정보사회론에 큰 영향을 미쳤다. 《단절의 시대》는 대니얼 벨의 《탈산업사회의 도래》와 앨빈 토플러의 《제3의 물결》에 앞선 선구적인 저작이었다. 드러커는 《단절의 시대》에서 제시한 지식사회론을 《자본주의 이후의 사회》에서 더욱 세련되게 다듬었다. 이 저작에서 드러커는 지식경영자·지식전문가·지식피고용자의 주도적인 역할, 다원적 탈자본주의 정치 체제의 등장, 지식사회에 대응하는 교육의 중요성을 다시 한 번 강조했다.

이러한 드러커의 진단과 예측에 대해선 평가가 엇갈렸다. 드러커의 장점은 경영학적 사고에 있었다. 현대사회가 기업사회인 만큼 기업의 변동을 통해 본 미래의 사회 변동에 대한 그의 전망은 날카롭고 탁월했다. 하지만 최근 지구적 경제위기와 불평등 강화를 주목할 때 드러커의 분석은 소박하고 낙관적이었다. 현대 기술지배사회는 생활의 편리함을 안겨주는 동시에 일자리 감소, 인간 소외, 획일적인 대중 통제와 같은 결과들을 낳아 왔다.

현재의 시점에서 볼 때, 지식이 중요해져 왔다는 사실을 부정할 이들은 많지 않을 것이다. 그러나 이 못지않게 주목할 쟁점은 누가 지식을 통제하는가다. 이는 권력의 문제다. 프랑스의 사상가 미셸 푸코가 《감시와 처벌》에서 강조했듯, 권력은 자신의 지배를 강화하기 위해 지식을 효과적으로 이용한다. 드러커의 시각에서 보면 지식사회는 새로운 다원주의 사회지만, 푸코의 시각에서 보면 우울한 통제 사회다. 21세기 지식사회에 담긴 이런 야누스적 특징 가운데 어느 하나만을 부각시키기는 어렵다. 분명한 사실은 우리 인류가 고전적인 산업사회 또는 자본주의로부터 갈수록 멀어지고 있다는 점이다.

드러커와 폴라니

드러커가 발표한 저작들 중 가장 이채로운 책은《피터 드러커 자서전》(1978)이다. 이 책의 원제는《한 구경꾼의 모험》(Adventures of a Bystander)이다. 드러커의 다른 책들 못지않게 널리 읽힌 이 자서전은 독특한 구성으로 이뤄져 있다. 자기 삶에서 의미 있던 사람들을 불러내 그들과의 관계가 자신의 인생에 미친 영향을 돌아보는 형식을 취한다. 그 사람들은 그의 할머니부터 제너럴모터스(GM)를 이끈 앨프레드 슬론에 이르기까지 다양하다.

개인적으로 이 책에서 가장 흥미로웠던 부분은 폴라니 일가와의 만남이다. 드러커는 오스트리아의 빈에서 헝가리 출신의 경제학자 칼 폴라니(1886~1964)를 알게 됐고, 두 사람 간의 교류와 우정은 폴라니가 미국에서 사망할 때까지 이어졌다. 폴라니를 처음 만난 날, 드러커는 폴라니 가족의 식사에 초대됐다. 제법 넉넉한 수입이 있음에도 불구하고 폴라니 가족은 감자로만 저녁을 먹고 있었다. 드러커가 왜 이렇게 사느냐고 묻자 아내인 일로나 폴라니가 대답했다.

"빈은 헝가리 피란민들로 넘쳐나고 있어요. (…) 그들 가운데 상당수는 생계를 유지할 능력이 없지만 칼(남편)은 돈을 벌 수 있는 능력이 있어요. 그러니 칼의 월급은 다른 헝가리 사람들에게 넘겨주고, 우리가 나가서 필요한 돈을 벌어오는 것이 논리적인 일이죠."

미국으로 이주한 직후 드러커는 폴라니가《거대한 전환》(1944)을 쓰는 것을 지켜봤고 논평했다. 드러커에 따르면,《거대한 전환》의 목표는 경제와 공동체를 조화시키면서 경제적 성장과 개인적 자유를 허용하는 대안이 가능하다는 것을 보여주려는 데 있었다. 폴라니는 반자본주의적이고 반마르크스주의적인 관점에서 공동체와 그 안의 인간관계가 분열을 조장하는 시장의 힘으로부터 보호돼야 한다고 주장했다. 이러한 폴라니 이론은 전후 진보적 사회과학에 작지 않은 영향을 미쳤고, 2008년 미국발 금융위기 이후 신자유주의의 대안을 모색하는 데 지속적인 영감을 안겨주고 있다.

폴라니가 20세기 자본주의를 넘어서는 대안을 모색했다면, 드러커는 자본주의 안에서 기업의 혁신과 책임을 추구했다. 드러커는 자서전에서 폴라니의 진보적 이상주의와 자신의 보수적 현실주의를 담담하면서도 날카롭게 기술하고 비교했다. 덧붙이자면 드러커가 초대받았던, 설익은 감자로 함께했던 식사는 크리스마스 만찬이었다.

《단절의 시대》는 대구대 총장이었던 이재규에
의해 우리말로 옮겨졌다. 출판사는 독자들의 이
해를 위해 책 내용의 순서를 다소 바꾸었다. 이
재규는《한 권으로 읽는 피터 드러커의 명저 39
권》등 드러커의 학문과 사상을 다룬 책을 여러
권 출간했다. 《피터 드러커 자서전》은 드러커의
일생을 엿볼 수 있는 흥미로운 책이다.

"포드의 방식은 합리적이며
다시 말해서 일반화되어야 할
방식이지만, 그렇게 되기 위해서는
사회적 조건과 생활양식,
그리고 사람들의 관습에 변화가
일어나는 긴 과정이
요구되는 것이라고. (…)
강제만을 통해서는
이루어질 수 없으며
오직 조절된 강제(자기규율)와
설득을 통해서만 가능해진다."

18.
헤게모니의 정치이론:
안토니오 그람시의《그람시의 옥중수고》

안토니오 그람시(Antonio Gramsci, 1891~1937)의《그람시의 옥중수고》(Selections from the Prison Notebooks, 1971)는 이 책에서 다루는 고전 중에서 가장 이채로운 저작이다. 그 까닭은 이 책의 기원이 제2차 세계대전 이전으로 올라가기 때문이다. 1920년대 후반과 1930년대 초반에 초고들이 쓰였음에도 불구하고, 이 책이 널리 읽히기 시작한 것은 그 주요 초고들이 1971년 영어로 출간된 이후였다. 이 책과 함께 서구사회에선 '그람시 르네상스'가 일어났다.

그람시는 이탈리아의 사상가다. 사상가의 삶에서 그만큼 극적인 사례를 찾기 어렵다. 그는 혁명가였기 때문이다. 이탈리아 공산당 창당을 주도하고 무솔리니의 파시즘에 맞서 싸우다 감옥에 갇힌 그는 수감 생활의 여파로 사망했다. 하지만 그가 감옥 안에서 쓴 미발표 글들은 전후 정치·사회사상에 깊은 영향을 미쳤다. 헤게모니, 시민사회, 진지전, 포드주의, 유기적 지식인, 수동적 혁명, 역사적 블록 등 그가 주조한 개념과 이론은 현대 자본주의가 정치·문화적으로 어떻게 재생산되고, 자본주의를 넘어서기 위해선 어떤 실천적 대안을 모색해야 하는지에 대해 인문·사회과학 전반에 새로운 통찰을 안겨줬다.

《그람시의 옥중수고》가 출간된 이후 그람시 사상에 대한 연구와 토론은 지구적으로 진행됐다. 서구사회는 물론 비서구사회에서 그람시주의자를 자처한 이들이 결코 적지 않았다. 그람시의 발견으로 인해 전후 사상은 더욱 풍성해졌을 뿐 아니라 세련된 정치적 대안을 추구할 수 있었다. 비록 혁명가로선 실패했지만 그람시는 정치·문화적 사유의 영토를 확장시킨 사상가였다.

《그람시의 옥중수고》의 주요 내용

그람시는 감옥에 갇혀 있던 1926년에서 1935년까지 대학노트 32권에 2,800쪽이 넘는 방대한 초고를 남겼다. 이 초고들 가운데 마르크스주의에 새로운 영감과 통찰을 안겨준 수고들을 선별해 편집한 저작이 《그람시의 옥중수고》다.

이 책은 〈역사와 문화의 문제〉, 〈정치에 대한 노트〉, 〈실천 철학〉으로 나누어져 있다. 〈역사와 문화의 문제〉는 다시 〈지식인〉, 〈교육에 관하여〉, 〈이탈리아 역사에 대한 수고〉로 이뤄져 있고, 〈정치에 대한 노트〉는 〈현대의 군주〉, 〈국가와 시민사회〉, 〈미국주의와 포드주의〉로, 〈실천 철학〉은 〈철학 연구〉, 〈마르크스주의의 여러 문제〉로 구성돼 있다. 제목들에서 볼 수 있듯 그람시는 종합 인문학자이자 사회과학자였다.

《그람시의 옥중수고》에서 다뤄지는 그람시 사상을 요약하기란 쉽지 않다. 여기서는 그가 주조한 개념들인 헤게모니, 시민사회, 진지전, 그리고 포드주의를 중심으로 살펴보고자 한다.

　먼저 '시민사회'와 '헤게모니'는 그람시 사상의 독창성을 보여주는 개념들이다. 그에 따르면, 한 사회의 상부구조는 강제의 영역인 좁은 의미의 '국가(정치사회)'와 '사적'이라 불리는 유기체들의 총체인 '시민사회'로 구성된다. 그가 이렇게 상부구조를 국가와 시민사회로 구분한 것은, 부르주아 지배가 억압적 국가기구만을 통해 이뤄지는 게 아니라 시민사회에 뿌리내린 다양한 제도 및 실천(교회, 학교, 언론 등)을 통해 유지되고 있음을 주목했기 때문이다. 헤게모니란 바로 이 시민사회에서 지배계급이 지적·도덕적 지도력의 행사를 통해 창출하는 피지배계급의 자발적 동의를 말한다.

　그람시가 헤게모니를 주목한 까닭은 이탈리아에서의 사회주의 이행 전략의 모색에 있었다. 시민사회가 허약한 러시아에선 국가에 대한 직접적인 투쟁인 '기동전'이 중요한 반면, 시민사회가 강력한 서구에선 시민사회 안에서의 헤게모니를 획득하기 위한 '진지전'이 중요하다는 게 그의 주장이었다.

　'포드주의'는 그람시의 또 다른 독창성을 보여주는 개념이다. 그람시는 1910년대 미국에서 등장한 자본주의 생산방식인 포드주의가 대량생산과 대량소비를 가능하게 함으로써 노동계급이 계급적 자의식을 상실하는 결과를 가져온다고 분석했다. 이렇게 그람시가 주조한 개념들이 오늘날 널리 쓰이는 것에서 볼 수 있듯, 그의 이론과 사상은 1970~80년대 서구 지식사회와 정치사회를 뒤흔들었다.

그람시 르네상스와 그 이후

《그람시의 옥중수고》의 출간은 그람시 르네상스를 가져 왔다. 그람시의 이론과 전략을 둘러싸고 이탈리아 안팎에서 이론적·경험적 논쟁들이 이뤄졌다. 대표적으로 이탈리아 정치학자 노르베르토 보비오와 프랑스 철학자 자크 텍시에르는 시민사회 개념을 중심으로 상부구조에 대한 그람시 독해에 관한 논쟁을 벌였다. 또, 영국 사회학자 스튜어트 홀과 밥 제숍은 헤게모니 이론의 영향 아래 대처리즘의 성격 규정을 놓고 논쟁을 진행시켰다.

그람시 이론의 핵심이 경제의 중심성을 강조하는가, 아니면 문화의 자율성을 중시하는가도 매우 중요한 쟁점이었다. 폴란드 출신의 정치학자 아담 쉐보르스키가 전자의 입장을 내세웠다면, 벨기에 출신의 정치학자 샹탈 무프는 후자의 견해를 부각시켰다.

그람시의 사상이 현대사회에 미친 영향 중 하나는 민주주의의 재구성에 관한 것이었다. 이탈리아 이론가이자 정치가인 피에트로 잉그라오는 헤게모니와 대항헤게모니의 대결장으로서의 시민사회에 주목해 대의민주주의와 기층민주주의의 유기적 결합을 현대 민주주의의 새로운 대안으로 제시했다. 이러한 논리는 그리스 출신의 정치학자 니코스 풀란차스의 국가론은 물론 환경·여성·평화운동의 신사회운동들과 브라질 노동자당 이념에 중대한 영향을 미쳤다.

오늘날의 시점에서 보면, 이제는 낡은 내용이 적지 않더라도 그람시 사상의 영향은 현재진행형이다. 정치의 숙명적인 특징이 강제와 동의에 있는 한, 헤게모니와 대항헤게모니에 대한 그람시의 통

찰은 21세기 현대사회에 대한 분석과 대안 모색에 여전히 중요한
출발점을 제공한다.

그람시와 한국사회

1980년대 민주화 시대가 시작된 후 우리 사회에서도 그람시의
사상이 본격적으로 소개됐다. 정치학자 최장집의 〈그람시의 헤게
모니 이론〉(《한국 현대 정치의 구조와 변화》(1989))과 사회학자 임
영일의 〈그람씨의 헤게모니론과 이행의 문제틀〉(《국가, 계급, 헤게
모니: 그람씨 사상 연구》(1985))은 선구적인 연구들이었다. 최장집
이 《그람시의 옥중수고》를 중심으로 헤게모니의 정치이론을 분석
했다면, 임영일은 헤게모니와 진시전·기동전을 중심으로 그람시의
변혁이론을 조명했다.

사회학자 김성국의 〈안토니오 그람시의 헤게모니 이론〉과 사회
학자 유팔무의 〈그람시 시민사회론의 이해와 한국적 수용의 문제〉
(《시민사회와 시민운동》(1995)) 역시 작지 않은 관심을 모은 연구
들이었다. 김성국이 그람시 이론에 내재된 민주주의 또는 자유주의
가치를 적극적으로 재발견해야 한다고 주장한 반면, 유팔무는 그람
시가 경제적 조건 및 계급의 중심성에 입각해 시민사회론을 전개했
다는 점을 부각시켰다.

한편 정치학자 김세균은 1990년대 초반 진행된 시민사회 논쟁
에서 〈그람시를 넘어서 나아가야 한다〉(《시민사회와 시민운동》
(1995))는 반론을 통해 그람시 이론을 비판적으로 검토했다. 그는

그람시의 시민사회론이 피지배계급의 사회운동을 부르주아 국가의 정당성을 인정하면서 부르주아 국가가 정한 규칙에 따르는 사회운동으로 변화시키는 이데올로기적 효과를 갖는다고 비판했다.

그람시의 삶과 사상에 대한 간략하면서도 내용이 풍부한 책으로는 김현우의 《안토니오 그람시: 옥중수고와 혁명의 순교자》 (2005)를 꼽을 수 있다. 이 책은 그람시가 자본주의 국가의 복잡성과 견고성을 날카롭게 분석하고, 이러한 분석에 기반을 둬 새로운 변혁 전략을 모색해 간 과정을 추적했다. 그람시 사상에 대한 적절한 입문서다.

《그람시의 옥중수고》, 《안토니오 그람시 옥중수고 이전》과 함께 우리말로 옮겨진 《감옥에서 보낸 편지》는 그람시의 인간적인 면모를 유감없이 보여주는 책이다. 이 서한집은 '지적 비관과 의지적 낙관'을 소유한 그람시라는 고결한 영혼을 만나게 한다. 전후 이탈리아를 대표하는 소설가 이탈로 칼비노는 이 서한집이 "무덤 속에서 삶의 빛을 잃지 않으려는 그람시의 노력이 가장 작은 것에서도 의미를 찾으려는 몸짓"을 담고 있다고 격찬한 바 있다.

《그람시의 옥중수고》는 철학자 이상훈에 의해 우
리말로 옮겨졌다. 옮긴이는 〈정치에 대한 노트〉
를 1권으로, 〈역사와 문화의 문제〉, 〈실천 철학〉
을 2권으로 나누어 번역했다. 감옥에 갇히기 전
쓴 글들을 모은 《옥중수고 이전》은 김현우와 장
석준에 의해 《안토니오 그람시 옥중수고 이전》
이라는 제목으로 번역됐다.

"정부란 다수의 의사와 관계없이
그저 단순히 '정치적 필요'에 의해
움직이는 기계에 지나지 않는다."

19.
신자유주의의 이론적 기초:
프리드리히 하이에크의《법, 입법 그리고 자유》

지난 20세기는 제2차 세계대전을 분수령으로 전반기와 후반기가 확연하게 구분된다. 전반기를 특징짓는 것이 두 차례의 세계대전이었다면, 후반기를 특징짓는 것은 두 체제의 대결이었다. 여기서 두 체제란 자본주의 대 사회주의였다. 또한 자본주의 안에서는 두 이념인 사회민주주의와 신자유주의의 경쟁이 두드러졌다.

전후 서구사회를 먼저 주도한 것은 사회민주주의였다. 사회민주주의는 진보적 사회과학자들이 '영광의 30년'이라고 부른 케인스주의적 복지국가로 구체화됐다. 하지만 복지국가는 1970년대에 들어와 위기에 빠졌고, 신자유주의가 이를 대신했다. 영국의 대처리즘과 미국의 레이거노믹스는 신자유주의 시대의 개막을 알렸다. 바로 이 신자유주의에 이론적·정책적 기초를 제공한 이들이 오스트리아 태생의 영국 경제학자 프리드리히 하이에크(Friedrich Hayek, 1899~1992)와 미국 경제학자 밀턴 프리드먼이었다.

전후 경제사상에 미친 영향력에서 하이에크는 존 메이너드 케인스, 조지프 슘페터와 어깨를 나란히 한 경제학자로 꼽혀 왔다. 그의 학문적 활동은 20세기 전 기간에 걸쳐 진행됐다. 전반기에는 오스카 랑게와 사회주의 계획경제에 대해, 케인스와 공황의 원인에 대해 논쟁을 벌인 후 사회주의를 비판한 《노예의 길》(1944)을 발표했다. 이어 후반기에는 신자유주의의 이론적 기초를 제공한 《자유헌정론》(1960), 《법, 입법 그리고 자유》(Law, Legislation and Liberty, 1973~79) 등을 출간했다. 《법, 입법 그리고 자유》는 경제이론에 기초한 정치철학자로서의 자신의 사상을 유감없이 보여준 하이에크의 대표작이다.

《법, 입법 그리고 자유》의 주요 내용

《법, 입법 그리고 자유》는 세 권으로 나뉘어 발표됐다. 제1권인 〈규칙과 질서〉는 1973년에, 제2권인 〈사회적 정의의 환상〉은 1976년에, 제3권인 〈자유로운 인간들의 정치 질서〉는 1979년에 출간됐다.

제1권 〈규칙과 질서〉에서 하이에크는 인류 역사에서 진화를 통해 형성된 '자생적 질서(spontaneous order)'를 주목한다. 그에 따르면, 이 자생적 질서를 대표하는 게 시장이며, 이 자유시장은 사회질서를 재생산하는 기본 메커니즘이다. 그에게 정부가 해야 할 일이란 시장이 원활히 작동할 수 있도록 사회 제도들을 정비하는 데 있다.

이러한 발상에 의거해 하이에크는 복지국가를 비판한다. 복지·사회보장 등 정부의 서비스 활동은 정치적 편의에 의해 이뤄지는 것이기 때문에 법의 지배를 위태롭게 하고 자유를 상실하게 한다는 게 그의 논리다.

제2권 〈사회적 정의의 환상〉에서 하이에크는 자유로운 인간들의 사회에서 정의의 문제를 검토한다. 그에게 사회적 정의에 따른 분배란 올바르지 못하고 부도덕한 것이다. 사회적 정의의 실현은 계약의 충실성, 소유에 대한 존중, 자신과 타인에 대한 책임 등 자생적 질서를 가능하게 했던 가치를 파괴한다는 게 그의 주장이다.

제3권 〈자유로운 인간들의 정치 질서〉에서 하이에크는 현대 민주주의의 현실을 진단하고 해법을 모색한다. 그에 따르면, 현대 민주주의는 법치주의의 쇠퇴, 권력 분립의 훼손, 다수 지배의 왜곡 등으로 인해 위기에 처해 있다. 이러한 위기에 대해선 정부의 자의적 행위를 제한할 수 있는 제도적 장치, 즉 권력 분립에 입각해 정부의 권력을 제한하는 것이 중요하다는 게 그의 대안이다.

요컨대 하이에크의 경제사상은 두 견해로 압축된다. 첫째, 자유시장이 사회에 질서를 부여하는 기본 메커니즘이 돼야 한다. 둘째, 정부는 개인 삶에 대한 간섭을 최소화하고 법치를 유지해야 한다. 이러한 논리가 1980년대 이후 지구적으로 풍미한 신자유주의의 경제·정치·철학적 기초를 제공했음은 두말할 필요가 없다.

하이에크와 신자유주의

하이에크의 경제사상에 대한 토론은 지식사회뿐만 아니라 정치·시민사회에서도 광범위하게 이뤄졌다. 자유시장을 옹호하는 신자유주의자들은 하이에크를 정부 개입을 주장하는 케인스의 맞수로 내세웠다. '케인스 대 하이에크'는 20세기 후반의 경제와 정치를 이해할 수 있는 유용한 분석틀이었다.

20세기 후반 자본주의 역사에서 하이에크의 사상을 선명한 정책 노선으로 구체화한 것이 영국의 대처리즘이었다. 대처 정부는 규제완화, 세금 감면, 사회보장기금 삭감 등의 정책을 통해 시장의 국가 개입을 최소화하는 전형적인 신자유주의 정책을 추진했다. 대처리즘은 '포스트 포디즘'이라 불린 유연화 전략과 결합해 침체된 경제를 회복시키는 성과를 가져왔지만, 소득분배를 악화시키고 고용불안 및 실업을 증대시켜 정당성의 위기를 자초했다.

주목할 것은 대처리즘 이후 정치·사회의 변동이었다. 1990년대 중반 이후 대처리즘을 대신해 영국의 블레어 정부, 독일의 슈뢰더 정부 등의 '제3의 길'이 등장했다. '사회민주주의의 갱신'을 내건 이 제3의 길의 성격을 놓고 새로운 논쟁이 전개됐다. 신자유주의를 극복하려 했음에도 제3의 길은 사회학자 울리히 벡이 명명했듯 사회민주주의와 신자유주의를 절충한 '신자유주의 좌파'로서의 성격을 갖고 있었다.

신자유주의가 결정적 위기를 맞이한 것은 2008년 미국발 금융위기를 통해서였다. 금융위기 이후 하이에크의 신자유주의가 더 이상 유일무이한 발전전략이 아니라는 데는 사회적 합의가 이뤄지고 있지만, 정부와 시장의 관계를 어떻게 설정할 것인지는 암중모색의 과정에 놓여 있다. 지난 한 시대를 지배한 신자유주의를 제대로 이해하기 위해서라도 하이에크의 《법, 입법 그리고 자유》는 여전히 읽어볼 만한 가치가 있다.

신자유주의와 한국사회

하이에크 신자유주의의 핵심 명제 중 하나는 '가장 나쁜 것은 제한받지 않는 정부'라는 주장이다. 이런 정부 역할의 축소에 더해 감세, 규제완화, 민영화, 노동시장 유연화, 국내시장 개방 등은 신자유주의를 상징하는 정책들이다. 이러한 신자유주의는 정부가 경제발전을 선도한 '발전국가'의 대표사례로 꼽혀온 우리나라에선 대체로 낯선 것이었다.

우리 사회에서 신자유주의의 기원은 1993년에 출범한 김영삼 정부의 후반기로 소급된다. 김영삼 정부는 초반기에 금융실명제 실시 등 경제개혁을 과감하게 선보였지만, 이내 '국제화', '세계화' 담론을 수용하면서 후반기에는 규제완화, 민영화, 시장개방 등 신경제정책으로 선회했다. 1970~80년대 군부 권위주의 정부가 추진한 발전국가의 신자유주의적 변형이라는 이러한 정책기조가 가져온 결과가 1997년 외환위기였다.

신자유주의에 대한 김대중 정부의 전략은 이중적이었다. 국제통화기금(IMF)의 권고에 따라 일련의 구조조정을 단행하는 등 경제 영역에선 신자유주의 정책을 추진한 동시에, 국민기초생활보장법 제정 등 사회적 약자들을 보호하려는 복지국가의 기틀을 마련했다. 이러한 정책적 기조는 노무현 정부에 의해 계승됐다.

신자유주의 노선에 드라이브를 건 것은 이명박 정부였다. 이명박 정부는 감세에서 규제완화에 이르는 신자유주의 정책을 강력하게 추진했다. 주목할 것은 이명박 정부의 신자유주의가 대처리즘과 같은 서구의 전형적인 신자유주의는 아니라는 점이었다. 이명박 정부는 4대강 사업 등에서 볼 수 있는 전통적인 토건정책을 선호했고, 발전국가의 영향 아래 시장에 대한 정부의 개입을 여전히 광범위하게 유지했다. 이 점에서 이명박 정부의 노선은 신자유주의와 발전국가가 공존한 '신자유주의적 발전국가'로 파악할 수 있다.

이러한 신자유주의에 맞서 2012년 대통령 선거에선 복지국가론이 새로운 대안으로 제시됐다. 복지국가론의 부상에는 2008년 금융위기라는 대외적 변화와 사회 양극화 해소라는 대내적 요구가 큰 영향을 미쳤다. 하지만 복지국가와 경제민주화를 내걸어 선거에서 승리한 박근혜 정부는 정작 출범한 이후 복지국가보다 규제개혁 등 신자유주의에 가까운 정책을 추진했다. 크게 보아 박근혜 정부의 경제정책은 이명박 정부의 신자유주의적 발전국가와 큰 차이를 보이지 않았다.

《법, 입법 그리고 자유》 3권은 각각 다른 학자에
의해 우리말로 옮겨졌다. 제1권《규칙과 질서》
는 법학자 양승두와 정순훈에 의해, 제2권《사회
적 정의의 환상》은 경제학자 민경국에 의해, 제
3권《자유로운 인간들의 정치 질서》는 정치학자
서병훈에 의해 번역됐다. 제1권의 우리말 제목
은《신자유주의와 법》으로 옮겨졌다.

"국가통치에서는
용납될 수 없는 비민주적인 체계가
기업경영에서는 바람직한 것으로
인정되고 있는 것이다. (⋯)
자주관리체제는 기업자본주의
체제에서보다 자유와 평등이
더욱 강력히 보장되고
균형 있게 조화될 수 있는 체제의
일부가 될 것이다."

20.

경제민주주의란 무엇인가:
로버트 달의《경제민주주의》

　서구 현대성의 양축을 이뤄온 것은 자본주의와 민주주의였다. 자본주의가 경제적 생활을 생산·재생산하는 양식이라면, 민주주의는 정치·사회적 생활을 규율하고 향상시키는 원리다. 민주주의란 본디 '인민의 지배'를 뜻한다. 이 인민의 지배를 제도화한 게 대의민주주의와 참여민주주의다. 의회가 대의민주주의의 조직적 거점이라면, 사회운동은 참여민주주의의 실천적 현장이다. 이러한 민주주의가 자본주의와 협력 및 견제를 이뤄온 게 현대성의 역사였다.

　전후 민주주의 이론에 가장 큰 영향을 미친 정치학자는 미국의 로버트 달(Robert Dahl, 1915~2014)이다. 달은 민주주의가 갖는 제도와 관행을 중시하며 이를 실제적으로 분석하고 이론적으로 구성했다. 1970년대 초반까지 달은 다원민주주의를 지지했다. 하지만 이후 그는 다원민주주의의 한계를 자각하고 그것을 극복하려는 학문적 탐구에 주력했다. 사회과학자들의 경우 나이가 들어가면서 대체로 보수화되는 경향을 보이는 것에 반해 달은 그 반대로 진보적 성향으로 나아갔다.

크게 보아 달의 민주주의 사상은 다원민주주의에서 신(新)다원민주주의로 변화돼 왔다. 1972년에 발표한《다두정: 참여와 반대》는 그의 다원민주주의 이론을 대표하는 책이다. 이 저작에서 그는 경합의 자유와 참여의 포괄성을 보장하는 체제를 다두정(polyarchy)이라고 명명하고, 이 두 기준을 충족한 체제를 민주주의로 파악했다. 이후 그는 신다원민주주의 시각에서《다원민주주의의 딜레마》(1983),《경제 민주주의》(A Preface to Economic Democracy, 1985),《민주주의와 그 비판자들》(1989),《민주주의》(1998),《미국 헌법과 민주주의》(2002),《정치적 평등에 관하여》(2006) 등을 발표해 세계적 주목을 받았다.

《경제 민주주의》의 주요 내용

100살에 가까울 때까지 평생 학문에 헌신한 달과 같은 학자의 경우 대표 저작을 선정하기 어렵다. 여기서 주목하려는 저작은《경제 민주주의》다. 이유는 두 가지다. 첫째, 이 책은 달의 후기 사상을 잘 보여주는 저작이다. 둘째, 경제 영역의 민주주의는 현대 민주주의에 부여된 매우 중대한 과제다. 이 책에서 달은 다원민주주의의 한계를 극복할 경제 민주주의를 민주주의의 새로운 대안의 하나로 제시한다.

경제 민주주의에 대한 달의 출발점은 알렉시스 드 토크빌의 고전적 민주주의 이론에 대한 비판적 성찰이다. 민주주의가 평등을 기반으로 확립되지만, 그 평등이 자유를 위협함으로써 민주주의를 붕괴시킬지도 모른다는 것은 《미국의 민주주의》에서 제시된 토크빌의 유명한 주장이다. 이 견해에 대해 달은 평등이 자유를 침해하는 게 아니라 그 평등을 통해 자유가 구현될 수 있다는 점을 부각시킨다.

달에 따르면, 민주주의의 중추적 원리는 민주적 자기지배로서의 자치권이다. 문제의 핵심은 이 자치권 중 경제적 자치권이 고전적 사유재산권과 대립한다는 데 있다. 사유재산권을 옹호하는 이들은 사유재산이 천부인권이며, 경제적 평등의 확산이 사유재산권을 침해한다고 주장해 왔다. 하지만 소수가 기업 정책 결정을 독점하고 대다수 노동자는 비인격체로 간주되는 경제구조에서 사유재산권은 경제 민주주의의 자기지배로서의 자치권과 양립하기 어렵다는 게 달의 주장이다.

이런 맥락에서 달은 사적 소유의 '형질 변경'에 입각한 종업원의 자율경영이라는 자주관리를 경제 민주주의를 위한 새로운 대안으로 제시한다. 스페인의 몬드라곤 협동조합은 이러한 자주관리의 대표적인 사례다. 이 자주관리는 공동재산과 함께 사유재산을 보장해 경제적 자유에 대한 침해를 최소화할 뿐 아니라, 국가사회주의처럼 비효율적이지도 않다. 나아가 종업원들에게 기업 의사결정에 대한 참여를 보장하는 참여민주주의를 실현할 수 있는 방안이기도 하다.

경제 민주주의에 대한 달의 이론화는 자본주의와 민주주의 간의 긴장, 다시 말해 자본주의 내부에서 필연적으로 발생하는 다원민주주의의 경제적 딜레마를 정면으로 다루고 그 실천적 대안을 모색한다는 점에서 주목 받아 마땅하다. 자신의 이론에 대해 이토록 정직하게 자기성찰적인 사상가를 찾기란 결코 쉽지 않다.

민주주의와 자본주의 간의 관계

서구 정치사상의 흐름을 돌아볼 때 시장과 민주주의 간 관계는 고전적인 주제 가운데 하나다. 시장은 형식적 평능을 보장하고 탈중심적 명령기제라는 점에서 절차적 민주주의에 친화적이지만, 그 경쟁 메커니즘은 사회적 약자를 배제시키는 것으로 귀결되기 때문에 실질적 민주주의에 적대적이다.

이러한 딜레마에 대한 달의 대안은 정치영역에서 자치권이 정당화되듯 경제영역에서도 자치권이 정당화돼야 한다는 것으로 집약된다. 달의 해결책은 시장의 복권과 작은 정부를 강조하는 신자유주의에 대한 비판을 함축할 뿐 아니라, 생산현장에서 노동자의 적극적 참여를 주장하는 산업민주주의, 소유 및 통제의 사회화를 중시하는 시장사회주의와도 직접적으로 이어진다.

달은 민주주의에 대한 자신의 교과서라 할 《민주주의》(1998)에서 21세기 민주주의에 대한 도전으로 경제 질서, 국제화, 문화적 다양성, 시민교육의 네 가지 문제를 검토했다. 이 가운데 특히 주목되는 것은 경제 질서다. 그에 따르면, 21세기 민주적 목표와 시장자본주의 경제 간의 긴장은 끊임없이 지속되며, 따라서 정치적 평등에 손실을 가져올 비용을 최소화시키면서 시장자본주의의 장점을 최대한 살릴 수 있는 방법을 모색할 필요가 있다.

오늘날 민주주의에 대해 분명한 사실은 두 가지다. 첫째, 민주주의보다 더 나은 정치제도는 부재한다. 둘째, 민주주의의 가치와 자본주의의 효율을 동시에 증대시킬 수 있는 모델 개발 및 실천은 현대성의 가장 중요한 제도적 과제다. 달의 이론은 민주주의를 이론적으로 심화시키고 실천적으로 구현하려는 시도들에 매우 유용한 출발점을 제공한다.

최장집의 한국 민주주의론

민주주의 이론가로 미국에 달이 있다면, 한국에는 최장집이 있다. 정치학자 최장집은 박상훈과 박수형이 옮긴 달의 저작《미국 헌법과 민주주의》에 한국어판 서문으로 〈민주주의와 헌정주의: 미국과 한국〉이라는 뛰어난 논문을 싣기도 했다.

최장집은 1980년대 민주화 시대가 열린 이후 최고의 민주주의 이론가로 평가돼 왔다. 학계에서 왕성하게 활동했던 그가 시민사회에 널리 알려진 것은 1998년에 출범한 김대중 정부 대통령자문정책기획위원회 위원장을 맡아 '민주적 시장경제론'을 발표하면서부터였다. 그는 국가·시장·시민사회 간 생산적 균형을 중시하는 민주적 시장경제론을 한국 사회발전의 새로운 대안으로 제시했다.

최장집의 대표 저작은《민주화 이후의 민주주의》(2002)다. '한국 민주주의의 보수적 기원과 위기'라는 부제를 단 이 책에는 한국 민주주의가 선 자리와 갈 길에 대한 그의 고민과 성찰이 집약돼 있다. 이 저작은 광복 70여 년 동안 한국 사회과학이 이룬 대표적 연구

업적의 하나로 높이 평가돼 왔다.

《민주화 이후의 민주주의》가 한국 민주주의의 분석 및 전망에 기여한 바는 세 가지다. 첫째, 한국 민주화를 분단국가 형성과 자본주의 산업화 과정 속에 위치시켜 분석했다. 둘째, 정당정치의 미성숙과 사회·경제적 민주화의 지체를 한국 정치의 현주소로 진단했다. 셋째, 시민사회 균열이 제대로 반영된 정당정치와 신자유주의에 맞서는 사회·경제적 민주화를 한국 민주주의의 당면 과제로 제시했다.

이후 최장집은 '진보적 자유주의'를 주창해 다시 큰 관심을 모았다. 그는 자율적 결사체의 강화를 통해 개인의 자유를 보호하고 국가·시장의 관료화에 맞서는 정당과 이들 간 경쟁을 보장하기 위한 '자유주의'를 강조했다. 이러한 자유주의가 양극화를 강화해온 신자유주의를 반대하고 새로운 평등을 모색해야 한다는 게 '진보적' 자유주의의 핵심 아이디어였다.

진보적 자유주의는 정당정치의 중심성을 강조하고 경제민주화 프로그램을 구체화하며 노동의 중요성을 역설하는 민주적 시장경제론의 새로운 버전이라 할 만하다. 외환위기 이후 노동의 위기와 불평등 증대라는 현실에 대한 최장집의 비판적 인식이 잘 반영돼 있다.

《경제 민주주의》는 정치학자 안승국과 행정학자 배관표에 의해 각각 우리말로 옮겨졌다. 배관표는 책 제목을 《경제 민주주의에 관하여》로 번역했다.

"이 새로운 세계에서
지역 정치는 민족성의 정치학이며
세계 정치는 문명의 정치학이다.
강대국의 경쟁은
문명의 충돌로 바뀐다."

21.
탈냉전 시대의 세계질서:
새뮤얼 헌팅턴의《문명의 충돌》

전후 70여 년간 세계적 차원의 사회변동을 이끌어온 힘은 무엇일까? 자본일까, 권력일까, 아니면 이념일까? 자유세계와 공산세계의 이념 대립을 기반으로 한 냉전은 전후 세계정치의 기본 구도를 형성했다. 이 냉전이 1980년대 후반 종언을 고하기 시작한 후 1993년 미국 정치학자 새뮤얼 헌팅턴(Samuel Huntington, 1927~2008)은 〈문명의 충돌〉이란 논문을 발표해 일대 논쟁을 불러일으켰다.

이 논문의 내용은 간단하면서도 분명하다. 1980년대까지 이념 대립으로 억눌려온 문명 갈등이 수면 위로 나타나고 있다는 주장이 그것이었다. 냉전의 종식이 문명의 부상과 이로 인한 문명의 충돌을 가져온다는 헌팅턴의 논리는 신선하면서도 논쟁적이었다. 헌팅턴의 테제는 한편으로 '역사의 종말'을 주장했던 프랜시스 후쿠야마의 논리를 비판하고, 다른 한편으론 제도에 맞서 문화를 중시하는 논리를 적극 내세웠다.

1996년 헌팅턴은 논문 '문명의 충돌'을 바탕으로 한 저작《문명의 충돌》(The Clash of Civilizations and the Remaking of World Order)
을 발표했다. 논문에 이어 이 저작에 대한 찬반 역시 뜨거웠다. 특히
진보적 사회과학자들은 헌팅턴의 논리에 담긴 이원론, 문화중심주
의, 서구중심주의를 비판했다. 하지만 2001년 9·11 테러가 일어나
자《문명의 충돌》은 이 사건을 예견한 탁월한 저작으로 재조명받았
고, 다시 한 번 뜨거운 논쟁을 점화시켰다.

《문명의 충돌》의 주요 내용

"새롭게 태동하는 세계 정치 구도에서 핵심적이고 가장 위험한
변수는 상이한 문명을 가진 집단들 사이의 갈등이 될 것이다."

이 구절에는 논문 〈문명의 충돌〉을 관통하는 핵심 아이디어가
담겨 있다. 헌팅턴은 냉전 이후의 세계 정치 변화를 해석할 수 있는
새로운 패러다임을 제공하기 위해 저작《문명의 충돌》을 썼다고 밝
힌다.

헌팅턴에게 탈냉전 세계에서 사람과 사람을 가르는 가장 중요
한 기준은 이념·정치·경제가 아니라 문화다. 사람들은 문명이라는
문화적 집단에 자신을 귀속시키고, 자신의 정체성을 확인한다. 그
에 따르면, 문명은 가장 광범위한 문화적 실체다. 이 문명은 언어·
역사·종교·관습·제도 같은 객관적 요소와 사람들의 주관적 귀속감
모두에 의해 정의된다. 그는 이러한 문명이 '우리'와 '그들'을 구별
하게 해준다고 주장한다.

헌팅턴은 종교에 주목해 세계 주요 문명을 여덟 개로 구분한다.

중화, 일본, 힌두, 이슬람, 정교, 서구, 라틴아메리카, 아프리카 문명
이 그것들이다. 흥미로운 것은 논문의 '유교 문명'을 저작에선 '중화
(Sinic) 문명'으로 수정하고, 일본 문명을 독자적 문명으로 설정한
다는 점이다.

헌팅턴이 문명을 주목한 까닭은 탈냉전 시대의 세계 정치가 '문
명의 정치학'으로 특징지어진다는 데 있다. 세계 정치의 중심축이
서구 문명과 비서구 문명 간의 상호작용이라는 양상으로 나타나고,
가장 위험한 분쟁이 문명과 문명이 만나는 단층선에서 발생한다는
게 그의 주장이다. 이 저작에서 가장 큰 관심을 끈 것은 미래의 문명
충돌이다. "미래의 가장 위험한 충돌은 서구의 오만함, 이슬람의 편
협함, 중화의 자존심이 복합적으로 작용하여 발생할 것"이라는 그
의 예측은 널리 알려진 유명한 언명이다.

헌팅턴은 서구와 이슬람권 간의 분쟁에서 비롯된 문명의 전쟁
가능성을 예견한다. 더불어 21세기에 들어서 중국의 도전이 거셀
것이라고 전망한다. 미래의 문명 전쟁을 방지하려면 핵심국들이 다
른 문명 내부의 분쟁에 개입하지 말아야 하고, 핵심국들 간의 타협
을 강화해야 한다는 게 그의 충고다.

《문명의 충돌》을 둘러싼 논쟁

《문명의 충돌》이 지속적으로 화제를 모은 까닭은 이 저작이 발
표된 이후 세계사회의 흐름에 있었다. 2001년 9·11 테러는 문명의
충돌을 극적으로 보여줬다. 헌팅턴의 예견이 옳았다는 평가가 쏟아

졌다. 이슬람국가(IS)와 난민 문제에 이르기까지 문명의 충돌은 21세기 벽두를 뒤흔들어온 것처럼 보였다. 영국의 브렉시트(Brexit)와 같은 포퓰리즘의 부상도 문명의 충돌로부터 그 원인의 하나를 찾을 수 있다.

문명 충돌론에 대한 반론도 만만치 않았다. 독일 정치학자 하랄트 뮐러의 《문명의 공존》은 대표적인 비판서였다. 이 저작은 1996년 독일 내 미국문화원에서 뮐리가 헌팅턴과 진행한 토론을 바탕으로 해 출간한 것이었다. 뮐러의 논리는 두 가지였다. 문명 충돌론이 '자유세계 대 공산세계'를 '서구문명 대 비서구문명'으로 대체한 이분법에 불과하다는 게 하나라면, 문명 간 교류와 문명 내 주류·비주류의 분화를 주목하지 않는다는 게 다른 하나였다. 문명은 충돌한다기보다 공존한다는 게 뮐러의 주장이었다.

《오리엔탈리즘》의 저자 에드워드 사이드의 비판 또한 경청할 만했다. 성일권이 편역한 《도전받는 오리엔탈리즘》에 실린 사이드의 글들을 보면, 문명 충돌론의 중대한 약점은 서구와 이슬람에 대한 과도한 단순화에 있다. 문명 충돌론은 문명에 내재된 다양성과 역동성을 이해하지 못하고 그 이면에 비서구사회에 대한 서구사회의 우월의식을 감추고 있다는 게 사이드의 주장이었다.

문명 또는 문화는 인문·사회과학에서 매우 중요하게 다뤄온 주제다. 경제결정론이 제도를 중시하는 시각을 대변한다면, 문화결정론은 의식을 중시하는 시각을 대변한다. 문명 충돌론은 1990년대 문화주의적 접근의 부활을 알린 대표적인 이론틀이다. 정치적 측면에서 헌팅턴의 이론에는 미국 헤게모니를 유지하려는 의도가 담겨 있는 것으로 보인다. 동시에 학문적 측면에서 21세기 미래에 문명의 충돌이 미치는 영향력을 과소평가하기는 어려울 것으로 보인다. 인류의 미래를 낙관하지 않는 이들에게 문명 충돌론은 한번쯤 진지하게 검토하고 고민해봐야 할 충분한 의미를 가진다.

경제·정치 발전과 문화

2000년 새뮤얼 헌팅턴은 로렌스 해리슨과《문화가 중요하다》(Culture Matters)라는 책을 펴내《문명의 충돌》에 이어 다시 한 번 세계적 이목을 끌었다. 이 책은 하버드대 국제지역연구학회가 1999년 연 심포지엄 '문화적 가치와 인류 발전 프로젝트'에 발표한 논문들을 묶어 출간한 것이다.

사회발전에서 제도가 중요한가, 문화가 중요한가는 오랜 논쟁의 주제였다. 카를 마르크스가 자본주의라는 제도를 중시했다면, 막스 베버는 종교를 포함한 문화를 주목했다. 둘 다 중요하다는 절충론이 설득력은 높아 보이지만, 그 강조점을 어디에 둘 것인가는 이론적으로 흥미로우면서도 정책적으로 함의가 큰 이슈다.

헌팅턴은《문화가 중요하다》의 서문에서 문화를 한 사회 내에서 우세하게 발현하는 가치·태도·신념·지향·전제조건으로 정의했다. 그에 따르면, 1980년대 이후 사회과학에서 문화에 대한 관심이 높아졌다. 프랜시스 후쿠야마의 역사의 종말 연구, 로버트 퍼트넘의 사회적 자본 연구, 그리고 헌팅턴 자신의 문명의 충돌 연구는 대표적인 업적들이었다.

《문화가 중요하다》가 던지는 핵심 질문은 두 가지였다. 문화가 어느 정도까지 경제·정치 발전에 기여하는지가 하나였다면, 경제·정치 발전을 가로막는 문화적 요인을 어떻게 바꿀 수 있는지가 다른 하나였다.

이러한 문제의식 아래 이 저작은 〈문화와 경제발전〉(데이비드 랜디스, 마이클 E. 포터, 제프리 삭스 등), 〈문화와 정치 발전〉(로널드 잉글하트, 프랜시스 후쿠야마, 시모어 마틴 립셋·개브리얼 샐먼 렌즈)을 위시해 〈인류학적 논쟁〉, 〈문화와 젠더〉, 〈문화 그리고 미국의 소수 집단들〉, 〈아시아의 위기〉, 〈변화의 추진〉이라는 일곱 개의 주제를 다뤘다.

헌팅턴이 서문에서 지적했듯, 한국 경제발전에서 교육 등 문화가 매우 중요한 요소였다는 점은 서구 사회과학자들에 의해 널리 공유된 견해였다. 그리고 정치발전에서 집단주의와 권위주의가 개인주의와 자유주의의 성장을 가로막아 왔다는 점 또한 꾸준히 제시돼온 주장이었다.

분명한 것은 현재 우리 사회에 부여된 혁신의 과제가 이중적이라는 점이다. 저성장과 불평등을 해결하기 위한 제도 혁신은 물론 지역주의 정치와 이기주의 문화를 극복하기 위한 문화 혁신이 동시에 요구된다. 이 이중과제를 어떻게 해결할 것인지에 우리 사회 미래가 달려 있다고 볼 수 있다.

《문명의 충돌》은 번역가 이희재에 의해 우리말로
옮겨졌다. 뮐러의 《문명의 공존》과 함께 읽어보
는 게 좋다. 《문명의 공존》은 독문학자 이영희에
의해 번역됐다.

"'제3의 길 정치'의
전반적 목표는 시민들로 하여금
우리 시대의 중요한 혁명들,
즉 '범세계화',
'개인 생활에서의 변화',
'자연과의 관계' 속에서
그들의 길을 개척하도록
돕는 데 있다."

22.

사회민주주의의 쇄신:
앤서니 기든스의 《제3의 길》

　사상은 세상을 얼마나 변화시킬 수 있을까? 달리 말하면, 지식인은 자기 사회를 어느 정도 바꿀 수 있을까? 흔히 지식인은 두 유형으로 나뉜다. 전문형과 참여형이 그들이다. 전문형이 지식사회 안에서 연구에 주력한다면, 참여형은 그 연구를 바탕으로 현실에의 개입을 모색한다. 한 사회에서 전문형 지식인과 참여형 지식인은 모두 그 나름대로의 역할을 갖는다.

　이러한 지식인의 유형에서 가장 이채로운 이는 영국 사회학자 앤서니 기든스(Anthony Giddens, 1938~)이다. 1970년대 초반 서구 지식사회에 등장한 기든스는 구조화 이론을 주조하고 현대성을 탐구함으로써 대표적인 전문형 지식인으로서의 입지를 구축했다. 그러했던 그가 《좌파와 우파를 넘어서: 급진정치의 미래》(1994)와 《제3의 길: 사회민주주의의 갱신》(The Third Way: The Renewal of Social Democracy, 1998)을 잇달아 발표해 참여형 지식인으로 변신했다.

기든스가 겨냥한 것은 좌파의 혁신이었다. 이 혁신 프로그램은 '제3의 길'이라는 테제에 집약돼 있었다. 기든스의 제3의 길은 1990년대 중반부터 2000년대 중반까지 서유럽 좌파 세력의 집권에 결정적인 영향을 미쳤다. 영국 블레어 정부의 노선은 제3의 길이었고, 독일 슈뢰더 정부의 '신중도'는 제3의 길로부터 큰 영감을 받았다. 전후 70년간 활동한 서구 지식인들 가운데 기든스는 그 누구보다도 먼 길을 걸어갔다.

《제3의 길》의 주요 내용

제3의 길이라는 테제를 이해하기 위해선 현대사회에 대한 기든스의 이론화를 먼저 주목할 필요가 있다. 그에 따르면, 현대성은 초기 현대성과 후기 현대성으로 구분된다. 초기 현대성은 세계화의 충격, 탈 전통질서의 등장, 사회적 성찰성의 확장으로 인해 후기 현대성으로 변화했다. 이 후기 현대성의 특징은 신뢰와 위험, 기회와 위협이 공존하는 '인위적 불확실성'에서 찾을 수 있다. 제3의 길은 이러한 사회변동에 대응하는 새로운 정치적 기획으로서의 의미를 갖는다.

제3의 길이 기든스의 독창적인 개념은 아니다. 그에 앞서 제3의 길을 제시한 담론들이 존재했다. 스웨덴 노선을 자본주의와 사회주의 사이에 놓은 제3의 길로 위치 지은 시도가 대표적인 사례였다. 기든스가 말하는 제3의 길은 사회민주주의의 혁신 프로그램이다. 그에게 '제1의 길'이 요람에서 무덤까지 이르는 포괄적인 복지국가를 목표로 했던 고전적 사회민주주의 기획이라면, '제2의 길'은 시장의 자유를 극대화하고 국가의 간섭을 최소화하려는 대처리즘의 신자유주의 기획이다.

제3의 길은 제1의 길에 대해선 시장의 효율성을 부각시키고 제2의 길에 대해선 사회적 평등을 강조하는 전략으로 변증적 종합을 모색한다. '급진적 중도, 새로운 민주국가, 활발한 시민사회, 민주적 가족, 신혼합경제, 포용으로서의 평등, 적극적 복지, 사회투자 국가, 세계주의적 민족, 세계적 민주주의'가 그 의제들을 구성한다.

제3의 길의 중심적 가치는 사회적 평등이다. 기든스에 따르면, 후기 현대성은 빈곤층이 사회 중심에서 강제적으로 배제되는 동시에 부유층은 스스로 배제하는 경향을 보여준다. 이 점에 주목해 그는 평등을 포용의 개념으로 다시 정의한다. 국가의 일차적 과제는 분열된 사회를 포용적 공동체로 새롭게 재구조화하는 데 있다는 게 그의 주장이다.

포용으로서의 평등을 성취하기 위해 기든스가 제시한 대표적인 두 정책 아이디어는 '사회 투자'와 '적극적 복지'다. 사회 투자가 인적 자본·사회 서비스 지출에서 국가의 역할을 강조하는 것을 말한다면, 적극적 복지는 교육개혁·직업훈련 등에 주력해 일자리 창출을 복지의 중심으로 삼는 것을 지칭한다. 이러한 정책들을 추진함으로써 세계화 및 정보사회의 도래에 적극 대응하려는 전략이 바로 제3의 길이다.

《제3의 길》을 둘러싼 논쟁

《제3의 길》은 출간되자마자 뜨거운 논쟁을 일으켰다. 긍정적 시각에선 사회 투자와 적극적 복지가 특히 사회민주주의의 갱신에 적절한 프로그램이라고 평가됐다. 제3의 길 기획은 영국 블레어 정부의 등장에 결정적으로 기여했고, 독일 사회민주당의 신중도 노선에 큰 영향을 미쳤다. 제3의 길 테제는 영국·독일·프랑스·이탈리아 등에서 사회민주주의 정당의 재집권에 일조함으로써 기든스의 이름을 널리 알리게 했다.

부정적 시각에선 제3의 길이 좌파의 정책과 우파의 정책을 절충하는 것에 머물러 있다고 비판됐다. 인간의 얼굴을 한 대처리즘의 변형에 불과하다고 평가절하되기도 했다. 한 걸음 물러서서 볼 때, 제3의 길은 세계화의 충격에 적극 대응하려는 온건 사회민주주의 세력의 문제의식을 반영하고 있었다. 이들은 신자유주의를 앞세운 보수 세력에 맞서기 위해 경제정책을 포함한 신자유주의를 부분적으로 수용했다. 이러한 경향을 전통적인 좌파 세력은 격렬하게 비판했다.

2000년대에 들어와 제3의 길은 새로운 진화를 모색했다. 기든스와 동료들은 변화된 현실에 대응하는 중도 좌파를 위한 새로운 의제들을 발굴하려고 했다.《진보 선언: 중도 좌파를 위한 새로운 아이디어》(2004)는 대표적인 연구 결과였다. 이 저작은 '배태된 시장, 보장 국가, 시민 경제, 공동생산으로서의 시민권, 통제된 불평등, 사회적 상속 비판, 관리된 다양성, 세계적 사회민주주의, 실제적 다자주의, 예측불가능성의 예측'을 새로운 의제들로 내놓았다.

2005년 독일에서 사민당이, 2010년 영국에서 노동당이 잇달아 실각하면서 제3의 길에 대한 관심은 약화됐다. 우파 대 좌파가 주도하는 양당 정치에 익숙한 서구사회에서 제3의 길이란 이중적 의미를 갖는다. 정치의 본질이 대립과 갈등에 있는 한, 제3의 길은 절충주의라는 비판에서 자유롭지 못하다. 그러나 동시에 그 대립과 갈등을 넘어서는 게 정치에 부여된 과제인 한, 제3의 길에 대한 정치적 상상력은 앞으로도 계속 추구될 것이다.

제3의 길과 한국사회

'제3의 길'은 서유럽적 현상일 뿐만 아니라 세계적 현상이었다. 서유럽의 제3의 길이 구사회민주주의와 신자유주의의 동시 극복을 추구했다면, 비서구사회의 제3의 길은 국가 주도 산업화와 시장 주도 산업화의 동시 극복을 모색했다. 우리나라의 경우 김대중 정부의 발전전략은 제3의 길의 한국적 버전으로 이해되기도 했다.

'한국적 제3의 길'이 가장 선명하게 나타난 정책은 '생산적 복지'였다. 생산적 복지는 적극적 복지의 한국적 변형이었다. 구체적으로 생산적 복지는 사회의 가장 불우한 위치에 있는 사람들에게 기초생활을 보장하고, 일과 인간 계발을 통한 자립·자조·자활을 지원함으로써 개인의 창의성이 발휘되며, 국민 전체의 생산성과 복지가 동시에 향상되는 것을 말한다. 요컨대 생산적 복지는 '생산에 기여하는 복지'로서의 의미를 갖는다.

생산적 복지의 추진은 서유럽 제3의 길의 등장과 유사한 맥락에서 이뤄졌다. 김대중정부는 국제통화기금(IMF)이 제시한 4대 부문 구조조정이 가져오는 사회 양극화의 확대를 제어하기 위해선 복지 정책을 강화할 필요가 있었다. 또, 김대중정부는 중도개혁 성향의 정부인만큼 자신의 이념에 걸맞은 복지국가의 한국적 토대를 구축할 필요 역시 갖고 있었다. 서유럽 제3의 길의 적극적 복지가 일자리 창출에 주력했듯, 한국 제3의 길의 생산적 복지는 '생산에의 참여를 통한 복지'를 추구했다.

생산적 복지를 어떻게 볼 것인지를 놓고 지식사회 안에서 이뤄진 논쟁은 사회복지학자 김연명이 편집한《한국 복지국가 성격 논쟁 1》(2002)에 집약돼 있다. 김대중 정부의 복지정책은 한편에서 신자유주의적 개혁이라고 비판됐다면, 다른 한편에선 국가 책임주의를 강화하려는 혼합모형의 성격을 보여준다고 평가됐다. 또 다른 시각에선 보수주의적 복지체제에서 나타나는 제도적 특징을 보이고 있다는 견해가 제시되기도 했다.

경제적 산업화에서 정치적 민주화로, 그리고 다시 복지국가에로의 변동은 서구 현대성이 보여준 역사의 대체적인 발전 경향이다. 생산적 복지는 한국적 복지국가의 구축에서 이론과 정책이 결합돼 추진된 주목할 만한 최초의 시도였다. 역사에서 비약은 없다. 생산적 복지에 대한 올바른 평가와 성찰은 우리 사회에서 바람직한 복지국가 모델을 모색하기 위한 출발점이 될 것이다.

《제3의 길》은 사회학자 한상진과 정치학자 박찬욱에 의해 우리말로 옮겨졌다. 박찬욱 등이 번역한 《제3의 길과 그 비판자들》을 함께 읽어보면 좋다.

"2010년대에 접어든 오늘날,
필경 사라진 듯했던 부의 불평등이
역사적 최고치를 회복하거나 심지어
이를 넘어서는 수준에 다다랐다. (…)
2008년 세계 경제위기는
21세기의 세계화된 세습자본주의
최초의 위기다.
그리고 마지막 위기도 아닐 것이다."

23.

불평등과 세습자본주의:
토마 피케티의《21세기 자본》

자본주의는 민주주의와 함께 현대성을 이루는 가장 중요한 제도다. 이 자본주의는 성장이라는 빛과 불평등이라는 그늘을 동시에 안고 있다.

16·17세기에 시작된 서구 자본주의 역사에서 가장 좋았던 시절은 '황금시대'라 불린 제2차 세계대전 종전부터 1960년대 말까지였다. 이 시기는 미국 경제학자 폴 크루그먼이 미국을 사례로 분석한 '대압착' 시대이기도 했다. 대압착이란 부유층과 노동계급 간의, 노동계급 안의 불평등이 크게 줄어든 현상을 지칭한다. 1980년대 이후 신자유주의가 본격화하면서 불평등은 다시 증가했고, 이러한 경향은 현재까지 계속되고 있다.

21세기 오늘날 불평등은 지구적 차원에서 인류가 직면한 가장 중대한 시련이다. 경제적 불평등은 사회적 불평등을 강화시키고, 사회적 불평등은 문화적 통합을 훼손시킴으로써 우리 시대를 불안과 분노의 시대로 바꾸어 놓고 있다. 이 점에서 불평등을 분석하고 그 해법을 제시하는 것은 최근 사회과학의 가장 중요한 과제 중 하나다. 이 과제를 치밀하게, 그리고 설득력 높게 수행함으로써 불평등 해소를 사회과학의 화두로 부각시킨 이는 프랑스 경제학자 토마 피케티(Thomas Piketty, 1971~)다.

2013년 피케티가 발표한 《21세기 자본》(Le Capital au XXIe siècle)은 이듬해 영어로 번역되면서 '피케티 현상'을 불러일으켰다. 경제학 저작으로 흔치 않게 아마존 베스트셀러 1위에 올랐고, 버락 오바마 미국 대통령은 그를 백악관으로 초청해 소득 재분배 정책에 대한 자문을 구했다. 2014년 미국과 유럽의 지식사회는 '피케티 열풍'에 휩싸였다. 경제학자로서 대중들로부터 피케티만큼 큰 관심을 모은 이들은 제2차 세계대전 이전의 존 메이너드 케인스와 전후의 프리드리히 하이에크 정도일 것이다.

《21세기 자본》의 주요 내용

《21세기 자본》이 세계적 이목을 끈 까닭은 두 가지다. 하나는 피케티의 지적 성실성이다. 그는 프랑스·영국·미국 등 선진국들의 300년에 걸친 장기 통계에 대한 분석을 통해 자본주의에 내재한 불평등을 주목한다. 다른 하나는 선명한 주장이다. 역사적 분석 결과 19세기 '세습자본주의'가 21세기에 다시 등장하고 있다고 그는 경고한다.

피케티의 논리는 간단하다. 자본수익률이 경제성장률보다 더 높다면 자본소득이 차지하는 비중이 더 커지게 되고, 그 결과 소득분배가 더욱 불평등해진다는 게 그것이다. 그에 따르면, 자본주의가 시작된 후 경제성장률은 0.5%대(1700~1820)였다가 1.5%대(1820~1913)로 증가한 다음 3.0%대(1913~2013)로 높아진 반면, 자본수익률은 지난 300년간 4~5% 정도로 유지돼 왔다. 다시 말해, 자본주의 역사에서 자본수익률은 경제성장률을 앞서 왔고, 그 결과 불평등은 점점 강화될 수밖에 없었다는 게 그의 분석이다.

피케티는 1914~1945년의 예외적 시기를 주목한다. 이 시기에 누진소득세 도입, 전쟁에 따른 파괴, 인플레이션 발생 등 우발적 요인들은 불평등을 잠시 축소시켰다. 그러나 1980년대 이후 불평등은 다시 강화되기 시작했다. 그 까닭은 영국 대처리즘과 미국 레이거노믹스가 추진한 감세와 선진국들의 낮은 경제성장률 등에서 찾을 수 있다.

피케티가 제시하는 21세기 자본주의 미래는 우울하다. 경제성장을 이끌어온 인구 성장과 기술 진보가 한계에 도달했기 때문에 저성장이 지속될 수밖에 없고, 그 결과 자본의 소득 몫이 커지고 그 힘이 더욱 강력해지는 세습자본주의가 다시 등장하고 있다는 게 그의 전망이다. 이러한 불평등 강화에 맞설 수 있는 정책 대안으로 그는 누진적 소득세 개혁과 글로벌 자본세 도입 등을 제시한다. 특히 글로벌 자본세는 자본의 세계화 경향을 고려할 때 불가피하게 추진할 수밖에 없는 정책으로서의 의미를 갖는다.

"사회적 차별은 오직 공익에 바탕을 둘 때만 가능하다." 피케티가 이 저작 맨 앞에 인용한 1789년 프랑스대혁명 당시 '인간과 시민의 권리에 관한 선언' 제1조다. 《21세기 자본》은 숫자를 다루는 경제학자로서 피케티가 불평등 해소라는 경제적 정의의 이상을 담은 저작이다.

피케티에 대한 옹호와 비판

《21세기 자본》은 영어로 번역되자마자 격렬한 논쟁을 불러일으켰다. 노벨 경제학상을 수상한 진보적 경제학자 크루그먼은 최상위층의 부가 불평등의 중요한 이유 중 하나라는 점을 피케티의 연구가 밝혔다고 높이 평가했다. 소수 엘리트가 지배하는 과두적 지배체제라는 현실 앞에 우리 인류가 위태롭게 놓여 있다는 게 피케티와 크루그먼의 경고였다.

비판도 만만치 않았다. 널리 알려진 《경제학원론》의 저자인 미국 경제학자 그레고리 맨큐는 생산에 기여한 대가가 바로 불평등이라고 주장함으로써 이의를 제기했다. 그는 사람들이 불로소득과 같은 부당한 이득에 반대하는 것이지 부의 불평등 자체를 문제 삼는 것은 아니라는 보수적인 반론을 펼쳤다.

서구 사상사에서 사회적 평등에 대한 태도에 따라 좌파와 우파를 구분한 이는 이탈리아 정치학자 노르베르토 보비오였다. 《좌파와 우파》에서 그는 더 많은 평등을 원하는 그룹을 좌파로, 평등을 부정하지 않되 사회가 불가피하게 계층적일 수밖에 없다고 보는 그룹을 우파로 파악했다. 이렇게 서로 다른 견해에 입각한 정치세력 간 경쟁의 역사가 서구 현대성의 정치·경제사를 이뤄 왔다.

문제는 21세기 현재 불평등의 지속가능성에 있다. 오늘날 불평등의 강화는 사회의 지속가능성을 근본적으로 위협하고 공동체로서의 사회를 점점 해체시켜 가고 있다. '1대 99사회'를 거부하려 했던 2011년 '월가 점령 시위'는 이러한 경향에 대한 시민적 저항을 상징한다. 우리 시대 화두인 불평등을 올바로 이해하는 데《21세기 자본》은 그 출발점을 제공한다.

피케티와 한국사회

《21세기 자본》이 미국에 이어 두 번째로 번역된 나라가 우리나라였다. 1997년 외환위기 이후 불평등의 점진적인 강화에 대한 지식사회와 시민사회의 관심이 높았던 때에 토마 피케티 연구가 소개된 터라 서구사회 못지않게 '피케티 바람'이 불었다. 이 바람은 2014년 9월 피케티의 방한과 함께 '피케티 열풍'으로 거세져 진보·보수를 떠나 모든 언론들이 피케티와《21세기 자본》을 집중 보도했다.

이후 피케티와《21세기 자본》을 다룬 책들이 적잖이 출간됐다. 그 가운데 주목할 저작의 하나가 류이근 기자가 엮은《왜 자본은 일하는 자보다 더 많이 버는가》(2014)였다. '피케티와 경제 전문가 9명이 말하는 불평등 그리고 한국 경제'가 부제인 이 책은《21세기 자본》이라는 교과서를 이해하는 데 훌륭한 참고서라 할 만하다.

이 책은 크게 세 부분으로 나뉜다. 제1부는 이준구의《21세기 자본》서평, 피케티 인터뷰, 피케티와 이강국의 대담을 통해 피케티 경제학을 소개한다. 제2부는 이정우, 이상헌, 홍훈, 신관호, 이강국 인터뷰들을 통해《21세기 자본》깊이 읽기를 안내한다. 우리 사회를 대표하는 경제학자들과의 인터뷰인 만큼 다양한 시각에서 《21세기 자본》의 성취와 한계를 조명한다. 제3부는 김낙년의 〈피케티 방법론으로 본 한국의 불평등〉, 강병구의 〈피케티의 해법과 세금〉, 이유영의 〈금융 세계화와 최고경영자의 보수〉를 통해 한국의 불평등과 글로벌 자본세 등을 다룬다.

우리 사회 불평등에 대해 관심을 둔 이들에게 가장 먼저 권할 만한 저작으로는 이정우의 《불평등의 경제학》(2010)을 들 수 있다. 이정우는 한국 사회가 성장 위주 정책을 추진한 결과 계층 간 불평등이 심각한 상황이라고 파악한다.

이런 문제의식 아래 《불평등의 경제학》은 불평등의 다양한 쟁점들인 소득·교육·노동시장·노동조합·차별·토지·빈곤·복지 등을 심도 있게 분석함으로써 우리 사회의 불평등이라는 현실에 대한 입체적 이해를 제공한다. 참여정부 정책실장이라는 저자의 개인적 경험이 행간에 잘 녹아 있는, 이론과 현실의 생산적 종합이 뛰어난 저작이다.

《21세기 자본》은 신문사 논설위원인 장경덕 등
에 의해 우리말로 옮겨졌다. 별책 부록인 〈피케
티 현상, 어떻게 볼 것인가?〉에는 이정우의 '해
제', 장경덕의 '옮긴이의 글', 이강국의 '감수의
글'이 실려 있다.

"인간을 최우선으로 여기고
인간에게 힘을 실어주는
새로운 과학기술은 결국 사람에 의해,
사람을 위해 만들어진
가장 중요한 도구임을
항상 기억하면서 모두를 위한 미래를
함께 만들어나가야 한다."

24.

제4차 산업혁명의 명암:
클라우스 슈밥의《제4차 산업혁명》

"미래는 이미 와 있다. 단지 널리 퍼져 있지 않을 뿐이다." 공상과학(SF) 소설가 윌리엄 깁슨의 유명한 말이다. 오늘날 지구적 차원에서 주목할 현상 중 하나는 기술 변화의 속도가 배가되면서 현재와 미래의 공존을 체험하고 있다는 점이다. 미래학이 점점 현재학이 돼가는 게 21세기 현대사회의 풍경이다.

서구 현대성을 이끌어온 산업사회의 종말을 알린 이는 사회학자 대니얼 벨과 미래학자 앨빈 토플러였다. 벨은《탈산업사회의 도래》를, 토플러는《제3의 물결》을 통해 산업사회가 정보사회로 변화했음을 선구적으로 계몽했다. 정보사회의 진전은 거역할 수 없는 인류사의 도도한 흐름이다. 미래학자 제러미 리프킨은 컴퓨터·인터넷 기반 정보혁명을 '제3차 산업혁명'이라 불렀고, 경제학자이자 정치인·기업가인 클라우스 슈밥(Klaus Schwab, 1938~)은 인공지능(AI)·사물인터넷(IoT)·사이버물리시스템(CPS)·빅데이터 등이 주도하는 정보혁명을 '제4차 산업혁명'이라고 명명했다.

제4차 산업혁명은 2016년 1월 세계경제포럼인 다보스포럼에서 본격적으로 제시된 개념이다. 이 개념에는 현재 진행 중인 기술혁명이 인류의 삶과 사회를 근본적으로 바꾸어놓고 있다는 문제의식이 담겨 있다. 세계경제포럼 창설자이자 회장인 슈밥의 《제4차 산업혁명》(The Fourth Industrial Revolution, 2016)은 이런 문제의식 아래 제4차 산업혁명의 도래를 분석한 책이다. 엄격한 연구서라기보다 개괄적 입문서인 이 저작은 제4차 산업혁명이 가져오는 변화를 다각도로 조명해 세계적으로 큰 주목을 받았다.

《제4차 산업혁명》의 주요 내용

《제4차 산업혁명》은 슈밥이 세계경제포럼에서 진행해온 연구 프로젝트 등에 기반을 두고 쓴 저작이다. 내용은 크게 두 부분으로 나뉜다. 제1부는 제4차 산업혁명의 정의, 주요 기술, 그 사회적 영향과 정책적 도전을 다루며, 제2부는 제4차 산업혁명의 실용적 방안 및 해법들을 소개하고 전망한다.

슈밥은 21세기의 디지털 혁명을 기반으로 한 새로운 산업혁명을 제4차 산업혁명이라고 부른다. 제4차 산업혁명은 몇 가지 측면에서 제3차 산업혁명과 다르다. 속도 측면에서 제4차 산업혁명은 선형적 속도가 아닌 기하급수적 속도로 진행되고, 범위와 깊이 측면에서 디지털 혁명을 기반으로 다양한 기술을 융합해 개인뿐만 아니라 경제·기업·사회를 유례없는 패러다임 전환으로 유도한다. 그리고 시스템 충격 측면에서 국가 간, 기업 간, 산업 간, 나아가 사회 전체 시스템의 변화를 수반한다.

슈밥에 따르면, 제4차 산업혁명을 이끄는 기술은 물리학 기술, 디지털 기술, 생물학 기술이다. 무인운송수단, 3D 프린팅, 첨단 로봇공학, 신소재가 물리학 기술을 주도한다면, 사물인터넷은 디지털 기술을, 유전학은 생물학 기술을 대표한다. 주목할 것은 각 분야 기술혁신이 초기 단계이지만 융합을 기반으로 서로의 발전을 증폭시키는 변곡점에 이미 도달해 있다는 점이다.

제4차 산업혁명의 충격과 영향은 경제, 기업, 국가-세계, 사회, 개인을 망라한다. 이 가운데 특히 시선을 끄는 것은 성장과 고용의 경제에 대한 분석이다. 슈밥에 따르면, 기업이 파괴적 혁신을 주도하면서 제4차 산업혁명은 성장을 고취시킬 것이다. 하지만 동시에 기술이 노동을 대체하면서 일자리를 감소시키고 불평등을 강화시킬 수 있다. 이러한 노동의 변화에 대해 그는 새로운 형태의 근로계약 및 사회계약을 모색해야 한다고 제안한다.

제4차 산업혁명이 인류 발전에 긍정적 결과를 가져오게 하기 위한 조건으로 슈밥은 변화에 대한 포용적 접근과 공동의 담론을 역설한다. 그리고 이를 바탕으로 한 경제·사회·정치 시스템의 개혁을 주장한다. 이미 시작된 제4차 산업혁명의 성패는 결국 기술 변화에 대처하는 인류의 집합 의지에 달려 있다는 게 그의 결론이다.

제4차 산업혁명을 어떻게 볼 것인가

제4차 산업혁명에 대해선 긍정과 부정의 평가가 공존한다. 기술 변화를 주목하는 관점은 제4차 산업혁명을 통해 이제까지 알고 있던 세계와 빠르게 작별한다고 본 반면, 사회 구조를 중시하는 관점은 자본주의라는 현대사회의 구조적 특징이 여전히 중요하고 기술 변화를 과장할 필요가 없다고 주장한다.

절충적 시각에서 볼 때 나라·직업·세대에 따라 제4차 산업혁명에 대한 체감 정도는 다르다. 실제 사회는 기술결정론이 상상하는 사회와 구조결정론이 강조하는 사회 중간 어딘가에 놓여 있을 것이다. 어느 사회든 '얼리 어답터'와 '슬로 어답터'는 공존해 있기 마련이며, 따라서 긍정론과 부정론 중 하나의 시각만으로는 변화를 온전히 독해하기 어렵다.

주목할 것은 기술 변화가 가져오는 사회적 영향이다. 정보경제학자 에릭 브린욜프슨과 앤드루 맥아피가 《제2의 기계 시대》(2014)에서 강조하듯 기술 변화는 모든 사람들에게 동일한 결과를 가져다주지 않는다. 기계가 미숙련 일자리를 대체하고, 자본이 노동보다 더 많은 몫을 차지하며, 재능이 뛰어난 이들이 부를 독점하는 것은 정보혁명 진전과 함께 점점 더 두드러지고 있는 경향이다. 슈밥 역시 관리되지 않는 기술혁신이 중산층을 붕괴시키고 결국 민주주의를 훼손시킬 것이라고 우려한다.

분명한 것은 제4차 산업혁명이 먼 미래가 아니라는 점이다. 인공지능의 발전이 가져오는 노동의 위기에 더해 빅데이터 활용 기업의 등장과 클라우드 등 새로운 플랫폼의 부상, 나아가 무인자동차·자동번역기·가상개인비서의 출현 등은 이미 실현된 현실이거나 곧 실현될 미래다. 오늘날 기술의 혁신과 융합이 21세기 사회변동을 이끌어가는 원동력임을 부정하기 어렵다. 혁신과 융합이 가져오는 제4차 산업혁명에 관심을 가진 이들에게 《제4차 산업혁명》은 유용한 입문서로서의 의미를 갖는다.

알파고 현상과 기본소득

우리 사회에서 제4차 산업혁명을 실감하게 한 것은 2016년 3월 이세돌과 인공지능인 알파고 간 바둑 대결이 가져온 '알파고 현상' 이었다. 제4차 산업혁명은 특히 일자리를 감소시키고 그 결과 실업을 일상화시킬 것으로 보이기에, 그런 가까운 미래에서 경제적으로 어떻게 살아갈지에 대한 우려가 제기됐다.

이러한 우려는 기본소득에 대한 관심을 높였다. 기본소득이란 노동·재산과 상관없이 모든 국민에게 개별적으로 무조건 지급하는 소득을 말한다. 이 제도의 목적은 국가가 모든 국민으로 하여금 최소한의 인간다운 생활을 누릴 수 있도록 하는 데 있다.

기본소득 아이디어는 토마스 모어의 《유토피아》까지 거슬러 올라가고, 근대 이후 토마스 페인, 존 스튜어트 밀 등 여러 사상가에 의해 빈곤에 대한 해법의 하나로 제시됐다. 지난 20세기에는 제임스 토빈, 존 갤브레이스 등 진보적 경제학자들은 물론 프리드리히 하이에크, 밀턴 프리드먼 등 보수적 경제학자들까지 다양한 형태의 기본소득을 제안했다.

기본소득은 장단점이 분명한 제도다. 한편으로는 복지 사각지대를 없애고, 그 관리 비용을 줄이며, 선별 복지에 따르는 낙인효과를 방지하는 것을 포함해 불평등을 해소할 수 있다. 하지만 다른 한편으로는 일하려는 의욕을 줄이고, 재원 확보를 위해 불가피하게 세금을 올려야 하는 문제를 안고 있다.

정보경제학자 에릭 브린욜프슨과 앤드루 맥아피는《제2의 기계 시대》에서 기본소득의 명암을 주목했다. 이들은 기본소득이 경제적 궁핍을 해결해 줄 수 있지만, 사회적 권태와 방탕이라는 위험을 갖고 있다고 지적했다.

문제의 핵심은 제4차 산업혁명이 노동시장과 불평등에 미치는 영향이다. 기술혁신이 결국 미숙련 일자리 감소와 이에 따른 사회적 불평등을 증가시킬 것은 부정할 수 없는 미래다. 최근 핀란드, 네덜란드에서 기본소득에 대한 실험을 추진하는 까닭도 여기에 있다.

우리 사회에선 녹색당과 《녹색평론》 등이 기본소득을 새로운 대안으로 제시해 왔다. 제4차 산업혁명의 사회적 결과를 복지제도 강화로만 해결할 수 없다면, 기본소득은 그 대안으로 앞으로 더욱 주목받을 가능성이 높다.

《제4차 산업혁명》은 세계경제연구원 원장인 송경진에 의해 우리말로 옮겨졌다. 디지털 기술이 열고 있는 새로운 시대를 다룬 브린욜프슨과 맥아피의《제2의 기계 시대》를 함께 읽어보면 좋다.

IV. 사회

사회라는 말에는 이중적 의미가 있다. 좁은 의미의 사회가 한 사회에서 정치·경제를 제외한 나머지 영역을 말한다면, 넓은 의미의 사회는 정치·경제·문화를 모두 포함하는 영역을 지칭한다. 다시 말해, 협의의 사회가 시민사회라면, 광의의 사회는 사회 전체다. 사회사상은 이 둘을 모두 다뤄 왔다.

현대 사회사상에 큰 영향을 미친 이들은 고전사회학자들인 카를 마르크스, 에밀 뒤르케임, 막스 베버다. 특히 마르크스와 베버는 자본주의와 현대성에 대한 포괄적이면서도 심도 있는 이론틀을 제공했다. 하지만 사회를 탐구한다고 해서 사회사상이 사회학자들의 독점물이 될 순 없다. 다른 분야의 사회과학자와 인문학자도 자신의 전공을 기반으로 해 사회를 연구할 수 있다.

전후 사회 분야에서 가장 먼저 각광을 받은 이론은 대중사회론이다. 대중사회란 엘리트가 아닌 대중이 중심이 되는 사회를 지칭한다. 여기서 다루는 데이비드 리즈먼의 《고독한 군중》은 미국 대중사회의 그늘을 선구적으로 분석한 저작이다. 대중사회에선 개인의 자율성보다 타인을 과도하게 의식하는 대인관계가 더 중시된다는 리즈먼의 통찰은 여전히 음미할 만하다.

푸코는 철학자이자 역사학자이자 사회학자다. 《광기의 역사》, 《지식의 고고학》, 《감시와 처벌》, 《성의 역사》 등 푸코의 주요 저작들은 늘 문제적이었고, 또 그만큼 전후 사회사상에 크게 기여했다. 《감시와 처벌》은 지식과 권력의 관계에 초점을 맞춰 권력이 어떻게 개인을 통제하는지 탁월하게 분석한다. 정보사회의 그늘을 예견한 그의 통찰이 놀라울 뿐이다.

전후 서구사회에서 새로운 구조변동이 본격화된 것은 1980년대다. 세계화와 정보사회는 이 변동을 이끌었고, 특히 정보사회의 도래는 산업사회에서 탈산업사회로의 변화를 가져 왔다. 앨빈 토플러의 《제3의 물결》이 정보사회의 개막을 알린 저작이라면, 마누엘 카스텔의 《정보 시대》는 정보사회의 진전을 분석한 저작이다. 〈네트워크사회의 도래〉, 〈정체성 권력〉, 〈밀레니엄의 종언〉으로 이뤄진 《정보 시대》 3부작은 21세기 현재 인류의 선 자리와 갈 길을 숙고하게 한다.

사회학자이자 사회사상가로 잊을 수 없는 이들은 울리히 벡과 지그문트 바우만이다. 벡의 《위험사회》와 바우만의 《액체 현대》는 전후 사회변동을 독자적인 이론틀로 새롭게 조명한다. 생태 위기를 포함한 위험이 사회의 핵심적인 문제로 등장한다는 게 《위험사회》의 주요 논리라면, 견고한 모든 것들이 이제 끝없이 유동하는 것들로 변화한다는 게 《액체 현대》의 핵심 사유다. 생태 위기에 대한 대응이 중요해지고 삶의 불확실성이 강화되는 오늘날의 현실을 돌아볼 때 벡과 바우만의 사상은 깊은 울림을 준다.

　정치학자 로버트 퍼트넘은 전후 미국의 시민사회를 날카롭게 해부한다. 그가 주목한 것은 '사회적 자본'이다. 사회적 자본이란 개인들 간의 네트워크, 신뢰, 규범을 말한다. 미국에서의 사회적 자본의 쇠퇴와 공동체의 붕괴를 다뤄 큰 관심을 모은 저작이 그의 《나 홀로 볼링》이다. 《나 홀로 볼링》은 미국뿐 아니라 다른 나라들의 시민사회의 변동을 새롭게 이해할 수 있는 문제틀을 선사한다.

　이외에도 현대사회의 구조와 변화를 탐구한 주목할 만한 저작들은 결코 적지 않다. 미디어로 대표되는 공론장의 분석에 이론적 기초를 제공한 위르겐 하버마스의 《공론장의 구조변동》, 계급에 따른 취향의 차이에 주목해 현대 사회·문화에 대한 심도 있는 이해를 더한 피에르 부르디외의 《구별짓기》, 세계화의 다층적 측면을 종횡무진 분석한 데이비드 헬드와 동료들의 《전지구적 변환》, 신자유주의의 그늘을 날카롭게 파헤친 리처드 세넷의 《신자유주의와 인간성의 파괴》 등은 여기서 다루는 책들 못지않게 큰 영향을 미친 저작들이다.

　오늘날 분명한 것은 현대 사회변동의 속도가 빨라지고 불확실성이 증가하고 있다는 점이다. 인간은 사회를 떠나 살기 어렵다. 바람직한 삶을 살아가기 위해선 그 삶이 놓인 사회에 대한 포괄적이면서도 심층적인 이해가 요구된다. 이 책에서 다뤄지는 저작들은 이러한 이해로 나아가는 데 의미 있는 통로를 제공할 것이다.

"타인지향형 인간이 추구하는
인생 목표는 타인들이 인도하는 대로
바뀐다. 다만 인생토록 변하지 않는
것이 있다면, 그 개인이 이런 식으로
어떤 목표를 이루기 위해 노력한다는
사실과, 그것을 위해 타인들이
퍼뜨리는 신호에 끊임없이
주의를 기울인다는 사실뿐이다."

25.

고독한 군중, 군중 속 고독:
데이비드 리즈먼의《고독한 군중》

이 책의 제목은《세상을 뒤흔든 사상》이다. 뒤흔든다는 것은 충격을 안긴다는 의미다. 지금 소개하는 책은 당대에 큰 충격을 줬지만 현재에는 영향이 적잖이 줄어든 저작이다. 바로 1950년에 발표된 미국 사회학자 데이비드 리즈먼(David Riesman, 1909~2002)의《고독한 군중》(The Lonely Crowd)이다.

《고독한 군중》은 대중사회론의 효시를 이룬 책 가운데 하나다. 엘리트가 아닌 일반 시민인 대중이 주도하는 사회가 곧 대중사회다. 오늘날 서구사회든 비서구사회든 모두 대중사회라는 점을 부정하기는 어렵다. 대중사회라는 사실이 자명하기 때문에 대중사회의 도래를 예고한《고독한 군중》에 대한 관심이 줄어들었다고 볼 수 있다.

《고독한 군중》은 미국이 어떤 사회인지를 본격적으로 알린 책이다. 유럽과는 구별되는 새로운 사회로서의 미국이 세계 헤게모니를 주도하기 시작한 것은 제2차 세계대전을 통해서였다. 흔히 대중사회로 불린 전후 미국사회의 특징을 설명하고 분석하는 데 이 책은 크게 기여했다.

지식의 발전은 사회·경제적 발전에 상응한다. 미국 사회과학이 전후 자본주의를 주도한 경제적 위력을 앞세워 지구적 차원에서 지적 헤게모니를 본격적으로 행사한 것은 1950년대부터였다. C. 라이트 밀스의 《파워 엘리트》(1956), 존 케네스 갤브레이스의 《풍요로운 사회》(1958), 윌리엄 콘하우서의 《대중사회의 정치》(1959), 대니얼 벨의 《이데올로기의 종언》(1960) 등 미국사회를 조명하고 해부한 저작들의 선구자적 위치에 놓인 책이 바로 《고독한 군중》이었다.

《고독한 군중》의 주요 내용

《고독한 군중》은 세 사람의 공저다. 리즈먼을 대표 필자로 네이던 글레이저와 루엘 데니가 함께 썼다. 부제는 '변화하는 미국의 성격에 대한 연구'다. 부제가 암시하듯 《고독한 군중》은 미국인의 사회적 성격이 무엇인지를 탐구했다. 국민성에 대한 사회심리학적 연구서인 셈이다. 리즈먼은 사회변동에 따라 세 유형의 사회적 성격이 잇달아 등장했다는 흥미로운 주장을 제시한다. 원시사회에 대응하는 '전통지향형', 19세기 산업사회에 대응하는 '내부지향형', 20세기 전반 도시생활에 대응하는 '타인지향형'이 그것들이다.

리즈먼이 특히 주목한 것은 타인지향형이다. 《고독한 군중》에 따르면, 다수의 미국인들은 친구와 동료들이 갖는 가치체계로부터 영향을 받아 생각하고 행동하는 타인지향형의 특징을 보인다. 자신이 속한 공동체나 조직으로부터 격리되고 소외될지도 모른다는 불안감이 늘 타인의 생각과 행동을 고려하는 성격을 낳았다는 게 이 저작의 핵심 메시지다. 이러한 불안으로부터 벗어나기 위해선 사회의 요구를 자유롭게 선택할 수 있는 자율형 인간이 돼야 한다고 리즈먼은 제안한다.

개인의 자율성을 뜻하는 개성의 존중은 근대 서구인의 미덕이었다. 하지만 대중사회가 본격화되며 공고화된 현대사회에서는 개성보다 대인관계가 더 중요해졌고, 이로부터 비롯된 타인지향형의 사회적 성격은 불안감에 사로잡힌 '고독한 군중'을 등장시켰다. 개인주의의 나라로 알려진 미국이 기실 비개인주의적인 사회임을 역설함으로써《고독한 군중》은 커다란 반향을 불러일으켰다.

《고독한 군중》은 정신분석학자 에리히 프롬의《자유로부터의 도피》로부터 적지 않은 영향을 받았다.《자유로부터의 도피》가 근대인의 자유에 내재한 독립성과 불안감이라는 이중적 성격을 주목했다면,《고독한 군중》은 이러한 문제의식에 착안해 미국인이 갖는 사회적 성격의 변화과정을 분석했다. 이 책의 성공에 힘입어 리즈먼은《군중의 얼굴》(1952),《개인주의의 재검토》(1954) 등을 출간했다.

미국식 대중사회의 그늘

《고독한 군중》이 학계뿐만 아니라 대중에게 선풍적인 인기를 누린 까닭 중 하나는 그 제목에 있었다. 1950년의 시점에서 미국은 인류가 이제까지 누리지 못했던 풍요를 만끽하고 있었다. 안정된 일자리, 표준화된 주택, 다양한 여가 등은 그 풍요의 상징이었다.

그런데 물질적 풍요라는 동전의 이면에는 고독이라는 어찌할 수 없는 숙명이 똬리를 틀고 있었다. '고독한 군중'이라는 말은 바꾸어 표현하면 '군중 속 고독'이다. 현대를 살아가는 이들 치고 군중 속 고독을 느껴보지 않은 사람은 없다. 책 제목에 담긴 매력적인 메시지와 대인관계의 어려움이라는 사회생활의 조건은 이 책이 당시 왜 폭발적인 인기를 누렸는지를 설명해준다.

리즈먼은 〈1961년판 서문〉에서 이 저작에 대한 비판들에 응답했다. 당대를 대표한 정치학자 시모어 마틴 립셋은 미국인이 과거나 현재나 항상 타인지향형 성격을 가졌다는 이의를 제기했고, 사회학자 탈코트 파슨스는 노동과 가족생활의 소외를 지나치게 강조한다는 불만을 토로했다. 이에 대해 리즈먼은 내부지향형에서 타인지향형으로의 변화가 여전히 유효한 문제의식이라는 답변을 내놓았다.

현재의 시점에서 볼 때 미국식 대중사회의 지구화는 전후 70여 년의 세계사회를 특징지어온 흐름이었다. 대량생산과 대량소비의 유기적 결합 속에 증가해온 문화의 표준화, 인간 소외, 정치적 무관심은 서유럽뿐만 아니라 민주화 시대 우리 사회에서도 관찰할 수 있는 현상이었다.

물질적 풍요에도 불구하고 정신적 빈곤을 느껴야 하는 상황에서 어떤 자아정체성을 가져야 하고, 어떤 인생을 추구해야 하는지는 인문학이 답변해야 할 실존적 질문이자 사회과학이 응답해야 할 사회적 질문이다. 오늘날 의미 있는 개인적 삶을 모색하는 것은 바람직한 사회로 나아가는 출발점이다. 다소 철 지났다 하더라도《고독한 군중》을 읽어야 할 이유는 충분하다.

대중사회론과 한국사회

대중에 대한 담론의 계보학은 멀리 19세기 후반 귀스타브 르 봉의《군중》까지 거슬러 올라간다. 유럽 사상가들은 대중에 대한 부정적 견해를 표명했다. 오르테가 이 가세트와 테오도어 아도르노는 대표적인 비판론자들이었다. 이들은 대중을 이성·합리성·도덕성을 결여한 집단으로 파악했다.

이에 미국 사회과학자들은 대중을 긍정적으로 평가하는 반론을 제시했다. 대니얼 벨과 에드워드 실즈는 개방적이고 진취적이며 민주적인 대중의 성격을 주목했다. 대중을 열등한 존재로 보는 것은 문화적 기회가 시민사회에 확대되는 것을 간과하는 엘리트주의적 해석이라는 게 반론의 핵심이었다.

대중과 대중사회를 어떻게 볼 것인지는 유럽과 구별되는 미국 사회의 정체성에 대한 가치판단의 문제가 놓여 있었다. 대중사회론은 유럽을 떠나 대서양을 건너서 신대륙을 선택했던 미국인들의 자존심이 걸린 담론이었다.

우리 사회에서 대중사회론이 본격적으로 소개된 것은 1960년대와 70년대였다.《고독한 군중》등 일련의 책들이 소개되고, 대중사회로서의 한국사회에 대한 토론과 논쟁이 진행됐다. 한국전쟁 이후 미국 대중문화가 급속히 유입돼 적지 않은 영향을 미친 것이 그 사회적 배경을 이뤘다.

역사사회학적 시각에서 1960~70년대의 산업화 시대에 상층과 중산층을 중심으로 한 미국 대중문화의 소비가 적극적으로 이뤄졌다는 점에서 대중사회 경향이 부재했다고 보기는 어렵다. 미국 영화와 대중음악, 근대화론이나 대중사회론과 같은 미국 사회과학 담론의 소비는 대표적인 현상이었다.

하지만 1960~70년대 경제발전의 수준을 고려할 때 미국과 한국의 사회적 거리는 매우 멀었다. 자본주의를 선도하며 더없이 풍요로웠던 미국과 초기 산업화의 어두운 그늘이 분출했던 한국은 상이한 발전단계에 놓인 사회였다. 요컨대, 미국과의 관계에서 '사회적 이질성과 문화적 동질성'이 1960~70년대 우리 사회의 실체에 가까웠다고 볼 수 있다.

주목할 것은 이러한 대중 담론이 1980년대 이후 부상한 민중 담론에 의해 빠른 속도로 바뀌고 잊혔다는 점이다. 대량생산과 대량소비의 유기적 결합과 함께 등장하는 대중사회가 우리 사회에서 본격화된 것은 1980년대 후반 민주화 시대가 열린 이후였다. 대중사회론의 설명력이 높아진 시대가 도래했지만, 이미 소비된 담론은 위력을 되찾을 수 없었다.

《고독한 군중》은 사회학자 이만갑 등에 의해 우리말로 옮겨진 이후 최근까지 여러 출판사에서 나왔다. 1962년 문학평론가 이어령은 같은 제목의 에세이집을 발표했다. 일간지 칼럼들을 모은 이어령의 《고독한 군중》은 서구 문화에 대한 그의 번득이는 해석들을 담았다.

"감옥이 공장이나 학교,
병영이나 병원과 흡사하고,
이러한 모든 기관이
감옥과 닮은 것이라 해서
무엇이 놀라운 일이겠는가?"

26.

감시사회로서의 현대사회:
미셸 푸코의《감시와 처벌》

사상가의 진정한 힘은 뭘까? 그것은 인간 사유의 틀을 바꾸는 데 있다. 예를 들어 20세기 전반기 사상가로 가장 큰 영향을 미친 이들로는 지그문트 프로이트와 막스 베버가 손꼽힌다. 프로이트를 통해 인류는 무의식을 발견하게 됐고, 베버를 통해 합리성을 인식하게 됐다. 한편 많은 사람들은 20세기 후반기를 대표하는 사상가들이 미셸 푸코(Michel Foucault, 1926~1984)와 위르겐 하버마스라는 데 동의할 것이다. 우리는 푸코를 통해 타자란 누구인지를 생각하게 됐고, 하버마스를 통해 소통하는 주체를 성찰하게 됐다.

푸코는 철학자이자 역사학자인 동시에 사회학자다. 푸코의 사상은 한마디로 '타자'의 사회이론이다. 타자란 남자와 여자, 어른과 아이, 정상인과 비정상인, 서구인과 비서구인 등 이제까지 철학적으로, 사회적으로, 정치적으로 배제돼 온 후자의 그룹을 말한다. 타자의 사회이론이란 이러한 타자를 다뤄온 지식들을 비판적으로 해부하는 학문적 시도를 뜻한다.

타자를 연구하기 위해 푸코가 활용한 방법론은 '지식의 고고학'

과 '권력의 계보학'이다. 고고학이 특정한 시대에서의 담론의 형성과 시대적 변화에 따른 그 담론의 전환을 다루는 방법을 말한다면, 계보학은 이러한 형성 및 전환의 조건 가운데 지식과 권력의 관계를 탐구하는 방법을 지칭한다. 고고학을 방법론으로 한 저작들이 《광기의 역사》(1961), 《말과 사물》(1966)이라면, 계보학을 방법론으로 한 저작들이 《감시와 처벌》(Surveiller et Punir, 1975), 《성의 역사 1》(1976)이다.

《감시와 처벌》의 주요 내용

'감옥의 역사'라는 부제가 달린 《감시와 처벌》은 푸코의 저작들 중 사회학적 함의가 가장 두드러진 책이다. 여기서 사회학적이란 두 가지 의미를 갖는다. 푸코가 권력의 계보학을 본격적으로 분석했다는 게 하나라면, 현대 감시사회의 기원을 정밀하게 추적하려 했다는 게 다른 하나다.

푸코는 권력의 미시적 차원을 주목한다. 그에 따르면, 권력은 사회 제도와 관련된 전략 및 효과이며, 미시적 수준에서 진행되는 관계이자 상호작용이다. 권력이 행사되기 위해선 인간에 대한 새로운 지식(담론)이 요구되고, 이 인간과학 지식이 권력의 미시적 작동에 정당성을 제공한다는 것이 그의 통찰이다.

《감시와 처벌》은 1960년대 지식에 대한 고고학적 연구에서 나아가 지식이 권력의 생산·재생산에 기여하는 바를 밝히는 계보학적 탐구를 시도한 책이다. 이 저작은 감옥을 사례로 근대 인간과학 지식에 따라 정상과 비정상이 어떻게 구분되는지, 규율과 훈련에 기반한 일상생활이 어떻게 조직되는지, 결국 지배에 순종하는 신체를 가진 근대적 '개인'이 어떻게 탄생하는지를 생동감 있게 분석한다.

'파놉티콘(panopticon)'은 권력의 미시적 작동을 보여주는 대표 사례다. 공리주의자 제러미 벤담이 고안한 파놉티콘은 일망감시장치다. 이 장치의 특징은 감금된 사람의 경우 감시하는 사람을 볼 수 없지만 감시자는 감금자를 볼 수 있다는 점이다. 푸코가 주목한 것은 파놉티콘 아래서 감금자의 경우 감시자의 모습을 볼 수 없기 때문에 언제나 감시당하고 있다는 불안과 공포를 겪게 되고, 결국 자신을 스스로 감시하게 하는 권력의 효과가 만들어진다는 점이다.

이러한 감옥체제야말로 근대사회가 갖는 가장 중요한 특징 중 하나라는 게 푸코의 주장이다. "감옥이 공장이나 학교, 병영이나 병원과 흡사하고, 이러한 모든 기관이 감옥과 닮은 것이라 해서 무엇이 놀라운 일이겠는가"라는 푸코의 진술은《감시와 처벌》이 감시사회로서의 현대사회에 대한 분석을 겨냥하고 있음을 선명히 보여준다.

푸코와 현대 사상

푸코가 현대 사상에 미친 영향은 넓고 깊다. 앤서니 기든스는 《현대 사회학》에서 현대사회를 대표하는 사상가로 주저없이 푸코와 하버마스를 들었다. 하버마스가《현대성의 철학적 담론》에서 푸코에게만 두 장을 할애한 것은 푸코의 사상이 갖는 중요성과 영향력의 징표다.

《감시와 처벌》을 포함해 푸코가 미친 사상적 영향은 다섯 가지로 요약할 수 있다. 첫째, 푸코는 주체의 새로운 이론화를 시도했다. 그에게 주체란 스스로 창조한다기보다는 담론에 의해 구성되는 존재다. 그는 규율되고 훈련되는 신체에 대한 새로운 성찰을 선사했다. 둘째, 푸코는 계몽주의의 그늘을 비판했다. 이러한 비판은 문학과 예술의 포스트모더니즘에 큰 영향을 미쳤다. 셋째, 푸코는 일상속 권력을 해부할 이론적 무기를 제공했다. 가부장주의 등 생활세계에 내재한 권력에 대한 비판은 푸코를 통해 더욱 정교해지고 풍부해졌다. 넷째, 푸코는 정보사회 연구에 날카로운 아이디어를 제공했다. 파놉티콘에 대한 푸코의 통찰은 정보사회의 진전이 가져온 디스토피아를 예견하게 했다. 다섯째, 푸코는 타자를 새롭게 발견하게 함으로써 소수자의 인권 및 정치의 중요성을 깨닫게 했다. 여성, 외국인 노동자, 동성애자 등의 권리를 요구하는 다양한 신사회 운동들은 푸코 사상으로부터 이론적 자원을 가져 왔다.

질 들뢰즈는 19세기를 완전히 벗어났다는 점에서 푸코가 아마도 유일한 20세기 철학자일 것이라고 말했다. 그런 푸코는 20세기 사상가였던 동시에 21세기 사상가다. 21세기가 시작된 지 10여 년이 지난 현재, 인류는 난민 문제부터 정보사회의 그늘에 이르기까지 많은 사회 문제를 대면하고 있다. 이런 현상을 올바로 이해하고 적절한 해법을 강구하는 데 푸코의 사상만큼 날카롭고 유용한 문제틀을 찾기 어렵다. 오늘날 대다수 나라에서 대학에 입학한 젊은이들에게 푸코의 책을 권하는 이유가 바로 여기에 있다.

푸코와 한국사회

우리 사회에서 푸코의 사상에 대한 관심이 일기 시작한 것은 1980년대 민주화 시대였다. 당시 대학원생들을 중심으로 젊은 철학·사회학·정치학 연구자들이 푸코의 사회이론을 공부하기 시작했다. 경험을 중시하는 영미식 사유와 관념을 중시하는 독일식 사유에 맞서 구조·담론·권력·신체·섹슈얼리티 등을 주목하고 새롭게 이론화하는 푸코식 사유는 아카데미 영역이 제공할 수 없는 새로운 지적 자극과 상상력을 선사했다.

1989년 동구 사회주의의 몰락 이후 푸코의 사상이 가지는 영향력은 더욱 커졌다. 현실사회주의의 몰락은 사회구성체론으로 대표되는 정통 마르크스주의가 1980년내 비판 인문·사회과학에서 누렸던 권위를 약화시켰다. 그 자리를 대신한 것은 그람시, 푸코, 하버마스 등의 사상이었다.

당시 푸코의 영향을 잘 보여주는 것이 사회운동 담론이었다. 1990년대 우리 사회를 이끈 다양한 시민운동들은 그람시, 푸코, 하버마스의 사상으로부터 이론적 자원을 빌려 왔다. 푸코의 사회이론은 특히 여성운동, 인권운동, 소수자운동 등에 큰 영향을 미쳤다.

푸코의 사상이 국내에 수용된 배경으로는 지식사회의 변화도 들 수 있다. 1980년대에 대학원을 다녔던 젊은 연구자들이 공부를 마치고 대학에 자리를 잡으면서 각종 교양 과정에서 푸코를 가르치기 시작한 것도 1990년대였다. 예를 들어 사회학의 경우 가장 널리 읽힌 개론서인 기든스의《현대 사회학》은 현대사회를 대표하는 두

명의 사상가들로 푸코와 하버마스를 소개하는데, 이러한 텍스트들을 통해 푸코는 대학 등 지식사회 안에서 자연스럽게 주류 담론으로 안착했다.

푸코에 대한 관심이 가장 높았던 시기는 1990년대 초반부터 1997년 외환위기까지 이어진 '문화의 시대'였다. 당시 포스트모더니즘을 둘러싼 논쟁들이 진행되면서 푸코와 자크 데리다는 포스트모더니즘의 철학적 기초를 제공한 사상가들로 소개되고 토론됐다. 이 시기에 우리 사회에서 푸코의 사상은 전성시대를 맞았다.《광기의 역사》에서《성의 역사》1·2·3에 이르기까지 푸코의 주요 저작들이 우리말로 옮겨졌고, 지식사회 안팎에서 상당한 관심을 모았다.

흥미로운 것은 푸코에 대한 이러한 높은 관심이 우리나라만의 현상이 아니었다는 점이다. 라틴아메리카의 경우 1980년대 이후 푸코가 그람시와 함께 기성체제에 맞서는 대항 담론의 구심을 이뤘다. '푸코 열풍'은 가히 지구적 현상이었다.

《감시와 처벌》은 철학자 이광래와 불문학자 오
생근에 의해 각각 우리말로 옮겨졌다. 《감시와
처벌》을 읽기에 앞서 이정우가 옮긴 콜레주 드
프랑스 교수 취임 강연 《담론의 질서》와 콜린 고
든이 엮고 홍성민이 옮긴 푸코 대담집 《권력과
지식》을 읽어보는 것도 좋다.

"에너지 패턴의 변화와
새로운 가정생활의 형태,
생산수단의 진화와 자조운동 및
그밖에 새로이 생겨나고 있는
여러 가지 관계들을 검토해보면,
우리는 갑작스레 현대의
막대한 위기를 만들어내고 있는
그 조건들이 동시에 매력적이고도
새로운 가능성을 열고 있음을
깨닫게 되는 것이다."

27.

정보사회의 미래학:
앨빈 토플러의 《제3의 물결》

어떤 분야든 그 분야를 상징하는 이들이 있기 마련이다. 예를 들어 철학이라면 칸트, 음악이라면 베토벤, 화가라면 고흐가 그들이다. 만일 분야가 미래학이라면 그 사람은 단연 앨빈 토플러(Alvin Toffler, 1928~2016)다. 토플러는 《미래 충격》(1970), 《제3의 물결》 (The Third Wave, 1980), 《권력 이동》(1990) 등 인류 미래를 예견하고 전망한 일련의 저작들을 발표함으로써 지구적인 관심을 불러 모았다. 어느 집이든 서가에 토플러 책 한권 정도는 꽂혀 있을 정도로 그는 대중으로부터 큰 사랑을 받은 미래학자다.

정보사회를 다루는 사회과학 안에서 토플러에 대한 평가는 대체로 인색하다. 그가 전문적 사회과학자라기보다 대중적인 저술가였기 때문이다. 하지만 그의 책들이 시민사회와 정부 정책 결정에 미쳐온 영향은 그 어떤 사회과학 저작들 못지않다. 특히 그의 '제3의 물결론'은 다니엘 벨의 '탈산업사회론', 마누엘 카스텔의 '네트워크사회론'과 함께 정보사회의 도래 및 진전을 선구적으로 분석한 문제틀로 평가받아 마땅하다.

토플러의 미래학은 명암이 분명하다. 그 빛은 미래에 대한 통찰에 있다. 그가 주목하고 주조한 개념들인 정보시대, 프로슈머, 재택근무 등은 결국 현실이 됐다. 미래의 예지력에서 피터 드러커와 제러미 리프킨이 토플러에 필적했지만, 영향력에선 토플러가 앞섰다. 하지만 정보사회의 그늘에 그는 둔감했다. 감시체제, 정보 불평등, 포퓰리즘 등을 그가 주목하지 않은 것은 아니었지만, 정부와 대기업 컨설팅을 많이 한 탓인지 몰라도 이런 문제들을 상대적으로 과소평가했다. 정보사회가 만개된 21세기 현실을 지켜볼 때, 토플러의 《제3의 물결》은 이제 정보사회론의 고전적인 저작의 반열에 오른 것으로 보인다.

《제3의 물결》의 주요 내용

미래학자 토플러의 존재를 알린 것은 《미래 충격》이다. 이 책은 기술적 변화가 가져온 개인과 집단의 변동을 다룬다. 토플러는 기술발전을 현대사회 변동의 중핵적 엔진으로 파악하는 미래학의 분석틀을 예고한다. 《제3의 물결》은 《미래 충격》의 연속선상에 놓여 있다. 《미래 충격》이 현대사회 변동의 과정을 주목한다면, 《제3의 물결》은 그 변동의 방향을 포괄적으로 전망한다.

《제3의 물결》의 내용은 크게 두 부분으로 나누어진다. 첫번째는 제3의 물결에 대한 설명이다. 토플러에 따르면, 이제까지의 인류 역사는 세 물결을 겪어 왔다. 첫 번째 물결이 1만년 전에 일어난 농업혁명이라면, 두 번째 물결은 300년 전에 일어난 산업혁명이다. 이제 인류는 지식정보의 발전을 바탕으로 한 제3의 물결 속에 놓여 있다는 게 그의 주장이다.

두 번째는 제3의 물결의 경제·사회·정치적 특징이다. 다양한 에너지원의 활용, 자원의 중심으로서의 과학기술 및 지식정보의 위상, 매스미디어의 탈대중화, 대규모 공장 생산 방식의 쇠퇴, 프로슈머의 출현, 사회의 중심적 단위로서의 가족의 재등장, 민족국가 역할의 축소, 초국적기업 및 지역자치단체의 부상 등은 제3의 물결의 대표적인 현상들이다. 이들 가운데 잘못 예견된 것들도 없지 않지만, 1980년대 이후 서구사회의 발전은 크게 보아《제3의 물결》에서 제시된 방향으로 전개됐다. 그 어떤 미래학자들의 예측보다도 토플러의 전망은 날카로웠던 것으로 보인다.

《권력 이동》은 미래의 변화를 누가 주도하는가를 분석한 책이다. 토플러는 권력의 원천이 물리적 힘과 경제적 화폐에서 컴퓨터로 상징되는 지식으로 변화하고 있음을 주목하고, 이 지식을 담당하는 유식계급인 '코그니타리아트(cognitariat)'가 새로운 권력층이 될 것이라고 전망한다.《권력 이동》을 발표한 이후에도 그는《부의 미래》(2006)에 이르기까지 미래를 예측하는 저작들을 계속 발표해 왔다.

미래학의 빛과 그늘

미래학에 대해선 상반된 평가가 존재한다. 한편에선 토플러를 포함한 미래학자들이 당장 일어나고 또 일어날 것으로 확실시되는 변화를 주목한다는 점에서 이들의 사상이 미래학이 아니라 현재학이라고 높이 평가한다. 하지만 다른 한편에선 이들의 분석과 전망이 과학의 외피를 걸친 사이비 이데올로기에 불과하다고 평가절하한다. 특히 후자의 견해는 미래학이 자본주의 미래를 장밋빛으로 포장해 현실의 모순과 위기를 은폐함으로써 지배 이데올로기에 봉사한다고 비판한다.

물론 미래학에 낙관론만 존재하는 것은 아니다. 제로성장, 환경위기, 자원고갈, 핵전쟁 등 미래를 비관적으로 조명한 연구들도 적지 않다. 21세기에 들어와 발표된 미래학 저작들은 유토피아와 디스토피아가 공존하는 미래를 전망하는 경향이 두드러진다.

현재의 시점에서 돌아볼 때《제3의 물결》을 비롯한 토플러의 저작들은 정보사회와 이와 연관된 세계화를 분석하고 예측하는 데 상당한 설득력을 과시해 왔다. 세세한 나무들이 아니라 전체 숲의 관점에서 토플러의 전망은 대체로 옳았던 것으로 보인다. 물론 토플러의 저작들은 '기술적 낙관주의'를 과도하게 부각시킨 약점을 갖고 있다. 기술적 낙관주의는 특히 근대 민주주의의 지반을 뒤흔들어 놓는 정보사회의 새로운 감시체제와 포퓰리즘을 과소평가했다. 이 점에서 토플러의 전망은 정보사회의 그늘을 날카롭게 예견한 미셸 푸코의 사상과 흥미로운 대조를 이룬다.

오늘날 경제는 물론 사회를 이끌어가는 가장 중요한 원천은 지식과 정보다. 제4차 산업혁명에서 볼 수 있듯 정보사회의 변화 속도는 더욱더 빨라지고 그 영향은 갈수록 넓고 깊어지고 있다. 토플러의 미덕은 지식정보 자체에 주목한 것을 넘어서 그것의 발전이 인간과 사회에 어떤 영향을 미치는지를 분석하고 전망한다는 데 있다. 정보사회의 과거와 현재, 그리고 미래를 제대로 이해하기 위한 필독서의 목록에《제3의 물결》은 가장 앞자리에 놓인다.

토플러의 후예들

토플러가 저술가로 성공한 이유 중 하나는 미국 시민사회라는 튼튼한 독자층이 있었기 때문이다. 어느 나라이건 시민사회에는 '학문적 청중'과 '대중적 청중'이 공존한다. 미국은 학문적 청중과 대중적 청중이 모두 발전한 이례적인 나라다. 더욱이 영어로 발표되는 책들의 경우 국제어로서의 영어가 갖는 위상을 고려할 때 지구적 차원에서 행사하는 파급력이 매우 크다.

대중적 청중을 겨냥한 미래학자로서 토플러의 성공은 이후 적지 않은 지적 후예들을 등장시켰다. 제러미 리프킨, 돈 탭스콧, 토마스 프리드먼 등은 대표적인 인물들이다. 토플러의 책처럼 이들의 책들 역시 출간되자마자 베스트셀러가 되고, 대중적 청중에게 상당한 영향을 미쳤다. 이들은 주로《제3의 물결》에서 다뤄진 정보사회와 이와 연관된 세계화를 분석함으로써 학문적 청중에게까지 작지 않은 관심을 모았다.

리프킨의 대표 저작은《노동의 종말》(1995)이다. 그는 이 저작에서 과학기술의 발달이 적지 않은 노동자들을 실업자로 전락시키는 암울한 미래를 경고했다. 정보사회의 도래가 정신노동마저 기계로 대체시킴으로써 인류는 노동으로부터 추방되는 낯선 시대의 문턱을 넘어서고 있다는 것이다. 그가 제시한 대안은 노동시간 단축과 제3부문 창출이다. 《노동의 종말》이외에 《엔트로피》, 《소유의 종말》, 《공감의 시대》, 《한계비용 제로 사회》등 리프킨의 책들은 발표될 때마다 큰 화제를 모았다.

탭스콧의 《디지털 네이티브》(2008)도 주목할 만한 책이다. 이 저작은 디지털 환경에서 성장해 성인이 된 본격적인 디지털 세대에 대한 흥미로운 연구서다. 나날이 진화를 거듭하는 디지털 시대와 디지털 세대에 대한 예리한 통찰을 선사한다. 프리드먼의 《세계는 평평하다》(2005)는 세계화에 대한 날카로운 분석을 제공하는 책이다. 국가와 기업을 넘어서 이제는 개인이 세계와 경쟁하는 시대가 시작됐다는 게 프리드먼의 메시지다.

오늘날 세계사회는 물론 한국사회를 이끌어가는 원동력은 세계화와 정보사회의 진전이다. 우리 인류가 산업혁명 이후 새로운 대전환의 문턱 위에 이미 올라서 있음은 부정하기 어렵다. 제4차 산업혁명이 빠른 속도로 가시화되는 상황에서 리프킨, 탭스콧, 프리드먼 등과 같은 이들의 책들을 읽어보는 것은 이제 선택이 아니라 필수인 것으로 보인다.

《제3의 물결》은 최근까지 여러 출판사들에 의해 우리말로 옮겨졌다. 토플러의 미래학 3부작으로 꼽히는 《미래 충격》과 《권력 이동》을 함께 읽어 보는 것도 좋다.

"개인들은
곧 사라질 것들로
이루어진 이 정글에서
스스로 명확한 전망을 세움으로써
자기의 길을 찾아야 한다."

28.
위험사회와 제2의 현대:
울리히 벡의《위험사회》

지식인이 자신의 이름을 알리는 방식은 두 가지다. 뛰어난 저작들을 연속 발표해 명성을 꾸준히 쌓아가는 게 하나라면, 참신한 테제를 담은 저작을 들고 혜성처럼 등장하는 게 다른 하나다. 미셸 푸코, 위르겐 하버마스, 앤서니 기든스가 전자를 대표하는 지식인이라면, 독일 사회학자 울리히 벡(Ulrich Beck, 1944~2015)은 후자를 대표하는 지식인이다. 1986년 벡은《위험사회: 새로운 근대를 향하여》(Risikogesellschaft: Auf dem Weg in eine andere Moderne)를 발표해 일약 세계적 지식인의 반열에 올라섰다.

오늘날 사회학자가 주조한 개념들 가운데 '위험사회'만큼 널리 알려진 개념도 드물다. 원전 사고에서 기후변화에 이르기까지 위험과 그로부터 비롯된 불안은 이제 우리 삶을 구성하는 한 요소가 됐다. 벡이 겨냥한 것은 현대사회가 위험사회라는 새로운 단계로 진입해 들어왔음을 주목해 현대성의 연속과 단절에 대한 새로운 이론화를 모색하는 데 있었다. 이러한 벡의 '위험사회론'은 즉각 논쟁을 일으켰고, 현대사회 탐구에 큰 영향을 미쳤다.

《위험사회》이후 벡의 지적 활동은 눈부셨다. 《사랑은 지독한 그러나 너무나 정상적인 혼란》(1990), 《정치의 재발견》(1993), 《세계화의 길》(1997), 《세계화 시대의 권력과 대항권력》(2002), 《글로벌 위험사회》(2007) 등을 발표함으로써 영국의 기든스, 프랑스의 피에르 부르디외와 함께 현대 유럽 사회학을 대표해 왔다. 어떤 사상이라 하더라도 시간적 구속으로부터 자유롭지 못하다. 시간이 지나면 낡아지고 영향력이 감소하기 때문이다. 그러나 벡의 위험사회론은 이러한 경향과는 반대로 시간이 흐를수록 그 위력이 증가해왔다.

《위험사회》의 주요 내용

위험사회는 벡의 사회사상의 키워드다. 《위험사회》에서 제시되고 이후 정교화된 위험사회론의 기본 아이디어는 다음과 같다. 위험사회란 위험이 사회의 중심적 현상이 되는 사회를 말한다. 위험사회의 핵심은 측정 가능한 위험과 측정 불가능한 불확실성 간의 경계, 객관적 위험 분석과 사회적 위험 인식 간의 경계가 불분명해진다는 데 있다.

벡은 위험사회의 성격을 다섯 가지로 요약한다. 첫째, 위험은 전염성이 강하다. 기존의 사회적 궁핍이 계급에 따라 차별적이었던 것에 반해, 위험은 무차별적이고 따라서 민주적이다. 빈자와 약자뿐만 아니라 부자와 권력자에게도 영향을 미치는 게 위험의 특징이다. 둘째, 위험은 그 진원이 되는 한 부분에 제한될 수 없다. 시민들은 '세계적 위험 공동체'의 구성원이 되고, 이와 연관해 '지구적 국내정치'가 등장한다. 셋째, 과학의 발전에 대응해 위험에 대한 인식이 낮아지는 게 아니라 오히려 높아진다. 넷째, 안전이라는 가치가 평등이라는 가치를 몰아낸다. 불안이 삶의 느낌을 규정하고, 위험으로부터의 보호를 위한 전체주의가 등장할 수 있다. 다섯째, 시민들의 불안이 증가함에 따라 '안전'은 물이나 전기처럼 공적으로 생산되는 소비재가 된다.

위험사회론에서 주목할 또 하나의 통찰은 위험사회의 도래가 가져오는 개인의 변화다. 벡에 따르면, 위험사회의 등장은 위험의 개인주의화를 낳는다. 현대성의 진행 결과 개인은 점차 독립적이 되지만, 그 독립은 새로운 대가, 즉 전문가에 의존하고 '인지적 주권'이 위협받는 상황에 노출된다. 이제까지 사회적으로 규정됐던 생애가 스스로 생산해야 하는 생애로 변화하는 개인주의화의 증가야말로 위험사회의 새로운 현상이라는 게 그의 주장이다.

벡은 이러한 위험사회의 도래에 대한 두 가지 대응을 주목한다. 하나는 현대 과학기술에 대한 성찰적 반성의 강화다. 이 성찰적 반성은 현대성과 탈현대성과 구별되는, 위험으로 인해 비판적 공론장이 형성되는 '제2의 현대'로서의 '성찰적 현대화'의 특징을 이룬다. 다른 하나는 환경, 반핵, 평화운동 등으로 나타나는 '하위정치'의 부상이다. 위험에 대한 대처는 정치가나 과학자에게만 맡겨지는 게 아니라 시민들의 적극적 개입에 의해서도 이뤄질 수 있다는 게 그의 결론이다.

위험사회에서 세계시민주의로

《위험사회》는 발표되자마자 뜨거운 반향을 일으켰다. 출간한 해에 일어난 러시아의 체르노빌 원전 사고는 벡을 일약 유명 지식인으로 만들었다. 전통적인 계급이론가들은 위험사회론이 불평등보다 위험을 더 중시하는 것에 대해 이의를 제기했다. 하지만 위험의 예기치 않은 분출을 더 이상 간과할 수 없다는 점에서 위험사회론은 서구 지식사회 안팎에서 커다란 환영을 받았다.

위험사회론에 이어 벡이 주력한 것은 세계화의 탐구다. 세계화에 대한 그의 연구가 집약된 저작들은 세계시민주의 3부작인《세계화 시대의 권력과 대항권력》,《코스모폴리탄 시각 또는》(2004),《코스모폴리탄 유럽》(2004)이다. 이 가운데《세계화 시대의 권력과 대항권력》은 세계화 시대에 자본·국가·시민사회운동 전략들을 비교·분석하고, 민족주의·사회주의·공산주의·신자유주의라는 이상이 역사적으로 마모된 이후 추구해야 할 새로운 이상으로서의 세계시민주의를 제안한다.

위험사회론에서 세계시민주의론에 이르는 벡의 지적 여정은 전후 현대사회의 구조적 변동과 개인적 대응에 대한 대표적인 사회학적 탐구로 평가할 만하다.《위험사회》가 발표된 지 40년이 지난 현재의 시점에서 볼 때 위험사회론의 통찰은 여전히 유효하다. 기후변화 등의 생태 위기와 과학기술의 발전은 위험사회론의 영향력을 앞으로 더욱 증가시킬 게 분명해 보인다.

위험이 세계화되는 성찰적 현대화의 규범적 질문에 대한 벡의 응답이 갖는 실천적 의미 역시 결코 작지 않다. 2016년 영국의 브렉시트에서 볼 수 있듯 오늘날에는 민족주의와 세계주의가 일대 충돌한다. 세계화 시대의 새로운 규범적 토대로서의 세계시민주의는 21세기 사회사상의 새로운 출발점을 제공하고 있다.

위험사회론과 한국사회

1997년《위험사회》가 우리말로 옮겨진 이후 위험사회론은 압축산업화를 경험한 우리 사회 현실을 판독하는 이론틀의 하나가 됐다. 적지 않은 사회과학자들과 자연과학자들은 벡의 이론틀에 기반을 둬 '위험사회로서의 한국사회'를 분석했다.

위험사회론의 유용성이 크게 주목된 것은 2014년 세월호 참사가 일어났을 때였다. 세월호 참사는 우리 사회가 벡이 말하는 생태위기의 '새로운 위험'은 물론 재난 대처 시스템 부재와 안전 불감증이라는 '오래된 위험'이 공존하는 '이중적 위험사회'임을 증거했다.

벡은 2014년 7월 한국을 방문해 중민사회이론연구재단 등이 주최한 국제학술대회에서 '해방적 파국: 기후변화 및 위험사회에 던지는 함의'라는 주제로 강연했다. 당시 벡은 세월호 참사를 어떻게 볼 수 있는지의 질문에 "정부의 무능과 무지를 드러내게 됐다"고 답하고, "정치적 결정, 처리 방식에 대해 아무도 책임지지 않는 것에 대해 국민들이 깨닫게 된다"고 지적했다. 이 과정에서 "정치 제도 자체에 대해 회의를 갖게 한다"고 비판하고, 결국 "정치와 제도의 정당성을 약화하는 결과를 가져온다"고 주장했다.

미세 먼지 증가와 가습기 살균제 피해 사건은 위험사회의 또 다른 증거들이다. 미세 먼지 증가가 급속한 산업화가 초래한 위험의 하나라면, 가습기 살균제 피해 사건은 위험에 대한 통제의 어려움과 중요성을 보여주는 사례다. 최근 우리나라를 자주 강타하는 폭염도 그 원인의 하나를 기후변화에서 찾을 수 있다는 점에서 위험사회의 또 하나의 징후다. 위험은 이제 시간과 공간의 구속에서 벗어나 사회 도처에서 시민들의 삶을 위협하고 있다.

벡이 강조하듯 제2의 현대에서 위험은 끊임없이 발생할 수밖에 없다. 과학기술의 발전은 생활의 편리함을 안겨주지만, 그 과학기술에 내재된 위험을 모두 측정하고 통제하는 데는 한계가 있기 때문이다. 과학기술과 더불어 살아갈 수밖에 없는 한, 위험의 완전한 제거가 아니라 위험의 가능한 한 최소화가 현실적인 대안인 셈이다.

위험사회의 그늘을 극복하기 위해선 정부 활동과 과학기술 발전에 대한 시민사회의 감시 및 통제를 강화하는 수밖에 없다. 위험사회의 정치학은 현재 우리 사회에 부여된 중대한 과제의 하나다.

《위험사회》는 사회학자 홍성태에 의해 우리말로 옮겨졌다. 위험사회론의 지구적 버전인 《글로벌 위험사회》는 철학자 이진우와 사회학자 박미애에 의해, 세계화를 다룬 《세계화 시대의 권력과 대항권력》은 사회학자 홍찬숙에 의해 번역됐다.

"왜 우리는 전세계적으로 나타나는
상반된 추세, 즉 지구화와 정체성,
네트와 자아 사이의 거리가
멀어져 가는 것을 보게 되는가?"

29.
정보 시대의 개인과 사회:
마누엘 카스텔의《정보 시대》

21세기를 규정하는 가장 유력한 두 개념은 정보 시대와 지구 시대다. 정보사회와 세계화의 도래는 사회제도는 물론 개인생활을 뒤흔들어 왔다.

정보 시대가 만개하기 시작한 1990년대에 이 시대의 특징을 깊이 있게 분석하고, 그 방향을 사려 깊게 탐색한 저작은 스페인 출신의 사회학자 마누엘 카스텔(Manuel Castells, 1942~)의《정보 시대: 경제, 사회, 문화》(The Information Age: Economy, Society and Culture, 1996~98)다.

사회이론가에게 자신이 속한 사회의 현재를 분석하고 미래를 전망하는 것은 중요한 과제다. 하지만 이 과제는 현실 분석의 설득력과 미래 전망의 통찰을 담고 있어야 한다는 점에서 쉽지 않은 일이다. 전후 70년 사회사상에서 지식과 정보의 중요성을 예견한 책들은 적지 않다. 피터 드러커의《단절의 시대》, 대니얼 벨의《탈산업사회의 도래》, 앨빈 토플러의《제3의 물결》은 그 대표적인 저작들이었다.《정보 시대》는 이러한 저작들의 연장선상에 놓인, 동시에 1990년대의 시점에서 정보사회의 선 자리와 갈 길을 탐색한 기념비적인 저작이었다.

카스텔은 1972년《도시 문제》를 발표해 도시사회학자로 자신의 학문 세계를 열었다. 1989년《정보 도시》를 발표해 정보사회학자로 변신한 그는《정보 시대》를 통해 사회학은 물론 정치학, 문화학, 매스 미디어 연구 등에 큰 영향을 미쳐 왔다. 특히 그가 주조한 '네트워크 사회'는 정보사회의 변동을 분석할 수 있는 유용한 개념으로 평가돼 왔다. 출간된 지 20여 년이 지나지 않았지만《정보 시대》는 이제 정보사회론의 고전으로 자리매김하고 있다.

《정보 시대》의 주요 내용

《정보 시대》 3부작은 〈네트워크 사회의 도래〉(1996), 〈정체성 권력〉(1997), 〈밀레니엄의 종언〉(1998)으로 이뤄져 있다. 카스텔에게 자본주의의 새로운 단계인 정보 자본주의를 생산·재생산하는 매개가 곧 '네트워크'다. 〈네트워크 사회의 도래〉는 네트워크가 무엇이고, 그것이 사회 전반에 어떤 영향을 미쳤는지를 분석한다.

카스텔에게 네트워크란 상호 연관된 결절(node)의 집합을 말한다. 그리고 네트워크 사회란 사회구조가 극소전자 기반의 정보와 커뮤니케이션 기술로 추진되는 네트워크로 구성된 사회를 뜻한다. 이 네트워크 사회의 등장은 네트워크를 통해 정보 전달 속도를 획기적으로 높였을 뿐 아니라 사회적 활동의 범위를 지구적으로 확대시켰다. 동시성과 지구성은 네트워크 사회가 갖는 중요한 두 특징이다. 〈네트워크 사회의 도래〉는 이러한 네트워크 사회의 역사·이론·경제·문화 등을 포괄적으로 분석한다.

카스텔은 정보사회보다 네트워크 사회라는 개념을 선호한다. 그는 지식정보의 역할 증가가 중요한 게 아니라 그 증가가 가져오는 사회적 결과, 다시 말해 자아와 사회 간의 변화가 중요하다고 주장한다. 그의 이러한 문제의식이 선명하게 드러난 저작이 〈정체성 권력〉이다. 이 책에서 그는 네트워크 사회에서 정체성의 의미를 묻고 그 정체성이 사회운동들에 미치는 영향을 분석한 다음, 정보 시대의 정치로서의 '스캔들의 정치'를 주목해 민주주의의 위기를 탐색한다.

〈밀레니엄의 종언〉은 〈네트워크 사회의 도래〉와 〈정체성 권력〉의 논의를 바탕으로 네트워크 사회의 등장이 가져온 세계사회의 역동적 변화를 추적한다. 산업적 국가통제주의의 위기와 소련의 붕괴, 극빈국 제4세계의 등장과 정보자본주의의 블랙홀인 사회적 배제의 다양한 형태, 세계적 범죄 경제, 동아시아의 발전과 위기, 유럽연합의 딜레마가 그 구체적인 내용을 이룬다.

요약하면, 《정보 시대》는 네트워크 사회라는 개념을 중심으로 정보 시대의 등장과 변동을 포괄적이면서도 심층적으로 분석한 저작이다. 카스텔은 네트워크를 가운데 두고 네트워크와 사회, 네트워크와 자아의 역동성을 탐구함으로써 정보사회론의 새로운 지평을 열어 보인다.

정보사회의 미래

《정보 시대》를 출간한 이후 카스텔이 발표한 저작들은《인터넷 갤럭시: 인터넷, 비즈니스, 사회에 대한 성찰》(2001),《네트워크 사회: 비교문화 관점》(2004)과《이동통신과 사회: 지구적 관점》(2007) 등이었다. 이 저작들에서 카스텔은 네트워크 사회론을 한층 정교화했다.

구체적으로《인터넷 갤럭시》에선 마셜 맥루언의 '구텐베르크 은하계'와 대비되는 새로운 커뮤니케이션 세계인 '인터넷 은하계'로의 진입을 주목했고,《네트워크 사회》에선 네트워크 사회의 경제·사회운동·문화 등을 분석했으며,《이동통신과 사회》에선 모바일 네트워크 사회의 등장에 초점을 맞췄다. 흥미로운 것은《이동통신과 사회》의 모바일 시민사회의 한 사례로 한국의 '노사모'(노무현을 사랑하는 사람들의 모임)를 다룬다는 점이었다.

정보 시대가 본격화된 이후 네트워크 사회를 포함한 정보사회의 미래에 대해선 낙관론과 비관론이 맞서 왔다. 낙관론은 정보기술이 더 많은 사람들에게 지식과 정보를 제공함으로써 평등한 사회관계와 민주주의에 기여하게 될 것이라고 봤다. 반면 비관론은 노동의 중요성이 감소하고 정보에 대한 국가의 통제가 강화됨으로써 불평등이 증가하고 민주주의의 위기가 초래될 수 있다고 주장했다.

정보 시대의 미래에 대한 카스텔의 전망은 조심스럽다. 그는 미래학자들의 과도한 낙관론이나 사회이론가들의 지나친 비관론을 모두 거부한다. 한 걸음 물러서서 볼 때 낙관론과 비관론은 정보사회의 동전의 양면을 이룬다. 카스텔에게 중요한 것은 근거가 취약한 낙관주의나 결정론적인 비관주의를 넘어서서 네트워크와 사회, 네트워크와 자아의 관계를 새롭게 재구성하려는 합리적 실천이다. 정보 시대에 대한 이러한 사유는 정보사회론의 출발점으로 삼아 마땅한 것으로 보인다.

정보사회와 SNS 공론장

네트워크 사회를 포함해 정보사회의 도래가 우리 사회에 중대한 영향을 미치기 시작한 것은 1990년대부터였다. 1997년 외환위기 이후 초고속 인터넷과 이동통신망이 빠른 속도로 확산되면서 정보기술혁명은 산업부문과 노동시장 및 고용구조를 재편시켰다. 나아가 선거 운동과 정권 교체의 정치변동은 물론 개인들의 사고방식과 생활 양식에도 큰 영향을 미쳤다.

정보사회의 진전과 연관해 최근 우리 사회에서 큰 관심을 끌어온 것 가운데 하나는 SNS(사회관계망서비스)의 등장이다. 페이스북·트위터 등으로 대표되는 SNS는 신문과 방송 등 제도화된 기성 공론장에 맞서는, 온라인에 기반을 둔 새로운 공론장이다. 이 SNS 공론장에서는 두 가지 특징을 주목할 수 있다.

첫째, SNS 공론장은 시간과 공간의 구속을 벗어난 유비쿼터스 공론장이다. 언제든지 실시간으로 연결하고, 현재 자신이 있는 장소에서 벗어나 가상 공간에 자유롭게 접속함으로써 소통을 활성화하고 여론을 형성한다. 둘째, SNS 공론장은 심미적 공론장의 성격이 두드러진다. 심미적 공론장이란 기존의 숙의적 공론장, 대항적 공론장과는 다른 형태의 공론장이다. 이 공론장에서는 개인의 정체성·내러티브·유희·감수성·이미지가 더욱 중시되고, 개인적 흥미와 사적인 이야기가 한층 강화된 경향을 보여준다.

주목할 것은 이러한 SNS 공론장이 긍정적인 측면만 갖고 있는 것은 아니라는 점이다. 기존 오프라인 공론장의 보수적 성향에 대응해 SNS 공론장이 진보적 담론 생신과 유통의 새로운 중심을 이뤘지만, 이는 다시 보수적 SNS 공론장의 능동화를 가져 왔다. 그 결과 최근 SNS에서는 진보 대 보수 간의 논쟁들이 과도할 정도로 치열하게 진행돼 왔다.

더불어 흥미로운 것은 이러한 SNS 공론장에서 개인주의적 경향 못지않게 공동체적 성향이 두드러진다는 점이다. 사이버 공간에서의 소통은 현실 공간에서의 소통보다 단절적이고 느슨한 형태를 띠지만, 동시에 이념과 직업, 취미 등을 매개로 한 공동체적 유대를 강화시키기도 한다. 정보사회의 도래는 대체로 개인주의를 확산시킨다. 그러나 SNS 공론장에서 볼 수 있듯 개인주의와 공동체주의가 공존하는 것은 한국 정보사회에서 관찰할 수 있는 또 하나의 사회적 풍경인 셈이다.

《정보 시대》 3부작은 여러 사람들에 의해 우리
말로 옮겨졌다. 《네트워크 사회의 도래》는 김묵
한·박행웅·오은주에 의해, 《정체성 권력》은 정
병순에 의해, 《밀레니엄의 종언》은 박행웅·이종
삼에 의해 번역됐다.

"그 결과 우리 시대는
개인화되고 사적으로 변한 근대,
유형을 짜야 하는 부담과
실패의 책임이 일차적으로
개인의 어깨 위로 떨어지는
시대가 되었다."

30.

모든 것은 흘러가고 개인화된다:
지그문트 바우만의《액체 현대》

전후 70여 년의 서구사회는 흔히 '진보의 시대'와 '보수의 시대'로 구분된다. 1950년대에서 1970년대까지의 '복지국가 시대'가 진보의 시대라면, 1980년대에서 2000년 이후 첫 10년까지의 '신자유주의 시대'는 보수의 시대다. 여기서 신자유주의 시대란 경제체제에 초점을 맞춘 역사 구분이다. 경제체제를 넘어서 전체 사회의 시각에서 지난 30여 년을 규정한 사회이론들 가운데 가장 흥미로우면서도 영향력 있는 시도의 하나가 지그문트 바우만(Zygmunt Bauman, 1925~2017)이 제시한 '액체 현대' 이론이다.

《액체 현대》(Liquid Modernity, 2000), 《액체 사랑》(2003), 《액체 인생》(2005), 《액체 공포》(2006), 《액체 시간》(2006), 《액체 현대 세계로부터의 편지》(2010), 《액체 현대 세계의 문화》(2011), 《액체 감시》(2012), 《액체 현대 세계의 관리》(2015). 바우만이 단독 또는 공저로 발표한 '액체 시리즈' 저작들이다.

지금 이 책을 읽는 독자들에게 질문을 하나 던질 수 있다. 최근 당신의 삶은 어떠했는가? 어느 한 곳에 고정되지 못한 채 부초처럼 떠다닌다는 느낌을 갖는가? 만일 그렇다면 당신은 바우만의 액체 현대 이론에 동의하게 될 것이다. 바우만 사상의 매력은 여기에 있다. 액체 시리즈를 통해 바우만은 1980년대 이후 세계사회를 특징지어온 자유와 불안, 애착과 공포를 다각도로 조명·분석함으로써 아카데미 안에 머물러 있던 사회이론을 시민들 삶 한가운데로 이동시켜 놓고 있다.

바우만은 폴란드 출신의 사회학자다. 유대인이란 이유로 폴란드에서 쫓겨난 그는 영국으로 이주해 왕성한 지적 활동을 벌였다. 그에게 세계적인 명성을 안겨준 저작은 《현대성과 홀로코스트》(1989)였다. 이 책에서 그는 비이성의 폭발과 문명의 파괴 현상인 유대인 집단 학살에서 관료제와 도구적 합리성이 그 조력자로서의 역할을 담당했음을 밝혀 현대성의 그늘을 고발했다. 이후 그는 액체 시리즈를 잇달아 발표해 서구 교양시민들로부터 큰 관심과 사랑을 받았다. 21세기에 들어와 서구 시민들에게 지적 영향을 미쳐온 사회학자들 가운데 바우만에 필적한 사람은 미국 사회학자 리처드 세넷 정도일 것이다.

《액체 현대》의 주요 내용

《액체 현대》는 액체 시리즈의 등장을 알린 첫 저작이다. 《액체 현대》를 위시한 일련의 저작들에서 바우만이 제시한 액체 현대 이론의 핵심은 다음과 같다.

바우만은 현재의 시대가 '고체(solid) 현대'에서 '액체(liquid) 현대'로 변화했다고 주장한다. 액체 현대란 현대의 '녹이는 힘'이 재분배되고 재할당되는 것을 말한다. 이 '액화하는 힘'은 체제를 '사회'로, 정치를 '생활 정책'으로, 사회적 공존의 '거시적 차원'을 '미시적 차원'으로 변화시킨다.

그 결과 우리 시대는 실패의 책임을 개인의 어깨 위에 부과하고 새로운 유형의 삶을 모색해야 하는, 다시 말해 모든 것들이 개인화하고 사적으로 변화하는 시대라는 게 바우만의 문제의식이다. 이러한 문제의식에 기반을 둔 그는 해방, 개인성, 시·공간, 일, 공동체의 다섯 영역에서 액체 현대의 현실을 다각도로 추적하고 분석한다.

바우만은 액체 현대로의 변동을 가져온 세 가지 원인을 주목한다. 사회적 측면의 '소비주의', 경제적 측면의 '신자유주의', 정치적 측면의 '기성 정치체제의 위기'가 그것이다. 그에 따르면 이러한 소비주의, 신자유주의, 기성 정치체제의 위기는 사회 구조와 개인 정체성을 모두 송두리째 뒤바꿔 놓았다. 구조적 차원에서의 대량 실업과 희망 없는 가난, 개인적 차원에서의 의미 없음과 외로움이 바로 그것들이다.

그렇다면 액체 현대에 어떻게 대응해야 할까? 바우만은 세 가지 대안을 제시한다. 액체 현대 상황을 정확히 인식하고, 권력에 대한 정치의 통제력을 회복하며, 현실에 대해 비판적 사유를 갖는 회의주의적 태도가 필요하다고 그는 강조한다. 특히 마지막 비판적 회의주의의 태도는 일찍이 1980년대에 그가 주장했던 권위적인 '입법자'를 넘어선 서로 다른 문화를 해석하고 중개하는 '해석자'로서의 시각에 맞닿아 있다.

액체 현대 이론의 명암

현대성이란 대략 17세기에 서유럽에서 시작해 전 세계적으로 확산돼온 제도와 문화를 지칭한다. 이러한 현대성의 이해와 분석을 둘러싼 토론은 20세기 후반 이후 인문·사회과학의 가장 중요한 논쟁의 하나였다. 논쟁의 초점은 현대성에 담긴 질적 변화에 대한 해석과 평가에 맞춰져 있었다.

다수의 사회이론가들은 자본주의와 민주주의로 특징지어지는 현대성 안에서 단계 구분이 가능하다는 견해를 내놓았다. 세계화와 정보사회의 진전이 가져온 새로운 단계의 제도적 특징을 앤서니 기든스와 울리히 벡이 '제2의 현대'로 개념화했다면, 소비주의와 신자유주의가 가져온 제도적 특징을 바우만은 액체 현대로 이론화했다.

액체 현대 이론의 장점은 사회를 구성하는 두 축인 구조와 정체성의 변화를 날카롭게 분석했다는 데 있다. 이 이론의 매력은 자유와 불안의 동시 증진이 액체 현대의 특징이라는 통찰에서 찾을 수 있다. 다른 한편, 액체 현대 이론은 파편화돼 가는 삶에 맞서는 대안의 탐구에서 아쉬움을 갖게 한다. 유동하는 불안과 공포에 어떻게 대응할 것인지에 대해 바우만은 비판적 회의주의라는 소극적 태도 이상의 대안을 제시하지 않는다.

앞서 나는 최근 당신의 삶이 어떠했는지에 대한 질문을 던졌다. 한편으로 자유롭지만 다른 한편으론 불안하고 두려운 불확실성의 시대가 우리 시대의 자화상이다. 이러한 시대에 어떤 삶을 추구해야 하는지의 실천적 태도를 모색하는 것은 현대인의 피할 수 없는 숙명이다. 오늘날 인간다운 삶의 태도를 갖기 위해선 먼저 이 유동하는 시대에 대한 정확한 이해가 선행돼야 한다. 바우만의 액체 시리즈를 읽어보는 것은 이러한 이해에 도달하기 위한 좋은 방법의 하나임이 분명해 보인다.

리처드 세넷의 신자유주의 비판

바우만의 액체 현대 이론에 대한 비판의 하나는 사회학자 리처드 세넷에 의해 이뤄졌다. 세넷은 바우만이 액체 현대에서 개인의 자유로움이 증진했다고 주장한 것과는 달리 액체 현대 시대인 신자유주의 아래서 이러한 증진이 이뤄지지 않았다고 주장한다.

세넷의 사회이론은 바우만의 사회이론 못지않게 신자유주의 시대에 대한 날카로운 사회학적 통찰을 보여준다. 세넷의 문제의식은 신자유주의가 우리 인간성을 부식시키는 체제라는 점을 적극적으로 분석하려는 데 있다. 이러한 문제의식이 잘 드러난 두 저작이 《신자유주의와 인간성의 파괴》(1998), 《뉴 캐피털리즘》(2006)이다.

세넷의 신자유주의 비판에서 주목할 두 개념은 '능력주의'와 '퇴출의 공포'다. 《뉴 캐피털리즘》에 따르면, 능력주의란 특별한 능력을 지닌 개인에게 더 많은 기회를 주기 위해 만들어진 이념이었다. 능력사회가 추구한 목적은 신분제적 특권에 맞서 능력을 갖춘 엘리트들 간의 경쟁을 활성화하려는 데 있었다.

문제는 최근 새로운 자본주의의 유연 조직들이 재능 및 성장 잠재력을 강조함으로써 한편으론 개인을 독려하지만 다른 한편으론 개인을 무력화하고 있다는 점이다. 이러한 무력감이 어느 날 갑자기 일자리를 잃을 수 있다는 느낌 또는 생각을 뜻하는 퇴출의 공포로 나타난다는 게 세넷의 분석이다.

능력주의가 강제하는 과도한 경쟁은 신자유주의의 대표적인 그늘이다. 세넷의 사회이론을 우리 사회 현실에 적용해 보면, '경쟁에 의한, 경쟁을 위한, 경쟁의 사회'야말로 우리 사회의 적나라한 현주소다. 밤 10시가 넘어서야 학원에서 집으로 돌아오는 아이들, 가야 할 직장이 없어도 스펙을 빼곡히 늘려야 하는 청년세대, 입사한 지 얼마 되지도 않았는데 동료들과 또 다른 경쟁을 벌여야 하는 30대, 그리고 직장에서 은퇴한 다음 치킨집을 열어도 거기에 또 다른 치열한 경쟁이 기다리는 50·60대는 바로 우리 사회의 정직한 자화상이다.

경쟁 없는 사회는 없다. 하지만 삶의 의미를 파편화하고 결국 부정해 버리는 경쟁체제로는 인간적인 사회를 열어갈 수 없다. 이 점에서 세넷의 신자유주의 비판은 우리 사회 현실을 이해하는 데 작지 않은 함의를 안겨준다.

《액체 현대》는 영문학자 이일수에 의해《액체 근대》라는 제목으로 우리말로 옮겨졌다. 바우만의 생생한 목소리를 들으려면 사회학자 노명우가 우리말로 옮긴 대담집《사회학의 쓸모: 지그문트 바우만과의 대화》가 유용하다.

"여러분의 가족과 친족을 합한
확대가족, 교회의 주일학교,
통근열차에서 포커를 하는
단골 회원들, 대학 기숙사 룸메이트,
회원으로 가입한 시민단체,
인터넷 채팅 그룹, 주소록에
적혀 있는 직업 관련 인물들의
네트워크, 이 모두가
사회적 자본의 한 형태이다."

31.

사회적 자본과 시민사회:
로버트 퍼트넘의 《나 홀로 볼링》

1990년대 이후 지구적 차원에서 큰 주목을 받은 사회과학 개념의 하나는 '사회적 자본(social capital)'이다. 사회적 자본은 지식사회는 물론 시민사회와 정치사회에서도 빈번히, 그리고 즐겨 쓰여왔다. 우리나라에선 2011년 이 개념을 타이틀로 한 TV 교양 프로그램까지 만들어졌다.

사회적 자본이란 개념을 학문적으로 정착시킨 이들은 프랑스 사회학자 피에르 부르디외와 미국 사회학자 제임스 콜먼이었다. 이들의 연구에 기반을 둬 이 말을 더욱 널리 알린 이는 미국 정치학자 로버트 퍼트넘(Robert Putnam, 1941~)이었다. 퍼트넘은 1995년 〈나 홀로 볼링〉이란 논문을 발표했다. 부제가 '미국의 쇠퇴하는 사회적 자본'인 이 논문은 즉각 미국사회에서 사회적 자본에 대한 논쟁을 일으켰다. 2000년 그는 이 논문의 아이디어를 바탕으로 한 저작 《나 홀로 볼링: 미국 커뮤니티의 붕괴와 소생》(Bowling Alone: The Collapse and Revival of American Community)을 발표해 지구적 관심을 다시 한 번 끌어 모았다.

《나 홀로 볼링》에 앞서 퍼트넘에게 정치학자로서의 명성을 안겨 준 저작은 《사회적 자본과 민주주의》(1994)였다. 이 저작에서 그는 남부와 북부 이탈리아의 비교를 통해 민주주의와 경제발전이 사회적 자본의 축적과 발전에 기초하고 있음을 주장했다. 이러한 그의 관심이 미국의 사회적 자본에 대한 분석인 《나 홀로 볼링》으로 이어진 셈이었다. 주목할 것은 퍼트넘의 이론이 미국사회를 넘어서 다른 사회에 던지는 함의가 결코 작지 않다는 점이다.

《나 홀로 볼링》의 주요 내용

《나 홀로 볼링》은 총 5부로 이뤄져 있다. 미국사회의 변화를 다룬 〈서론〉(제1부)에 이어 〈시민적 참여와 사회적 자본의 변화 경향〉(제2부), 〈사회적 참여의 쇠퇴 원인〉(제3부), 〈사회적 자본의 기능〉(제4부), 〈무엇을 할 것인가〉(제5부)가 탐구된다.

저작 전체를 관통하는 개념은 사회적 자본이다. 퍼트넘에 따르면, 사회적 자본이란 개인들 사이의 연계, 이로부터 발생하는 사회적 네트워크, 호혜성(reciprocity)과 신뢰의 규범을 의미한다. 사회적 자본은 다양한 모습들로 나타난다. 구체적으로 가족과 친족을 합친 확대가족, 교회의 주일학교, 통근열차에서 포커를 하는 단골 회원들, 대학 기숙사 룸메이트, 회원으로 가입한 시민단체, 인터넷 채팅 그룹, 주소록에 적혀 있는 직업 관련 인물들의 네트워크 등이 그것들이다.

퍼트넘은 사회적 자본과 이와 연관된 시민적 참여가 미국에서 20세기 첫 60년에는 발전해 왔지만, 이후에는 점차 쇠퇴해 왔다고 분석한다. '더불어'가 아니라 '나 홀로' 볼링을 친다는 책 제목은 사회적 자본의 쇠퇴에 대한 은유다. 그는 이러한 쇠퇴의 원인으로 세대교체, 텔레비전, 장거리 출퇴근, 맞벌이 부부 등을 지적한다. 이 가운데 가장 큰 영향을 미친 것은 베이비붐 세대와 X세대의 등장에서 볼 수 있는 세대교체다.

주목할 것은 퍼트넘이 사회적 자본을 '결속형'과 '연계형'으로 구분한다는 점이다. 결속형이 혈연·지연·학연과 같은 내부지향적이고 배제적인 유형을 말한다면, 연계형은 공적 시민단체에 참여하는 것과 같은 외부지향적이고 포섭적인 유형을 지칭한다. 그는 현내사회에서 연계형의 사회적 자본이 증가해야 한다고 주장한다.

요컨대, 퍼트넘에게 사회적 자본이란 시민적 참여를 증가시키고 삶을 더욱 건강하고 행복하게 만드는 원동력으로서의 의미를 갖는다. 결론에서 그는 미국에서 쇠퇴한 사회적 자본을 소생시키기 위한 역사적 교훈과 현실적 방안을 탐구한다. 그는 공동체적 유대를 회복하기 위해 학교에서 매스 미디어를 거쳐 정부에 이르는, 개인은 물론 제도를 포괄하는 사회 전체에서의 변화를 강조한다.

'사회적 자본'을 둘러싼 논쟁

앞서 말했듯《나 홀로 볼링》은 논문으로 먼저 출간됐다. 이 논문에서 제시된 주장, 즉 시민사회가 허약하면 시민적 연대 및 사회적 신뢰가 약화된다는 견해는 즉각 논쟁을 일으켰다.

강한 시민사회가 성숙한 민주주의의 조건이라는 것은 시민사회 이론가들이 즐겨 강조하는 명제다. 하지만 강한 시민사회가 강한 민주주의로 귀결되기 위해선 이 둘 사이에 정당을 포함한 성숙한 정치제도가 매개될 필요가 있다. 미국 정치학자 셰리 버먼은 1920~1930년대 독일의 경험을 사례로 강한 시민사회의 존재가 이를 수용할 수 있는 정치제도가 취약한 탓에 오히려 나치즘의 등장에 기여했다고 주장했다. 버먼은 시민사회와 민주주의 간의 복합적 관계를 주목해 퍼트넘의 단선적인 논리를 비판했다.

저작《나 홀로 볼링》에 대해선 긍정적 평가와 부정적 비판이 공존했다. 긍정적 시각에서《나 홀로 볼링》은 사회적 자본에 초점을 맞춰 미국 시민사회와 민주주의의 쇠퇴를 일목요연하게 분석했다는 평가가 이뤄졌다. 하지만 부정적 관점에서 시민사회와 민주주의의 쇠퇴를 가져온 것은 사회적 자본이라기보다 신자유주의가 강제하는 과도한 경쟁에 있다는 비판 또한 제기됐다.

길게 보면 퍼트넘의 사회적 자본 이론은 시민적 습속과 문화를 중시하는 토크빌적 시민사회론의 전통에 놓여 있다. 이 전통은 자본주의와 계급관계를 중시하는 그람시적 시민사회론의 전통과는 상이한 흐름이다. 토크빌적 전통이 주목하는 자발적 결사체와 시민문화는 강한 시민사회를 이루기 위한 필요조건이다. 연대와 협력의 성숙한 시민사회가 민주주의와 경제발전의 충분조건이 아니더라도 필요조건임은 분명하다. 강하고 성숙한 시민사회를 어떻게 구축 또는 재구축할 것인지는 미국사회뿐만 아니라 다른 사회들에서도 매우 중대한 과제다.

사회적 자본론과 한국사회

사회적 자본에 관한 국내 연구를 주도한 이들은 사회학자들이었다. 사회학자 김용학, 이재열, 이재혁, 박찬웅 등은 사회적 자본과 신뢰에 관한 이론을 국내에 소개하고, 한국 사회 분석에서 이 이론이 갖는 의미를 분석했다. 이들의 연구는 1998년 외환위기 발생과 맞물려 학계 안팎에서 상당한 관심을 모았다.

사회학자 강수택은 사회적 신뢰를 중심으로 국내외에서 이뤄진 연구들을 정리하고 평가하는 논문 〈사회적 신뢰에 관한 이론적 시각들과 한국사회〉(2003)를 발표했다. 그는 루만의 체계이론, 콜먼의 합리적 선택이론, 웨이짓 등의 상징적 상호작용론, 바잇커스의 사회현상학, 기든스의 역사사회학, 후쿠야마와 퍼트넘의 이론들을 비교하고, 앞서 언급된 국내 사회학자들의 연구들을 평가했다. 강수택은 생활세계에서의 신뢰 상실을 주목하고 이에 대한 대안으로 공감적 상호주관성에 기반을 둔 신뢰 형성을 제안했다.

사회적 자본 이론이 미친 영향은 텔레비전 프로그램에서도 볼 수 있다. 2011년 KBS는 특별기획 3부작 《사회적 자본》을 방영했다. 황진성·조영중 프로듀서가 만든 이 프로그램은 사회적 자본의 이론과 현실을 흥미로우면서도 설득력 있게 전달했다. 제1편은 〈모든 것을 바꾸는 한 가지, 신뢰〉, 제2편 〈승리자의 언어, 소통〉, 제3편의 제목은 〈호모 에코노미쿠스의 변신, 협력〉이었다.

이 기획은《트러스트》의 저자 프랜시스 후쿠야마, 노벨 경제학상을 받은 엘리너 오스트롬, 행동경제학 전문가 찰스 플롯의 인터뷰를 싣는 등 TV 프로그램이 갖는 장점을 잘 살렸다. 3부작《사회적 자본》은 이기심을 부추기는 무한경쟁과 승자독식을 넘어 신뢰·소통·협력을 중시하는 이타심에 기반을 둔 사회적 자본이 미래 발전의 원동력임을 강조했다.

최근 들어 사회적 자본에 대한 관심과 열기가 과거만은 못하다. 그 까닭은 이 이론의 중요성이 줄어들었다는 데 있다기보다 그 설득력이 널리 받아들여지고 있다는 데서 찾을 수 있다. 퍼트넘이 강조하듯 사회적 참여는 시민사회와 민주주의 발전에 매우 중요한 요소다. 뿐만 아니라 개인적 삶과 사회적 제도에 결코 작지 않은 활력을 불어넣기도 한다.

《나 홀로 볼링》은 정치학자 정승현에 의해 우리
말로 옮겨졌다. 이탈리아 사례를 분석한 《사회
적 자본과 민주주의》는 정치학자 안청시 등에 의
해 번역됐다.

Ⅴ. 문화·여성·환경·지식인

마지막 5부에서는 문화, 여성, 환경, 지식인 문제를 다룬 이들의 사상을 살펴본다. 다양한 분야인 만큼 전공 또한 인류학에서 언어학에 이르기까지 다채롭다. 문화, 여성, 환경, 지식인 문제는 대중적 관심이 큰 만큼 토론과 논쟁이 치열하게 이뤄진 영역이다.

여기서 먼저 주목하려는 사상가는 클로드 레비-스트로스다. 레비-스트로스는 전후 사회와 문화 연구에서 일대 혁명을 일으킨 구조주의의 창시자다. 구조란 변화하지 않는 법칙·원리·틀을 말한다. 행위가 아닌 구조가 사회와 문화를 재생산시킨다는 구조주의를 잘 설명하는 저작이 레비-스트로스의《야생의 사고》다.

레비-스트로스에 이어 구조주의와 탈구조주의를 이끈 이들은 자크 라캉, 루이 알튀세르, 미셸 푸코, 롤랑 바르트다. 여기서 다루지는 않았지만 라캉의《에크리》, 알튀세르의《자본론 독해》, 푸코의 《말과 사물》, 바르트의《현대의 신화》는 읽어볼 만한 가치를 갖는다.

전후 문화에 연관된 주제를 다루는 데 마셜 맥루언, 수전 손택,

에드워드 사이드 또한 주목 받아 마땅하다. 맥루언의《미디어의 이해》가 '미디어는 메시지다'라는 주장을 통해 커뮤니케이션 연구에 바람을 일으켰다면, 손택의《타인의 고통》은 이미지 분석을 통해 문화 연구에 깊이를 더했다. 에드워드 사이드의《오리엔탈리즘》은 서구 문화와 사상에 내재한 서구중심주의를 비판해 기성 인문·사회과학의 근본적 반성을 촉구했다.

문화가 정신적 활동을 말한다면, 문명은 물질적 활동을 의미한다. 지난 20세기에 문명을 연구한 대표적 사상가는 아놀드 토인비와 페르낭 브로델이다. 이들에 이어 문명 연구를 더욱 대중화시킨 이는 재레드 다이아몬드다. 그의《총, 균, 쇠》는 문명의 발전과 불평등에 관심을 가진 이들의 폭발적인 관심을 모았다. 최근 유발 하라리의《사피엔스》도《총, 균, 쇠》의 뒤를 잇는 빅 히스토리의 흥미로운 저작이다.

페미니즘과 생태주의의 도전은 전후 사상의 역사에서 주목할 만한 현상이다. 성평등, 인간과 자연의 공존은 더 이상 유보할 수 없는 가치다.

페미니즘에 대해선 베티 프리단의《여성의 신비》를 주목했다. 프리단은 여성에게 가정이란 편안한 포로수용소에 불과하다고 주장함으로써 전후 페미니즘의 새로운 지평을 열었다. 이외에도 페미니즘의 발전에 크게 기여한 책들은 적지 않다. 시몬 드 보부아르의《제2의 성》, 케이트 밀렛의《성의 정치학》, 뤼스 이리가라이의《하나이지 않은 성》, 주디스 버틀러의《젠더 트러블》은 여기서 다루지는 않았지만 주목할 만한 저작들이다.

생태주의에 결정적 영향을 미친 저작은 레이첼 카슨의《침묵의 봄》이다.《침묵의 봄》은 현대 과학의 발전이 가져오는 환경위기를 고발함으로써 인간과 자연의 공존을 추구하는 생태적 사유에 대한 대중적 관심을 촉발시켰다. 아르네 네스와 동료들의《산처럼 생각하라》, 머레이 북친의《사회생태학의 철학》, 앙드레 고르의《생태학으로서의 정치학》은 생태학의 발전에 크게 기여한 저작들로 기억할 수 있다. 관심 있는 독자들에게 권하고 싶은 책들이다.

헬레나 노르베리-호지의《오래된 미래》는 이채로운 저작이다. 《오래된 미래》는 티벳 고원에 위치한 라다크의 사회변동을 추적함으로써 서구식 개발이 가져온 경쟁과 소외를 고발했다. 인간과 자연의 공존, 인간과 인간의 연대를 가능하게 하는 지속가능성에 대한 모색은 21세기에 들어와 갈수록 중요성이 더해지는 발전의 새로운 목표라 할 수 있다.

전후 지식인 문제를 다룬 대표적인 이들로는 장 폴 사르트르와 놈 촘스키를 꼽을 수 있다. 사르트르의《지식인을 위한 변명》과 촘스키의《권력과 전망》은 널리 알려진 저작들이다. 사르트르가 계급과 지식인의 관계를 주목한 반면, 촘스키는 권력과 지식인의 관계를 부각시킨다. 촘스키에게 지식인의 책무는 권력의 허위와 폭력을 폭로하는 데 있다.

전후 사상의 역사에서 촘스키만큼 큰 관심을 모으고 뜨거운 논란을 일으킨 지식인도 드물다. 그의 삶은 지식인의 사회적 책임을 중시하는 공적 지식인의 표본을 이뤘다.

"야생의 사고는
우리들의 사고와 같은 의미에서
그리고 같은 방식으로 논리적이다."

32.

미개와 문명의 이분법을 넘어서:
클로드 레비-스트로스의《야생의 사고》

19세기 이후 서양 사상을 이끈 양대 축은 독일의 관념론적 전통과 영미의 실용주의적 전통이다. 이 흐름 속에 프랑스 사상이 놓인 자리는 이채롭다. 오귀스트 콩트와 에밀 뒤르케임의 실증주의가 영미적 전통과 친화성이 높았다면, 장 폴 사르트르와 모리스 메를로-퐁티의 실존주의 및 현상학은 독일적 전통과 맞닿아 있었다. 제2차 세계대전 이후 영미와 독일의 전통에 대응해 프랑스 사상의 독자적인 전통을 구축한 게 구조주의였다.

구조주의는 인식론에서 사회이론에 이르기까지 주체보다 구조를 중시한 사상의 혁명이었다. 클로드 레비-스트로스(Claude Levi-Strauss, 1908~2009)의 구조주의 인류학, 루이 알튀세르의 구조주의적 마르크스주의, 롤랑 바르트의 구조주의 기호학, 그리고 구조주의로부터 큰 영향을 받은 미셸 푸코의 포스트구조주의 사회이론은 1960~80년대 서구 인문·사회과학에 큰 영향을 미쳤다. 이들에 더하여 구조주의와 직·간접적인 영향을 주고받은 자크 라캉의 정신

분석학, 자크 데리다와 질 들뢰즈의 철학, 그리고 페르낭 브로델과 에마뉘엘 르 루아 라뒤리의 역사학까지를 고려하면 이 시기야말로 프랑스 사상의 전성 시대였다.

이러한 구조주의의 창시자가 레비-스트로스였다. 미국 역사학자 H. 스튜어트 휴즈는 1930~60년의 프랑스 사회사상을 다룬《막다른 길》을 통해 '마르크 블로크와 뤼시앵 페브르의 역사학에서 사르트르와 메를로-퐁티의 철학에 이르는 절망의 시대에서 새로운 출구를 제공한 것의 하나가 레비-스트로스의 인류학'이라고 주장했다. 아메리카 원주민에 대한 인류학적 연구를 통해 레비-스트로스는 인간의 보편적인 사유 구조를 발견함으로써 막다른 통로에서 벗어날 길을 제시했다.

《슬픈 열대》(1955), 《구조 인류학》(1958), 《야생의 사고》(La pensée sauvage, 1962), 《오늘날의 토테미즘》(1962), 《신화학》(1: 날것과 익힌 것, 2: 꿀에서 재까지, 3: 식사예절의 기원, 4: 벌거벗은 인간, 1964~71)은 이 막다른 길을 비춘 등불들이었다.

《야생의 사고》의 주요 내용

《슬픈 열대》에서 레비-스트로스는 자신의 학문적 출발을 이룬 세 가지 사유로 지질학, 정신분석학, 마르크스주의를 꼽았다. 세 사유의 공통점은 표층이 아니라 심층을 주목했다는 데 있다. 개인적 삶이든 사회적 생활이든 그 안에는 오랜 시간 변화하지 않는 법칙과 원리, 틀이 존재하는데, 그것들을 통칭해 '구조'라고 부른다. 레비-스트로스가 관심을 가진 것은 바로 이 구조였다. 그는 페르디낭 드 소쉬르와 로만 야콥슨의 언어학을 응용해 언어와 문화에 내재하는 '이항적 대립'을 분석함으로써 사회를 재생산하는 구조를 발견하고 구조주의를 이론화했다.

《야생의 사고》는 구조주의자로서의 레비-스트로스의 문명론과 사회사상에 담긴 독창성을 대표하는 저작이다. 그는 '문명의 사고'와 '미개의 사고'의 이분법을 거부한다. 미개의 사고는 문명의 사고보다 결코 열등하지 않은 야생의 사고다. 이 야생의 사고가 일관된 질서가 존재하는 '구체의 과학'이라는 게 그의 주장이다.

그에 따르면, 인류학자들이 즐겨 다루는 토테미즘은 신화적 사고로서의 야생의 사고가 갖는 특징을 잘 드러낸다. 토테미즘에는 사물들의 분류체계와 위계질서의 기초가 담겨 있다. 다시 말해, 토테미즘은 미개인의 종교적 현상이 아니라 인간 사유의 보편적 특성을 보여준다는 게 그의 분석이다.

야생의 사고에 대한 다양하고 치밀한 논증에 기초해 책의 결론에서 레비-스트로스는 사르트르의 실존주의적 마르크스주의를 검토한다. 그는 변증법적 이성을 분석적 이성의 우위에 두는 사르트르의 철학이 '자기 중심주의', '서유럽 중심주의'에 불과하다고 비판한다. 현재의 관점에서는 당연한 견해이지만, 1960년대 초반 당시 그의 이러한 비판은 서구 중심주의적 사유를 해체하는 중요한 사상적 거점을 제공했다. 그가 겨냥한 것은 문화와 사회에 대한 보편적인 인간과학의 확립이었다.

구조주의의 성취와 한계

레비-스트로스의 구조주의에 대해선 프랑스 안팎에서 격렬한 논쟁이 진행됐다. 프랑스 안에서 사르트르는 구조주의가 인간의 자유를 부정한다고 비판했고, 앙리 르페브르는 레비-스트로스 이론에 내재된 반(反)정치적 성향을 비난했다. 하지만 레비-스트로스를 지지하는 이들은 적지 않았다. 당시 젊은 세대였던 알튀세르, 푸코, 데리다 등은 레비-스트로스의 구조주의에서 새로운 이론적 아이디어를 빌려 왔다. 1960년대 중반 이후 프랑스 지식사회에서 구조주의·포스트구조주의가 실존주의를 대신해 새로운 지적 헤게모니를 획득한 것은 레비-스트로스가 미친 영향을 증거했다.

프랑스 밖에서도 레비-스트로스의 구조주의는 '뜨거운 감자'였다. 레비-스트로스가 구조주의 방법론을 활용해 무의식의 정신 구조와 이와 연관된 문화를 분석한 것은 인문·사회과학의 새로운 이론적 성취로 평가됐다. 하지만 정신의 심층 구조를 사회의 가장 근본적인 구조로 파악하는 그의 주장에는 동의하기 어렵다는 비판 또한 제기됐다. 레비-스트로스의 구조주의는 역사와 사회에 대한 자원주의적 해석에 맞서는 중대한 도전이었다.

전후 사상의 역사에서 구조주의는 포스트구조주의의 등장에 영향을 미쳤고, 포스트구조주의는 포스트모더니즘에 철학적 기반을 제공했다. 1970년대 이후 프랑스 포스트구조주의는 독일 비판이론과 함께 유럽 사회사상의 양대 축을 이뤄 왔다.

현재의 시점에서 볼 때 구조와 주체의 관계를 어떻게 파악할 것인지는 사회이론 및 사상의 핵심적인 질문이다. 누가 역사를 만드는가? 주체인가 아니면 구조인가? 과도한 구조결정론도 동의하기 어렵지만, 지나친 자원주의도 승인하기 어렵다. 진리를 과학적으로 탐구하는 게 학문의 본령이라면, 레비-스트로스는 구조의 중요성을 주목해 인간과 사회에 대한 과학적 이해에 작지 않은 기여를 한 셈이다.

레비-스트로스와 한국사회

국내에서 레비-스트로스에 대한 관심이 높았던 때는 세 번 있었다. 첫 번째는 1981년 그가 정신문화연구원(현 한국학중앙연구원)의 초청으로 우리나라를 방문했을 때였다. 서구 석학들이 한국을 방문하면 발표와 인터뷰를 마치고 이내 떠나게 되는데, 레비-스트로스는 3주 정도 머물면서 한국 문화를 관찰했다. 그가 전통문화 탐방을 방문 조건으로 내건 것은 현지 조사를 중시한 인류학자다운 태도였다. 당시 레비-스트로스는 경주와 안동, 그리고 양산의 통도사를 방문했다.

두 번째는 2008년 그의 탄생 100주년을 맞이했을 때였다. 한국기호학회는 덕성여대에서 '레비-스트로스 탄생 100주년-구조·탈구조와 우리'라는 주제로 학술대회를 개최했다. 세 번째는 그의 죽음을 기리기 위해 2010년 콘퍼런스를 열었을 때였다. 한국문화인류학회는 전북대에서 '현대문명과 우리 안의 슬픈 열대'를 주제로 학술대회를 개최했다. 이 대회에서 인류학자 이광규·강신표·임봉길이

레비-스트로스의 학문적 성과를 조명하는 발표를 맡았다.

인문·사회과학 전반에 레비-스트로스가 본격적으로 알려진 것은 1980년대 후반 이후였다. 동구 사회주의가 몰락한 후 진보 학계 안에서 마르크스주의에 대한 관심이 구조주의·포스트구조주의로 이동하면서 그는 알튀세르, 푸코, 라캉, 데리다와 함께 주목을 받았다. 《야생의 사고》를 필두로 그의 저작들은 프랑스 사상을 공부하기 위한 필독서가 됐다.

하지만 알튀세르, 푸코, 라캉, 데리다와 달리 레비-스트로스는 열렬한 옹호자들을 갖지는 못했다. 그 까닭은 레비-스트로스가 어디까지나 아카데미 인류학자이고, 그의 우선적 관심이 정치적 실천이 아닌 문화 분석에 맞춰졌기 때문이다. 《신화학》을 포함해 그의 이론을 제대로 이해하기가 쉬운 일은 아니었다. 구조주의·포스트구조주의 열풍이 잦아들면서 레비-스트로스에 대한 관심은 줄어들었다.

《야생의 사고》가 보여주듯 레비-스트로스의 이론은 서구 중심주의를 해체하려는 착상과 이론틀을 제공했다. 서구 중심주의를 넘어서 우리 사회 안에 존재하는 보편성과 특수성을 해명하는 것은 우리 인문·사회과학의 매우 중대한 과제다. 레비-스트로스를 읽어야 할 이유는 여전히 충분하다.

《야생의 사고》는 안정남에 의해 우리말로 옮겨
졌다. 레비-스트로스의 이름을 널리 알린 《슬픈
열대》를 함께 읽어보면 좋다.

"죽은 듯 고요한 봄이 온 것이다.
전에는 아침이면 울새, 검정지빠귀,
산비둘기, 어치, 굴뚝새 등
여러 새의 합창이 울려 퍼지곤 했는데,
이제는 아무런 소리도 들리지 않았다.
들판과 숲과 습지에
오직 침묵만이 감돌았다."

33.

환경 위기의 선구적 계몽:
레이첼 카슨의 《침묵의 봄》

먼저 두 구절을 소개하면서 이야기를 시작하고 싶다.

"낯선 정적이 감돌았다. 새들은 도대체 어디로 가버린 것일까? (…) 전에는 아침이면 울새, 검정지빠귀, 산비둘기, 어치, 굴뚝새 등 여러 새의 합창이 울려 퍼지곤 했는데, (…) 들판과 숲과 습지에 오직 침묵만이 감돌았다."

"체르노빌에서는 '모든 것 후'의 삶이 더 기억에 남는다. 사람 없는 물건, 사람 없는 풍경…. 목적지 없는 길, 목적지 없는 전선…. 또 생각해 보면, 이것은 과거일까, 미래일까?"

첫 번째는 환경 보존의 중요성을 선구적으로 일깨운 미국 생물학자 레이첼 카슨(Rachel Carson, 1907~1964)이 발표한 《침묵의 봄》(Silent Spring, 1962) 제1장의 한 구절이며, 두 번째는 2015년 노벨 문학상을 받은 벨라루스의 작가 스베틀라나 알렉시예비치가 발표한 《체르노빌의 목소리》에 나오는 '독백적 인터뷰'의 한 구절이다. 살충제의 위험을 경고한 《침묵의 봄》과 원전 참사의 결과를 고발한

《체르노빌의 목소리》는 생태적 계몽을 선사한다.

전후 사상의 역사에서 가장 주목할 만한 도전은 생태주의, 페미니즘, 포스트모더니즘이었다. 이 세 가지 사유는 인간 중심주의, 남성 중심주의, 이성 중심주의를 전면적으로 비판했다. 카슨의 《침묵의 봄》은 지식사회는 물론 일반 시민들에게 인간과 자연의 공존을 추구하는 생태학이 왜 중요한지를 알려준 저작이었다.

정치가는 권력으로, 기업가는 자본으로 세상을 뒤흔든다. 지식인이 책으로 세상을 뒤흔들 수 있다면, 《침묵의 봄》만큼 적절한 저작을 찾기 어렵다. 미국 사회생물학자 에드워드 윌슨은 이 책을 해리엇 스토의 《톰 아저씨의 오두막》과 존 뮤어의 《미국의 국립공원》의 반열에 올려놓는다. 스토가 노예제도 폐지에, 뮤어가 국립공원 설립에 중대한 기여를 했듯, 카슨은 국가환경정책법 제정과 환경보호국 신설에 결정적 영향을 미쳤다. 《침묵의 봄》이 미국사회에 가져온 변화였다.

《침묵의 봄》의 주요 내용

《침묵의 봄》은 총 17장으로 이뤄져 있다. 봄이 와도 새들이 울지 않는다는 내용의 〈내일을 위한 우화〉로 시작하는 이 책에서 카슨이 다루는 내용은 크게 두 가지다.

첫째, 살충제를 비롯한 독성 화학물질이 자연을 얼마나 파괴하는지를 실증적으로 분석한다. 한 번 투여된 독성 물질은 분해되지 않은 채 축적되며, 결국 생태계를 죽음의 세계로 이끌어간다. 둘째,

독성 물질은 인류에게도 큰 영향을 미친다. 카슨은 인간에게도 안전지대란 없고, 현재의 인간은 물론 미래의 인간까지 오염시킬 수 있음을 경고한다.

지구의 모든 생명체의 권리를 옹호하려는 게 카슨의 핵심 아이디어다.《레이첼 카슨: 환경운동의 역사이자 현재》라는 카슨 평전을 쓴 윌리엄 사우더에 따르면,《침묵의 봄》을 관통하는 메시지는 지상의 모든 생명체가 생화학적 진화의 역사를 공유하기 때문에 합성 유독물질이 특정 유기체만 표적으로 삼는다는 생각은 어리석고 그릇된 것이라는 데 있다.

《침묵의 봄》은 출간되기 직전 주요 내용이 주간지《뉴요커》에 연재됐는데, 논쟁은 이때부터 격렬하게 진행됐다. 살충제제조사를 포함한 기업들은 카슨이 살충제의 위험을 과장·왜곡한다고 비판했다. 어떤 이들은 카슨이 공산주의자라고 모함했다. 하지만 미국 국민 다수는 카슨의 편이었다.《침묵의 봄》은 출간 2년 만에 100만부가 팔렸다. 이 책을 읽은 시민들은 살충제가 생명에 얼마나 위험한 것인지 깨닫게 됐다.

카슨은 생태주의자인 동시에 현실주의자다. 그는 살충제 등 독성 화학물질의 사용을 전면적으로 거부한 게 아니라 건강 보호와 생태계 보존을 고려해 신중하고도 제한적으로 사용할 것을 제안했다. 카슨이 대안으로 제시한 것은 미국의 시인 로버트 프로스트가 제시한 '가지 않는 길'이었다. 카슨은 편리함과 생명을 맞바꾸는 길을 버리고, 지구를 보호하며 생명체를 존중하는 길을 선택하는 것이 우리의 의지에 달려 있다고 주장했다.

카슨 이후 생태학의 발전

《침묵의 봄》은 현대 과학의 발전이 어떻게 환경 위기를 초래하는지를 설득력 있게 전달함으로써 이후 생태학 발전에 결정적 계기를 제공했다. 생태학의 주요 흐름을 이뤄온 아르네 네스의 심층생태학, 머레이 북친의 사회생태학, 앙드레 고르의 정치생태학 모두 《침묵의 봄》으로부터 크고 작은 영향을 받았다.

《침묵의 봄》은 특히 노르웨이 생태학자인 네스에게 큰 영감을 선사했다. 네스는 카슨과 함께 생태학의 선구자 중 한 사람인 미국의 알도 레오폴드가 《모래 군(郡)의 열두 달》에서 주장한 '산처럼 생각하기'를 다시 한 번 강조했다. '산처럼 생각하기'는 인간중심적 관점을 넘어 생태계 전체 관점에서의 사유를 촉구했다. 이 말에는 우리 인간이 생물권의 일부일 따름이고, 다른 모든 생물체에 대한 책임을 자각해야 한다는 메시지가 담겨 있다.

일본 후쿠시마 원전 참사, 미세먼지와 옥시 사태, 그리고 기후변화에서 볼 수 있듯 지구적 차원에서나 국내적 차원에서 모두 생태적 사유와 실천의 중요성이 갈수록 커지고 있다. 환경 위기를 극복하고 인간과 자연이 공존할 수 있는 지속가능한 발전의 길이 여전히 불가능한 것은 아니다. 하지만 동시에 지구적 생태 위기를 고려할 때 시간이 많이 남아 있는 것도 아니다. 지속가능한 발전을 위한 제도개혁과 의식혁신을 지역적으로, 지구적으로 추구해야 하는 것은 21세기 인류사회에 부여된 가장 중대한 과제 가운데 하나다.

생태학과 한국사회

《침묵의 봄》에서 영향받은 생태학은 우리 사회에서도 활발히 토론돼 왔다. 그동안 생태적 계몽을 주도해온 이들로는 정치학자 문순홍, 사회학자 구도완, 영문학자 김종철, 생물학자 최재천, 환경운동가 최열을 들 수 있다.

문순홍은 선구적으로 서구생태학 담론을 소개했고, 구도완 역시 선구적으로 한국 환경운동을 사회학적 시각에서 분석했다. 한국 생태학의 발전에서 이채로운 이들은 김종철과 최재천이다. 김종철이 격월간지《녹색평론》을 발행해 생태학 담론 확산과 심화의 중추적인 역할을 맡았다면, 최재천은 생물학자답게 협애한 인간 중심의 관점을 넘어선 보편적 생물의 관점을 제시해 생태학의 시야를 넓히는 데 기여했다.

생태학은 학문과 실천이 긴밀히 연관된 분야다. 생태학은 환경운동의 성장에 영향을 미쳤고, 환경운동은 생태학의 발전을 자극했다. 민주화 시대에 환경운동을 이끌어온 이는 최열이다. 그는 공해추방운동연합, 환경운동연합, 기후변화센터 등의 환경단체를 창립했고, 동강 살리기 운동, 새만금 방조제 반대 운동, 4대강 반대 운동 등의 환경운동을 주도했다. 나아가 환경 이슈에 관한 일본·중국 등 이웃 나라와의 연대를 활발히 모색했다.

대학에서 농화학을 전공한 최열은 이론과 실천을 두루 겸비한 환경운동가다. 그는 1999년 월드워치연구소에 의해 '세계 시민운동가 15인'에 선정됐고, 2014년에는 시에라클럽이 수여하는 '치코멘

데스상'을 받았다. 그가 세운 환경재단에는 레이첼 카슨을 기념하기 위한 '레이첼 카슨홀'이 있는데, 환경운동을 포함한 사회운동과 시민사회의 토론 공간으로 활용되고 있다.

최근 환경운동이 직면한 가장 중요한 과제는 미세먼지, 기후변화, 원자력발전에 대한 대처다. 이 가운데 탈핵은 2011년 후쿠시마 참사 이후 주요 정치 의제로 부상했다.

주목할 것은 참사 이후 각 나라의 대응이다. 독일은 탈핵의 길로 나아갔고, 미국은 재생에너지 개발에 주력했으며, 대만은 거의 완공된 신규 핵발전소 건설을 중단했다. 후쿠시마 참사 이후 원전의 안전성을 높였다고는 하지만 원전이 주는 위험에서 완전히 벗어날 수는 없다. 우리나라의 경우도 마찬가지다. 점진적인 탈핵으로의 정책 전환은 다음 세대의 안전한 삶과 지속가능한 사회를 위해서 매우 중요한 과제일 것이다.

《침묵의 봄》은 여러 출판사에 의해 우리말로 옮겨졌다. 번역가 김은령이 옮긴《침묵의 봄》은 에드워드 윌슨의 〈후기〉를 싣고 있다. 윌슨은 출간된 지 40년이 된 2002년의 시점에서 이 책의 의의와 영향을 간결하게 정리하고 있다.

"실제로 그녀의 집은
일종의 안전한 포로수용소가 아닌가?
여성의 신비라는 관념 속에 사는
여성들은 자신을 가정이라는
좁은 벽 속에 가두어놓지 않았는가?"

34.

페미니즘의 도전:
베티 프리단의《여성의 신비》

서구사회의 역사에서 1960년대는 전후 자본주의의 황금시대였다. 동시에 새로운 담론들이 넘쳐흘렀던 시기이기도 했다. 서구의 경제적 번영은 문화적 활기를 가져왔고, 이러한 활기 속에서 새로운 지적 도전이 진행됐다. 주목할 것은 이러한 지적 도전이 사회운동과 결합해 이뤄졌다는 점이다. 생태학과 환경운동, 페미니즘과 여성운동이 그 대표적인 사례들이었다.

페미니즘은 여성이 처한 불평등한 현실을 주목해 여성의 권리를 추구하고 해방을 모색하는 이론 및 실천을 말한다. 서구에서 페미니즘의 기원은 18세기까지 거슬러 올라간다. 메리 울스턴크래프트의《여성의 권리 옹호》, 존 스튜어트 밀의《여성의 종속》, 프리드리히 엥겔스의《가족, 사유재산, 국가의 기원》은 고전적인 연구였다. 이후 페미니즘은 자유주의·사회주의·마르크스주의·급진주의 페미니즘은 물론 포스트모던·탈식민주의·에코 페미니즘 등 다양하게 발전해 왔다.

전후 페미니즘과 여성운동에서 새로운 시대를 연 저작들로는 프랑스 작가 시몬 드 보부아르의 《제2의 성》과 미국 사회심리학자 베티 프리단(Betty Friedan, 1921~2006)의 《여성의 신비》(The Feminine Mystique, 1963)를 주목할 수 있다. 보부아르는 여성이 태어나는 게 아니라 만들어진다는 점을, 프리단은 결혼과 가정이 여성의 모든 게 아니라는 점을 강조했다. 특히 프리단의 책은 미국을 위시해 서구에서 세2세대 여성운동을 촉발시키는 데 중대한 영향을 미쳤다. 앤서니 기든스는 《여성의 신비》가 당시 여성들의 마음에 불을 질렀다고 지적했고, 앨빈 토플러는 역사의 방아쇠를 당겼다고 평가했다.

《여성의 신비》의 주요 내용

《여성의 신비》는 프리단이 대학 동창생들을 대상으로 한 설문조사를 바탕으로 해 쓴 저작이다. 이 책은 '이름 붙일 수 없는 문제들'로 시작한다. 1950년대 미국 여성들은 이름 붙일 수 없는 문제로 고통을 겪는다. 이름 붙일 수 없는 문제란 남편과 자녀, 가정 말고 다른 무엇을 원함에도 불구하고 그것을 실현하지 못하는 내면적 고통과 좌절에서 비롯된 문제를 말한다. 당시 미국 여성들이 자아실현의 위기를 겪고 있다는 게 프리단의 문제의식이다.

프리단은 이러한 위기를 가져온 원인이 '여성의 신비'라는 이데올로기에 있다고 파악한다. 그에 따르면, 여성이 겪는 실제 생활과 순응하고 노력하는 이미지 사이에 기묘한 차이가 존재하는데, 이 이미지가 여성의 신비라는 것이다. 매력적인 아내와 훌륭한 어머니에 대한 이데올로기 또는 신화가 바로 여성의 신비다.

프리단은 이러한 여성의 신비라는 이데올로기가 등장하게 된 두 가지 요인을 주목한다. 하나는 프로이트의 정신분석학, 기능주의 사회과학, 마거릿 미드의 인류학, 여성지향적 교육자들의 영향이다. 이 학자들과 이론들은 여성 생활의 중심이 가정이라는 점을 부각시켰다. 다른 하나는 여성 잡지를 포함한 매스미디어의 영향이다. 각종 미디어는 여성에게 가족과 가정에 최선을 다하는 데서 행복을 느끼는 주부상을 강요했다.

프리단에게 가정이란 한마디로 '편안한 포로수용소'에 불과하다. 여성의 신비 속에 사는 여성들은 자신을 가정이라는 좁은 울타리에 가두고 생물학적 역할에 적응하도록 학습된다. 요컨대, 미디어와 남성 중심적 학자 등이 공모해 주조한 여성의 신비라는 이데올로기는 여성을 가정에 묶어 두고 성인으로서의 주체의식을 부정하게 함으로써 여성 자신의 발전을 후퇴시켰다는 게 그의 주장이다.

흥미로운 것은 여성의 신비에서 깨어나기 위해 프리단이 제시하는 대안이다. 프리단은 여성이 자신의 삶을 위해 가정을 떠나야 한다고 주장하지 않는다. 그 대신에 남녀가 가사를 공동 부담하고, 실제 결혼 생활에 대한 직시 등을 통해 여성 자신에게 부여된 그릇된 이미지를 적극 거부하라고 충고한다. 이렇듯 여성에게 강요된 신비를 과감하게 깨뜨려야 한다는 점을 역설한 저작이 《여성의 신비》다.

《여성의 신비》의 성취와 한계

여성 문제를 다루는 인문·사회과학에선 성(sex)과 젠더(gender)를 구분한다. 성이 남성과 여성 간의 해부학적 차이를 말한다면, 젠더는 양성 간에 존재하는 사회·문화적 차이를 뜻한다. 중요한 것은 이 젠더가 교육과 사회화를 통한 사회적 구성물이라는 점이다. 예를 들어 '현모양처'라는 여성상은 사회적으로 구성된 담론의 하나다.

프리단의 《여성의 신비》가 폭발적인 관심을 모은 까닭은 여성다움이라는 이름으로 여성에게 강요되는 역할과 이미지의 허구를 폭로했다는 데 있다. 당시 억압을 '억압'이라고 말하지 못했던 많은 여성들은 프리단의 분석과 주장에 크게 공감했다. 《여성의 신비》는 1960년대에 2세대 여성운동의 나침판이 됐다. 전미여성조직(NOW: National Organization for Women)이 결성됐고, 프리단은 초대 회장에 취임했다. 한 권의 책이 세상을 어느 정도 바꿀 수 있는지를 《여성의 신비》는 생생히 증거했다.

《여성의 신비》는 자유주의적 페미니즘 전통에 놓여 있었다. 자유주의 페미니즘은 여성의 권리를 신장시키는 데 기여했지만, 1970년대 이후 젊은 세대의 도전에 직면했다. 프리단이 관심을 둔 이들은 결혼한 중산층 백인 여성들이었다. 저소득층과 유색 인종 여성들은 프리단의 시선 밖에 놓여 있었다. 이로 인해 프리단의 분석은 인종과 계급을 다루는 데 기본적인 한계가 있다는 비판을 받았다.

현재의 시점에서 프리단의 이론은 낡아 보인다. 하지만 한 저작이 놓인 시대적 배경을 고려할 때, 프리단의 분석은 1960년대 초반

이라는 당대적 시점에서 진보적이었다는 점을 주목해야 한다. 1960
년대 저작이라는 사실을 염두에 두고《여성의 신비》를 읽으면 이
책은 억압되고 배제된 여성 자신은 물론 남성들을 계몽하는 데 여
전히 작지 않은 메시지를 안겨준다.

페미니즘과 한국사회

우리 사회에서 페미니즘이 활발하게 논의된 것은 1970~80년대
부터였다. 여기에는 여성학자들이 중요한 역할을 했다. 이들은 '여
성사연구회' '또 하나의 문화' 등을 결성해 서구 페미니즘을 소개하
고 한국 페미니즘을 모색해 왔다.

여성학을 선도해온 학자는 이효재였다. 이효재는 2003년《교수
신문》이 펴낸《오늘의 우리 이론 어디로 가는가: 현대 한국의 자생
이론 20》에서 여성학을 대표하는 학자로 선정되기도 했다. 그의 대
표적 저작은 1989년에 발표한《한국의 여성운동: 어제와 오늘》이었
다. 이 책에서 그는 근대 여성 민족운동부터 분단시대 여성운동에
이르기까지 우리 여성운동이 걸어온 과거와 나아갈 미래를 다뤘다.

이효재의 연구가 갖는 선구적 의미는 우리 사회 여성이 처한 다
중적 억압에 대한 계몽에 있었다. 그에 따르면, 식민지배, 분단현실,
가부장제적 국가권력, 자본주의 산업화는 여성의 일방적 희생을 강
제함으로써 여성을 이중, 삼중의 억압 아래에 놓이게 했다. 이러한
현실을 극복하기 위해 그가 제시한 대안은 가족과 사회의 민주화,
여성운동의 능동적 역할이었다.

우리 사회에서 여성의 지위는 호주제 폐지, 전문직의 여성 비중 증가에서 볼 수 있듯 더디지만 꾸준히 향상돼 왔다. 하지만 사회 전반에서 여성은 여전히 크게 소외되고 배제되고 있다. 여성의 권리를 신장하고 평등을 성취하기 위해선 세 가지가 중요한 것으로 보인다.

첫째, 남녀 차별 해소를 위한 고용정책을 강화해야 한다. 많은 여성들이 일하기를 원하는데도 여성의 노동시장 참여율은 낮고, 상당수 여성 노동자는 비정규직에 종사하고 있다. 정부와 시민사회는 여성들의 안정된 일자리 창출에 더 큰 관심을 기울여야 하며, 이를 위한 보육 및 노인 부양 등 공적 서비스를 개선해야 한다. 둘째, 여성 전문 인력을 적극 활용해야 한다. 절반의 인재만으로는 세계화가 강제하는 국가 간 경쟁에 적극 대처하기 어려울뿐더러 인권의 관점에서도 정당하지 않다. 셋째, 가부장제적 문화 또한 바꿔야 한다. 가부장제적 문화가 지속되는 한 여성해방이 요원하다는 점에 주목해 공적 영역은 물론 가족 등의 사적 영역에서 새로운 평등의 문화를 정착시켜야 한다.

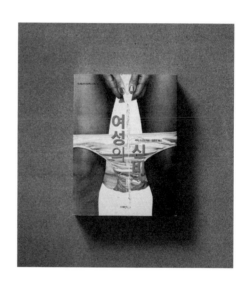

《여성의 신비》는 정치학자 김행자, 저술가 김현우에 의해 각각 우리말로 옮겨졌다. 김현우가 번역한 1997년 개정판에는 출간 이후 프리단의 생각의 변화를 엿볼 수 있는 〈개정판 서문: 변화된 풍경-두 세대 뒤〉가 실려 있다.

"이 책은 우리가 사용하는
각종 기술을 살펴보고
기술의 확장 과정을 통해
우리 자신의 존재방식이
어떻게 드러나고 있는가를
더듬어 갈 것이다.
또 그런 과정을 통해서
인간의 확장으로서의 미디어를
이해하는 원리를 찾으려는 것이다."

35.

미디어는 메시지다:
마셜 맥루언의《미디어의 이해》

1964년, 캐나다 미디어학자 마셜 맥루언(Marshall McLuhan, 1911~1980)은《미디어의 이해: 인간의 확장》(Understanding Media: The Extensions of Man)을 발표해 서구 지식사회의 안과 밖에서 큰 화제를 불러일으켰다.

전후 현대 사상에서 맥루언만큼 최고의 찬사와 격렬한 비난을 동시에 받은 지식인도 드물다. 어떤 이들에겐 '시대의 예언자'였지만, 다른 이들에겐 '지적 사기꾼'이었다. 분명한 것은 '미디어는 메시지다'라는 말에서 볼 수 있듯 맥루언의 주장이 기성의 논리를 부정하고 새로운 사유를 요구했다는 점이다. 1965년《뉴욕헤럴드트리뷴》은 맥루언을 '뉴턴, 다윈, 프로이트, 아인슈타인과 파블로프 이후 가장 중요한 사상가'로 평가하기도 했다.

맥루언은 영문학자로 출발해 미디어학자, 문명비평가로 나아간 지식인이었다.《미디어의 이해》를 비롯해《기계 신부》(1951),《구텐베르크 은하계: 활자 인간의 형성》(1962),《미디어는 맛사지다》

(1967) 등 그의 주요 저작들 모두 현대문화를 해부하고 새로운 문명을 모색했다.

1962년에 발표한 《구텐베르크 은하계》는 《미디어의 이해》만큼 문제적인 저작이다. 셰익스피어 《리어왕》의 한 구절로부터 시작하는 이 책은 200명에 이르는 작가들의 인용이 책의 절반을 차지한다. 다양한 인용에 자유로운 단상을 덧붙임으로써 맥루언은 표음문자와 인쇄술의 발명이 가져온 실재에 대한 시각적 편향성을 주목했다. 그가 겨냥한 것은 포괄적 감각의 존재인 인간에로의 귀환이었다.

《미디어의 이해》의 주요 내용

《미디어의 이해》를 관통하는 문제의식은 '미디어는 메시지다'라는 말이다. 이 언명이 갖는 함의는 미디어에 담긴 내용보다는 미디어를 이루는 형식이 삶과 세계를 인식하는 데 오히려 큰 영향을 미친다는 점에 있다. 같은 사건이라 하더라도 신문으로 읽는 경우와 텔레비전으로 보는 경우 그 메시지가 확연히 달라지는 것이 그 적절한 사례다.

맥루언에게 미디어란 신문과 텔레비전을 넘어 인간이 만든 모든 인공물을 포괄한다. 그는 《미디어의 이해》의 후속 저작인 《미디어는 맛사지다》에서 "바퀴는 발의 확장이며, 책은 눈의 확장이고, 옷은 피부의 확장이며, 전자 회로는 중추 신경계의 확장"이라고 주장한다. 요컨대 미디어는 정신과 육체의 확장이라는 것이다.

미디어에 대한 이런 독창적인 접근에 기초해 맥루언은 '뜨거운

(hot) 미디어'와 '차가운(cool) 미디어'를 구분한다. 뜨거운 미디어가 데이터로 가득 찬 미디어라면, 차가운 미디어는 데이터가 상대적으로 적은 미디어다. 라디오·영화·사진 등은 뜨거운 미디어이며, 전화·텔레비전·만화는 차가운 미디어다. 뜨거운 미디어가 밀도가 높기 때문에 배타적이고 참여 가능성이 낮다면, 차가운 미디어는 밀도가 낮기 때문에 포용적이고 참여 가능성이 높다.

이러한 미디어의 분류를 맥루언은 인류 역사에 대한 자신의 해석과 결합시킨다. 그에 따르면, 활자의 발명으로 열린 인쇄문화 시대의 도래는 인간의 감각에서 시각의 편향성과 패권화를 가져 왔다. 그러나 19세기 말 전기문화 시대의 등장은 시각뿐만 아니라 다른 감각을 활성화시켜 감각의 균형을 되찾게 했다. 이렇게 전자매체에 의해 인류가 지구적으로 하나의 부족을 이루는 게 '지구촌'이라는 그의 유명한 개념이다.

주목할 것은 텔레비전에 대한 맥루언의 해석이다. 그에 따르면, 텔레비전은 모자이크로 이뤄진, 점묘화와 같은 차가운 미디어이기 때문에 시각이 지배적인 책, 신문과는 달리 여러 감각들이 개입할 수 있는 열린 매체다. 텔레비전에 대한 이런 낙관적인 견해는 전후 새롭게 열린 텔레비전 시대의 이해에 큰 영향을 미쳤다.

하지만 비판도 있었다. 맥루언의 논리는 철학적 직관에 의존한 것이지 과학적 분석에 기반을 둔 것은 아니었다. 그는 미디어의 사회적 역할에 대해서도 무관심했다. 20세기에 들어와 자본주의 발전과 함께 공론장이 쇠퇴했다는 위르겐 하버마스의 견해와 비교할 때, 맥루언의 견해는 소박하고 유행에 민감한 낙관주의에 머물러 있었다.

구텐베르크 은하계와 인터넷 은하계

1990년대 이후 '맥루언 르네상스'라 불릴 만큼 맥루언은 재발견됐다. 커뮤니케이션 연구자인 폴 레빈슨의《디지털 맥루언》(1999)은 이 르네상스를 보여주는 대표적인 책이다. 맥루언 저작들은 1960년대보다 오늘날에 더 중요하고, 인터넷과 세계화로 상징되는 디지털 시대를 이해하기 위한 출발점을 제공한다는 게 레빈슨의 주장이었다.

맥루언이 미친 영향은 정보사회 이론가인 마누엘 카스텔의 연구에서도 찾을 수 있다. 카스텔은《인터넷 갤럭시》(2001)에서 맥루언의 '구텐베르크 은하계(Gutenberg galaxy)'를 응용해 인류가 정보사회의 도래와 진전을 통해 새로운 커뮤니케이션 세계인 '인터넷 은하계(internet galaxy)'에 진입했다고 분석했다. 이 은하계에선 창조성·혁신·생산성·부의 창조와 변덕성·불안정성·불평등·사회적 배제가 극단적으로 병존한다. 유토피아와 디스토피아가 공존하는 인터넷 은하계야말로 21세기 네트워크 시대의 자화상인 셈이다.

현재의 시점에서 볼 때 맥루언의 예언이 모두 맞지는 않았다. 그의 예상과 달리 거대도시는 소멸하지 않았고, 자동차와 증권거래도 퇴물이 되지 않았다. 하지만 중요한 것은 개개의 나무가 아니라 숲 전체다. 21세기는 정보사회의 진전과 네트워크 사회의 만개가 사회생활의 기본 조건을 이루는 시대다. 미디어와 네트워크라는 형식이 삶과 세계의 내용을 바꾸는 놀라운 현실을 우리 인류는 마주하고 있다. 우리 시대를 올바로 판독하기 위해서라도《미디어의 이해》를 읽어야 할 이유는 여전히 충분하다.

하버마스의 공론장 이론과 보드리야르의 대중문화론

맥루언의 《미디어의 이해》와 함께 1960년대 미디어 연구에 큰 영향을 미친 이는 독일 철학자 하버마스다. 그의 교수자격 논문인 《공론장의 구조 변동》은 미디어와 시민사회 연구에 큰 영향을 미쳤다.

하버마스는 공론장(public sphere)을 가족으로 대표되는 사적 영역과 대비되는, 공적 토론이 이뤄지는 영역으로 정의했다. 그에 따르면, 근대 민주주의는 국가와 시민사회 간의 갈등이 이 공론장에서 진행되는 토론과 합의를 통해 해결되는 정치체제다. 다시 말해, 공론장은 근대 민주주의를 열고 지탱해온 지반이라 할 수 있다.

문제는 이 공론장이 20세기에 들어와 '재봉건화'를 겪게 됐다는 데 있다. 재봉건화란 공론장에 부여된 정치·사회적 역할이 약화되면서 국가와 시민사회가 다시 봉건사회처럼 재결합되는 과정을 말한다. 이 재봉건화 과정에서 시민들은 더 이상 비판적 청중으로 조직화되지 못한 채 소비문화의 향수자로 전락하게 됐다고 하버마스는 비판했다.

맥루언으로부터 영향을 받아 현대 미디어와 대중문화에 대한 새로운 분석틀을 제공한 이는 프랑스 사회학자 장 보드리야르다. '미디어는 메시지다'라는 맥루언의 언명과 연관해 주목할 보드리야르의 두 개념은 '시뮬라크르(simulacre)'와 '하이퍼리얼리티(hyperreality)'다.

시뮬라크르란 외부 현실에 근거가 없는, 원본 없는 이미지를 말한다. 더 이상 모사할 실재가 없어진 시뮬라크르는 실재보다 더 실재 같은 실재를 만들어 내는데, 이것이 하이퍼리얼리티다. 보드리야르에 따르면, 현대인들은 가상 실재가 실재를 대체하고 지배하는 세계 속에서 살아간다. 원본과 모사본의 경계가 부재한다는 이러한 논리는 포스트모던 문화에 대한 유용한 분석틀을 제공했다.

흥미로운 것은 계몽주의적 사회이론과 포스트모던 사회이론을 대표하는 하버마스와 보드리야르 모두 매스 미디어가 현대 사회와 문화에 미치는 영향에 주목하고 있다는 점이다.

오늘날 매스 미디어의 중심은 텔레비전에서 인터넷으로 이동하고 있다. 더불어 일방향의 커뮤니케이션은 쌍방향의 커뮤니케이션으로 변화되고 있다. 새롭게 부상해온 쌍방향 인터넷 시대의 정치·경제·문화에 대한 분석은 현재 사회과학에 부여된 중요한 과제의 하나다.

미디어학자 김상호가 번역한 《미디어의 이해:
인간의 확장》은 테렌스 고든이 편집한 비평판
(2003)을 옮긴 것이다. 고든의 비평판 편집자 서
문, 맥루언의 〈뉴미디어의 이해에 관한 연구보
고서〉를 포함한 부록, 옮긴이의 꼼꼼하고 친절
한 역주들은 번역본의 가치를 높인다.

"이 책은,
유럽문화가 일종의 대리물이자
은폐된 자신이기도 한 동양으로부터
스스로를 소외시킴으로써
자신의 힘과 정체성을 얻었다는 점도
분명히 밝히고자 노력한다."

36.
서구 중심주의 비판:
에드워드 사이드의《오리엔탈리즘》

개인적인 이야기로 이 장을 시작하고 싶다. 내가 공부하는 사회학은 마르크스, 뒤르케임, 베버가 기초를 세운 서양 학문이다. 어떤 지식이더라도 그것이 놓인 사회적·지리적·역사적 구속에서 자유롭지 못하다면, 사회학은 서유럽과 미국이라는 공간에서 살아온 이들이 자신의 눈으로 사회를 설명하고 분석하기 위해 만들어온 서양 학문이다. 그렇다면, 서구인의 시선으로 구성한 사회학이 비서구사회를 분석하는 데 어디까지 유효한 것일까? 혹시 그 시선 안에 서구사회는 우월하고 비서구사회는 열등하다는 암묵적 전제가 깔려 있는 것은 아닐까? 사회학을 공부하면서 품어온 이 질문에 당당하면서도 명쾌하게 응답한 저작이 바로 에드워드 사이드(Edward Said, 1935~2003)의《오리엔탈리즘》(Orientalism, 1978)이다.

《오리엔탈리즘》이 지식사회 및 시민사회에 준 충격은 실로 컸다. 지식사회의 경우《오리엔탈리즘》은 탈식민주의 담론의 등장을 가져왔을 뿐 아니라, 서구사회는 물론 비서구사회의 인문·사회과학자들에게 자기 성찰을 촉구하게 했다. 이 자기 성찰은 특히 오리엔탈리즘의 대상인 비서구사회에서 두드러졌다.《오리엔탈리즘》을 통해 비서구사회 지식인들은 '푸른 눈'이 아닌 '검은 눈'으로 자신의 역사와 사회를 바라보기 시작했다고 해도 과언이 아니다. 사이드의 사상적 기여는 비서구사회 지식인들은 물론 일반 시민들이 자기 정체성의 거점을 마련하는 데 일종의 인식론적 혁명을 가져다줬다는 데 있다.

《오리엔탈리즘》의 주요 내용

《오리엔탈리즘》은《팔레스타인 문제》(1979),《이슬람 다루기》(1981)로 이어진 중동과 팔레스타인 문제를 주목한 사이드 3부작의 첫 저작이다. 팔레스타인 출신인 사이드에게 이 지역의 문제를 올바로 분석하고 정치적으로 개입하는 것은 매우 중요한 과제였다. 오리엔탈리즘 이론은 중동에 그치지 않고 비서구사회 전반에 적용될 수 있는 문제틀이다.

사이드가 전달하려는 메시지의 핵심은 서구인들이 갖는 동양의 이미지가 편견과 왜곡에서 비롯된 허구에 불과하다는 데 있다. 그는 오리엔탈리즘을 세 가지로 정의한다. 첫째, 동양에 대해 연구하는 사람들이 오리엔탈리스트이고, 이들이 생산하는 학문이 오리엔탈리즘이다. 둘째, 오리엔탈리즘은 동양과 서양 사이에서 만들어지는 존재론적이자 인식론적 구별에 기반을 둔 사고방식이다. 셋째, 오리엔탈리즘은 동양을 지배하고 재구성하며 억압하기 위한 서양의 제도와 스타일이다.

요컨대, 오리엔탈리즘이란 이런 의미들이 서로 연결돼 있는, 곧 동양이라는 독특한 존재가 문제되는 경우에 언제나 그곳에 조준되는 관심의 네트워크 총체를 말한다. 이 오리엔탈리즘에 기반을 둔 유럽 문화는 일종의 대리자이자 은폐된 자신이기도 한 동양으로부터 스스로를 소외시킴으로써 힘과 정체성을 획득했다는 게 사이드의 주장이다.

사이드의 결론은 동양에 대한 서양의 인식이 식민지를 지배하기 위한 제국주의 권력과 밀접히 연관돼 있다는 것이다. 사이드는 지식과 권력의 관계에 대한 이러한 아이디어를 프랑스 사상가 미셸 푸코의 사회이론으로부터 빌려온다. 오리엔탈리즘이 친구(유럽, 서양, '우리')와 이방인(비유럽, 동양, '그들') 간의 차이를 규정하고 타자인 이방인을 배제하려는 지식이라면, 이 지식은 식민지에 대한 제국주의 권력의 지배를 정당화하는 담론이라는 것이다.

오리엔탈리즘의 극복 대안

그렇다면 이러한 오리엔탈리즘에서 벗어나는 것은 어떻게 가능할까? 사이드는 오리엔탈리즘을 출간한 지 15년이 지난 후 발표한 《문화와 제국주의》(1993)에서 이에 응답한다. 사이드가 제시하는 대안은 다문화주의다. 그에 따르면, 오늘날 모든 문화는 기본적으로 혼합이자 혼종이라는 데 중요한 특징이 있다. 다문화주의란 서로 다른 문화들을 동등하게 인정하고 포용하는 태도 및 전략을 말한다.《오리엔탈리즘》이 서양 문명에 대한 적극적 비판을 겨냥한다면,《문화와 제국주의》는 서양과 동양의 공존을 모색한다.

오리엔탈리즘 이론과 다문화주의에 대해선 다양한 토론들이 진행됐다. 먼저 오리엔탈리즘 이론에 대해선 오리엔탈리즘이 획일성·고정성·영속성만을 강조한 나머지 그 내부의 모순과 외부의 도전을 과소평가한다는 비판이 제기됐다. 다문화주의에 대해선 지배와 피지배의 성치적 관계가 공존과 타협이라는 달정지직 관계로 변형되어버릴 위험이 존재한다는 비판이 이뤄졌다. 하지만 이러한 비판들이 서구중심주의의 이론적 근거를 파헤친 오리엔탈리즘 이론의 통찰을 본질적으로 부정한 것은 아니었다.

흥미로운 것은 오리엔탈리즘 이론에 대응하는 옥시덴탈리즘 이론이다. 옥시덴탈리즘은 오리엔탈리즘과 상반된 이분법의 논리로 구성된다. 옥시덴탈리즘에 따르면, 서양은 비인간적이고 물질적인 반면, 동양은 인간적이며 정신적이라는 것이다. 사이드 역시 오리엔탈리즘의 거울 개념으로 옥시덴탈리즘을 주목한 바 있다. 서양중심주의의 오리엔탈리즘과 동양중심주의의 옥시덴탈리즘은 자문화중심주의라는 동전의 양면을 이루는 셈이다.

이러한 토론을 통해 오리엔탈리즘 이론은 서구중심주의를 비판적으로 사유할 수 있는 문화이론으로 자리를 잡았다. 21세기 현재의 시점에서 영토 제국주의가 사라졌다 해도 문화 식민주의는 비서구사회에 여전히 적지 않은 영향을 미치고 있다. 비서구사회에서 살아가는 우리가 스스로를 어떻게 인식하고 있는지, 문화 식민주의를 어떻게 벗어날 것인지를 고민하는 이들에게 사이드의 사상은 이

제 하나의 문화 교과서로서의 의미를 갖는다고 볼 수 있다.

강상중의 일본적 오리엔탈리즘 연구

사이드의 오리엔탈리즘으로부터 큰 영향을 받은 비서구사회 학자 중 한 사람은 일본에서 활동하는 강상중이다. 강상중은 재일 한국인 2세 지식인이다. 그는 《오리엔탈리즘을 넘어서》(1996)에서 사이드의 오리엔탈리즘 이론에 입각해 근대 일본의 자기 정체성에 대한 역사적 탐구를 시도한다. 이 책은 우리말로도 옮겨졌다.

강상중은 한국어판 서문에서 다음과 같이 적고 있다. "미국에서 활약하는 이 팔레스타인 지식인은 실로 강력한 청소기로 내 머릿속에 쌓인 먼지를 빨아들이듯 그때까지 안개가 싸인 것만 같던 나의 의문을 말끔히 거두어 가 주었던 것이다. 그 상쾌한 체험을 통해서 나는 민족주의적인 입장에서 근대와 식민지주의 문제에 접근하기보다는 좀 더 보편적인 컨텍스트 가운데서 그 문제를 근원적으로 생각할 확실한 예감 같은 것을 느끼게 되었다."

강상중이 겨냥하는 것은 '일본적 오리엔탈리즘'에 대한 분석이다. 그에 따르면, 사이드가 주목한 동양에 대한 서양의 우월주의가 일본에선 동양에 대한 일본의 우월주의로 재현됐다. 그는 고토, 후쿠다, 니토베, 야나이하라로 대표되는 식민정책학과 시라토리로 대표되는 동양학에 담긴 오리엔탈리즘적 이항대립 구도 속에 아시아가 타자로서 배제돼 왔음을 부각시킨다.

요컨대 일본문화는 일종의 대리자이자 은폐된 자신이기도 한

아시아로부터 스스로를 소외시킴으로써 힘과 정체성을 획득하고 서양과 대등하게 대화하기 위해 동양학을 발견하고 또 발전시켰다는 게 강상중의 주장이다.

강상중이 도달한 결론은 아시아 또는 동양이란 바로 일본의 제국주의적 침략에 의해 형성된 지역적 질서를 지칭하고, 동양에 대한 이런 일본식 식민주의 담론은 전후에도 계속해 그 영향력을 발휘하고 있다는 점이다. 일본적 오리엔탈리즘에 대한 이러한 분석은 일본 식민주의 담론에 대한 근본적인 비판이라는 점에서 주목할 만한 가치를 갖는다.

강상중은 오리엔탈리즘에서 벗어나기 위한 대안으로 사이드의 전략을 숙고한다. 그것은 보편주의라는 문화의 헤게모니를 거부하고, '서구/비서구', '고급/저급', '적절/부적절'로 나누어진 문화본질주의의 경계선을 적극적으로 폐기해 버리는 것으로 구체화된다. 그는 이 책의 〈보론: 내적 국경과 래디컬 데모크라시〉에서 재일 한국인 문제를 날카롭게 다루고 있기도 하다.

《오리엔탈리즘》은 법학자 박홍규에 의해 우리말
로 옮겨졌다. 최근 판본은 사이드의 〈1995년 후
기〉와 〈2003년 후기〉를 담고 있다. 《문화와 제
국주의》는 박홍규의 번역본과 영문학자 김성곤
과 정정호의 번역본이 있다. 사이드의 삶과 사상
에 대해선 평전인 《박홍규의 에드워드 사이드 읽
기》를 읽어보면 좋다.

"과거에는 더 나빴던가?
아니면 더 좋았던가?
티베트 고원 위의
오래된 문화의 지방 라다크에서 얻은
16년 이상의 경험이
이 질문에 대한 나의 대답을
극적으로 바꾸어놓았다."

37.

생태적 상상력과 대안:
헬레나 노르베리-호지의《오래된 미래》

전후 서구 사상의 역사에서 문명에 대한 성찰은 중요한 주제의 하나를 이뤄 왔다. 서구사회의 근대 문명은 곧 자본주의 문명이다. 전후 자본주의 문명의 특징은 대량생산과 대량소비의 유기적 결합에서 찾을 수 있다. 이 자본주의 문명은 물질만능주의를 널리 유포시켰고, 이 물질만능주의는 인간의 소유 욕망을 절대시하게 만들었다. 문제는 이 자본주의 문명의 지속가능성에 있었다. 자본주의 문명에 내재한 한계와 그늘을 성찰해온 사상이 바로 생태학이다.

생태학은 본래 생물들이 서로 환경을 형성하고 결합하면서 어떻게 살아가는지를 다루는 생물학의 한 분야로 출발했다. 이후 생태학은 자연과학을 넘어 인문·사회과학에서 다양한 담론들을 주조했다. 심층생태학, 사회생태학, 정치생태학 등이 그것들이었다. 이러한 생태학적 상상력과 통찰에 큰 영향을 미친 저작의 하나가 스웨덴 출신의 언어학자이자 작가이며 사회운동가인 헬레나 노르베리-호지(Helena Norberg-Hodge, 1946~)가 1992년에 발표한《오

래된 미래: 라다크로부터 배우다》(Ancient Futures: Learning from Ladakh)였다.

《오래된 미래》는 서구화·발전·문명에 대한 근본적인 질문을 던졌다. 인간에게 행복한 삶이란 어떤 것일까? 물질적으로 빈곤하더라도 인간과 자연의 공존, 인간과 인간의 연대가 존재하는 삶이 더 행복한 것은 아닐까?《오래된 미래》가 반복해 읽혀온 까닭은 생태학적 문제의식을 바탕으로 삶의 본질적 의미를 구한다는 데 있다. 길지 않은, 그러나 심오한 메시지를 담은 이 저작은 지난 20여 년 동안 결코 적지 않은 이들의 삶과 생각을 뒤흔들어 왔다.

《오래된 미래》의 주요 내용

"과거에는 더 나빴던가? 아니면 더 좋았던가? 티베트 고원 위의 오래된 문화의 지방 라다크에서 얻은 16년 이상의 경험이 이 질문에 대한 나의 대답을 극적으로 바꾸어놓았다. 나는 우리의 산업문화를 전혀 다른 관점에서 보게 됐다."

《오래된 미래》의 〈프롤로그: 라다크로부터 배운다〉에 나오는 한 구절이다. 이 책은 언어학을 전공하는 노르베리-호지가 학위 논문을 쓰기 위해 방문한 북인도의 라다크에서 발견하고 관찰하며 실천해온 것들을 담은 저작이다.

책은 라다크의 전통, 라다크의 변화, 라다크의 미래의 세 부분으로 나뉜다. 노르베리-호지가 라다크에 도착해 발견한 것은 건강하고 평화로운 공동체 생활과 문화였다. 라다크 사람들은 물질적으로 빈곤하지 않고 정신적으로 행복한 삶을 누리고 있었다. 그런데 라다크에 불어닥친 서구식 개발의 바람은 이러한 공동체를 파괴해 갔다. 라다크 사람들은 스스로 가난하다고 생각하고 돈을 중시할 뿐 아니라 타인에 대한 친밀감과 배려도 잃어버리기 시작했다. 라다크는 서구식 제도들을 도입하면서 자본주의의 그늘인 경쟁과 소외의 사회로 변화됐다.

이러한 라다크의 변화에 맞선 대안적 실천들이 책의 후반부에서 다뤄진다. 노르베리-호지가 제시하는 '반개발(counter-development)'은 이러한 대안 모색의 핵심을 이루는 개념이다. 반개발이란 기존의 개발을 거부하는 것이다. 그것은 기존의 산업적 생산방식이 치러야 하는 대가를 폭로하며, 그 대신 자연과 공존하고 타인과 연대할 수 있는 지속가능한 발전을 추구하는 것을 목표로 한다.

인류가 소망하는 미래는 다가올 시간에서뿐만 아니라 지나간 시간에서도 발견할 수 있다. 노르베리-호지는 〈에필로그: 오래된 미래〉에서 다음과 같이 말한다. "인간적인 규모의 삶과 보다 여성적이고 영성적인 가치를 추구하는 새로운 운동들이 일어나고 있다. (…) 이러한 추세는 흔히 '새로운'이라는 딱지가 붙여지고 있지만, 라다크가 보여준 것처럼 그러한 추세는 중요한 의미에서 아주 오래된 것이다." 요컨대 라다크는 '오래된 미래'인 셈이다.

자본주의 문명의 성찰

《오래된 미래》에서 제시된 노르베리-호지의 생태사상을 좀 더 분명하게 확인할 수 있는 저작이 《진보의 미래》(1992)였다. 이 책은 노르베리-호지도 참여하는 국제생태문화협회(ISEC) 등이 주최한 학술회의에서 발표된 논문들을 모은 것이다. 이 책의 메시지는 생태위기를 극복하기 위해선 개발의 진행 방향, 다시 말해 동일한 방식의 확산을 근본적으로 바꾸어야 한다는 데 있다. 노르베리-호지를 포함해 반다나 시바, 에드워드 골드스미스, 마틴 코르, 피터 고어링 등은 동일성의 강요에 맞선 다양성의 활성화를 새로운 대안으로 제시한다.

20세기 후반 이후 지구적 차원에서 발전의 의미를 재검토해야 할 이유는 분명하다. 노르베리-호지와 고어링이 주장하듯, 현대적 생활방식이 바람직한 것인지는 차치하고서라도 지구의 자원은 대량생산과 대량소비를 유지하기 위해선 턱없이 부족하다. 대안적인 발전모델과 생활양식을 마련하고 실천하지 않으면 생태위기는 극복될 수 없다. 생태친화적인 기술 개발과 다양한 지역 문화의 보존은 이러한 위기에 맞서는 구체적인 대안이 될 수 있다는 게 노르베리-호지와 고어링의 주장이다.

오늘날 생태학적 대안의 실현가능성에 대해 의문을 갖는 학자들이 적지 않다. 이들은 생태학적 대안이 실현 불가능한 유토피아에 머물러 있다고 비판한다. 하지만 중요한 것은 환경이 우리 세대뿐만 아니라 다음 세대의 자산이라는 점이다. 그리고 무한경쟁의 삶의 방식이 과연 행복한 것인지에 대해 근본적인 질문을 던질 수 있다. 노르베리-호지의 생태학이 갖는 의미는 지구의 지속가능성은 물론 행복한 삶을 위한 조건에 대해 하나의 주목할 답변을 제시한다는 데 있다. 바로 이점에서《오래된 미래》는 더 나은 삶을 꿈꾸는 이들이 읽어야 할 필독서임에 분명하다.

안승준의 공동체론

서구사회에 헬레나 노르베리-호지가 있다면, 한국사회에는 안승준이 있다. 안승준은 1966년 서울에서 태어나 1991년 미국에서 사망한 젊은 생태학자였다. 그가 남긴《국가에서 공동체로》(From State to Community, 1994)는 사회생태학의 시각에서 한국의 산업화 과정에 대한 거시적 비판과 새로운 대안 모색을 다뤘다.

안승준에 따르면, 한국의 성공적인 근대화는 고도로 중앙 집중화된 국가가 강력한 통제를 행사함으로써 달성된 것이었다. 이 산업화는 가시적 성과에도 불구하고 세계시장에의 의존 심화, 경제적 집중과 소득 불평등, 농민계층의 희생 등과 같은 구조적 문제들을 안고 있었다.

이러한 구조적 문제들 가운데 안승준은 생태 위기에 주목했다. 한국 산업화의 역사는 국가에의 예속과 자율적 공동체 붕괴의 역사라는 게 그의 주장이었다. 그는 생태 위기의 원인의 하나로 식민지 시대의 근대 국가 형성을 부각시켰다. 근대 국가의 형성은 자치적인 마을공동체를 무력화하는 동시에 파괴했고, 이러한 과정은 1960년대 이후 급속한 산업화와 함께 가속화됐다.

일방적인 자연 지배와 중앙집권적 국가관료제를 넘어설 수 있는 새로운 대안으로 안승준이 주목한 것은 머레이 북친의 사회생태학적 구상이었다. 생산자를 생산과정에서 분리시키는 게 근대 국가 형성의 핵심을 이뤘다면, 이를 극복하는 것은 그 생산과정에 생산자의 새로운 참여를 모색하는 데서 시작할 수 있다는 게 안승준의 주장이었다.

안승준은 '공동체 토지 신탁'을 구체적인 방법으로 제시했다. 공동체 토지 신탁은 토지를 사용하는 개인들이 투자한 가치는 보유할 수 있되 그 토지 자체는 공동체가 관리하도록 하는 것을 말한다. 이 전략은 고유한 문화와 상호결속에 의해 형성되는 지역 공동체의 활성화를 겨냥하고, 나아가 그 공동체 속에서 인간이 자연과 공존하는 삶을 실현해 가는 것을 목표로 한다. 이렇듯 이 책은 우리 사회에서 공동체의 중요성을 계몽하고 생태학적 대안을 모색한 선구적인 저작이었다.

더없이 날카롭고 진지했던 안승준은 안타깝게도 불의의 사고로 스물다섯의 나이로 일찍 세상을 떠났다. 그가 살아 있었다면 우리 사회 생태학 발전에 큰 기여를 했을 게 분명하다. 영어로 발표된 《국가에서 공동체로》를 우리말로 옮긴 안창식은 안승준의 아버지다. 개인적으로 오랫동안 기억에 남아 있는 마음 시린 저작이다.

《오래된 미래》는 영문학자 김종철과 김태언이 옮긴 번역본과 양희승이 옮긴 번역본이 있다. 두 판본 모두 달라이 라마의 추천사를 담고 있다. 김종철과 김태언의 번역본에 있는 김종철의 〈옮긴이의 말〉은《오래된 미래》의 메시지를 잘 전달한다.

"'중요한 문제'에 대해서
'적합한 대중'에게
'가능한 범위 내에서'
진실을 찾아내 알리는 것이
지식인에게 주어진 도덕적 과제다."

38.

중단 없는 권력 비판을 향하여: 놈 촘스키의《지식인의 책무》

　지식인에게 일차적으로 요구되는 필요조건은 진리 탐구다. 지식인의 현실 참여는 어떻게 봐야 할까? 어떤 이들은 지식인의 정치적 중립을 지지하고, 다른 이들은 정치적 개입을 역설한다. 정치적 개입에도 물론 다양한 방식이 존재한다. 어떤 이들은 권력 밖에서의 권력 비판을 주장하는 반면, 다른 이들은 권력에의 직접적 참여를 실천한다. 대통령이 된 브라질 사회학자 페르난두 카르도주나 체코 작가 바츨라프 하벨은 후자의 대표적 지식인들이었다.

　권력 밖에서 권력 비판을 추구한 전후의 주목할 지식인들로는 프랑스 작가이자 철학자인 장 폴 사르트르와 미국 언어학자인 놈 촘스키(Noam Chomsky, 1928~)를 들 수 있다. 두 사람은 자기 분야에서 탁월한 업적을 남겼을 뿐 아니라 평생에 걸쳐 중단 없는 권력 비판을 추구했다. 사르트르가 1950~60년대에 참여적 지식인을 상징했다면, 1970년대 이후엔 촘스키가 참여적 지식인을 대표했다. 두 사람은 전후 서구 사상사에서 대중에게 큰 영향을 미친 '공적 지식인'의 표본이었다.

언어학자와 정치적 행동주의자는 촘스키의 정체성을 이루는 두 얼굴이다. 그는 전후 가장 뛰어난 언어학자 중 한 사람이다. 인간의 선천적인 언어습득 능력을 이론화한 변형생성문법론은 언어학에서 그의 대표적 기여였다. 정치적 행동주의자로서의 촘스키는 1967년 《뉴욕 리뷰 오브 북스》에 발표한 에세이인 〈지식인의 책무〉를 통해 등장했다. 이후 그는 팔레스타인 문제, 동티모르 사태, 9·11테러 등에서 미국의 야만적인 대외정책을 폭로하고 비판함으로써 실천적 지성으로 세계적인 영향력을 행사해 왔다. 여기서 주목하려는 것은 정치적 행동주의자로서 촘스키다.

《지식인의 책무》의 주요 내용

촘스키는 1969년 《미국의 권력과 새로운 관료들》에서부터 시작해 정치 및 사회 관련 책들을 숱하게 출간했다. 재정학자 에드워드 허먼과의 공저인 《여론 조작》(1988)을 포함해 동료들과도 적지 않은 책들을 펴냈다. 이러한 저작들 가운데 지식인의 태도를 다룬 대표 저작의 하나가 《Powers and Prospects》(1996)이다. 번역본 《지식인의 책무》는 원서의 세 장인 〈작가와 지식인의 책무〉, 〈목표와 비전〉, 〈새로운 세계 질서에서의 민주주의와 시장〉을 우리말로 옮겼다.

촘스키는 1967년에 발표한 〈지식인의 책무〉에서 정부의 거짓말을 폭로하고 정부의 문제점·동기·감춰진 의도 등을 분석하는 게 지식인의 책무라고 주장했다. 오스트레일리아 시드니 '작가 센터'에서 이뤄진 강연을 바탕으로 1996년 발표한 〈작가와 지식인의 책무〉는 이러한 문제의식을 다시 한 번 강조한다. 이 글에서 촘스키는 지식인의 책무를 다음과 같이 규정한다.

"'중요한 문제'에 대해서 '적합한 대중'에게 '가능한 범위 내에서' 진실을 찾아내 알리는 것이 지식인에게 주어진 도덕적 과제다."

이러한 책무를 설명하기 위해 그는 몇몇 사례들을 제시한다. 서구 지식인들에게 캄보디아 크메르루주의 학살이 악의 상징이었다면, 동티모르의 학살은 침묵의 사건이었다. 냉전 시기 소련 반체제 인사들은 또 다른 사례였다. 이들이 소련의 범죄를 비판한 것은 크게 주목된 반면 미국의 잔혹 행위를 비판한 것은 서구 언론에서 사실상 거부됐다는 게 그의 날카로운 관찰이다.

촘스키의 말을 다시 인용하면, "서구 지식인들의 책무는 서방 세계의 수치스러운 짓에 대한 진실을 서방 세계 대중에게 알려서, 대중이 범죄 행위를 신속하고 효과적으로 종식시킬 수 있도록 하는 것이다."

이러한 논리로 무장한 촘스키는 진실을 알리는 데 전혀 두려워하지 않았다. 그리고 그 범죄 행위를 중단시킬 수 있는 서명·연설·집회 등 정치적 행동에 적극적으로 나섰다.

촘스키의 정치적 행동주의에 대한 평가

촘스키에 앞서 지식인론에 큰 영향을 미친 이는 사르트르였다. 《지식인을 위한 변명》은 마르크스주의로부터 영향받은 그의 지식인론이 집약된 책이다. 그에 따르면, 지식인은 자본가계급과 노동자계급 사이에 존재하는 중간층이며, 이러한 지식인에게 부여된 의무는 자본가계급의 착취를 폭로하고 노동자계급을 위해 투쟁하는 데 있었다.

촘스키에게 중요한 것은 두 가지였다. 하나는 지구적으로 자행되는 미국의 제국주의적 폭력에 대한 폭로였고, 다른 하나는 권력기구의 대중통제와 권력에의 지식인들의 봉사에 대한 비판이었다. 그의 현실 참여는 무정부주의적 생디칼리즘에 기반을 둔 것이었다. 그는 우리 인간에게 자유와 다양성과 자유로운 연합을 향한 욕구가 있다고 주장했다. 이러한 가치들을 억압하는 모든 것들에 대한 저항이 그가 생각하는 지식인의 본분이다. 그의 사상적 원천은 빌헬름 폰 훔볼트, 존 듀이, 조지 오웰, 그리고 버트런드 러셀 등 다양했다. 특히 수학자이자 논리학자였던 러셀의 현실 참여는 촘스키의 정치적 개입에 하나의 모범이 됐다.

촘스키의 정치적 행동주의에 대한 비판이 없었던 것은 아니다. 촘스키가 미국 정부의 테러리즘에 대해선 엄격한 반면 이슬람 단체의 테러리즘에 대해선 관대한 이중잣대를 갖고 있다는 것은 대표적인 비판이었다. 미국 정부 정책과 언론 보도에 대한 촘스키의 가차없는 폭로는 보수 언론은 물론《뉴욕타임스》등 진보 언론과도 불편한 관계를 갖게 했다. 그에게 거짓의 폭로와 진실의 발언보다 더 중요한 것은 없었다.

전후 사상의 역사를 돌아볼 때, 촘스키의 정치적 행동주의는 이례적인 것이다. 그의 정치적 개입은 학문에 대한 지식인의 태도에 중요한 문제제기를 함의한다. 인간과 사회를 주목하는 인문·사회과학에서 지식인에게 이론 및 분석의 내용 못지않게 중요한 것은 그 이론 및 분석을 다루는 태도다.《뉴욕타임스》는 촘스키를 '생존하는 가장 위대한 지식인'이라고 평가한 바 있다. 이러한 평가는 그의 언어학적 성취뿐만 아니라 열정적인 현실 참여를 고려한 것이다. 더 나은 사회를 꿈꾸는 지식인들에게 촘스키는 지식인의 모범적인 미래임이 분명하다.

실천 지성으로서의 리영희

우리 사회에서 촘스키와 같은 역할을 담당한 지식인들은 적지 않다. 1970~80년대 군부독재 아래서 진보적 지식인들은 국가 권력을 비판하고 민주주의를 수호하려는 정치적 실천을 추구했다. 리영희(1929~2010)는 이러한 지식인들을 대표했다. 그는 국제정치를 연구하고, 이를 바탕으로 한 시민적 계몽을 이끌었다.

광복 이후 리영희만큼 극단적으로 상반된 평가를 받은 지식인도 드물다. 보수 세력에겐 '의식화의 원흉'으로 비판받았지만, 진보 세력에겐 '사상의 은사'라고 평가받았다.

1970년대 지식사회와 시민사회가 리영희를 주목하게 한 책은 그의 문제작《전환시대의 논리》(1974)였다. 이 저작은 한국전쟁 이후 우리 사회를 지배해온 냉전분단체제에 대해 코페르니쿠스적 사고의 전환을 요구했다. 책 내용은 1960년대 후반과 70년대 초반 변화하는 동아시아를 다뤘다. 미국 대외정책과 중국에 대한 재인식,

일본의 군사적 재무장화, 베트남 전쟁의 역사와 현실 등에 대한 분석을 통해 그는 냉전체제에 갇혀 있던 시민들의 의식을 일깨웠다.

리영희가 겨냥한 것은 두 가지였다. 하나가 냉전적 보수주의에서 벗어난 균형적 현실주의 관점이었다면, 다른 하나는 외세적 시각을 넘어선 민족주의와 민주주의 시각에서의 새로운 국제질서 구축 필요성이었다. 그는 '전환의 시대'에서 '의식의 전환', 다시 말해 내외의존적 사유에서 주체적 현실인식에로의 전환을 요청했다. 이후 그는 《8억인과의 대화》,《우상과 이성》,《대화》등의 저작들을 통해 지식사회 최전선에 서서 냉전분단체제라는 우상의 파괴자 역할을 떠맡았다.

돌아보면, 그가 제시한 몇몇 가설들은 더러 낡았고 맞지 않았던 것으로 보인다. 그러나 주체적 관점에서 보자면 탈냉전적 국제질서의 모색은 선구적인 통찰로 평가된다.

아홉 번의 연행, 다섯 번의 기소 또는 기소유예, 세 번의 징역이라는 리영희의 삶은 1970~80년대 진보적 지식인들이 겪어야 했던 고난을 생생히 증거했다. 그는 지적 활동을 통해 권력 비판에만 주력했던 지식인이 아니었다. 2003년 정부의 이라크전 파병 결정에 맞선 반대 시위에 노구를 이끌고 참여했던 것에서 볼 수 있듯, 그는 이론과 실천의 통일을 추구했다. 역사의 관찰자인 동시에 주인공을 맡은 아주 드문, 용기 있는 지식인의 상징이었다.

저작 《지식인의 책무》는 《Powers and Prospects》
세 개의 장을 번역가 강주헌이 우리말로 옮긴 것
이다. 《촘스키: 지(知)의 향연》에 번역된 에세이
〈지식인의 책무〉(1967)를 함께 읽어보면 좋다.

"나 같으면 얄리〔다이아몬드가
뉴기니에서 만난 원주민〕에게
이렇게 말하겠다.
각 대륙의 사람들이 경험한 장기간의
역사가 서로 크게 달라진 까닭은
그 사람들의 타고난 차이 때문이
아니라 환경의 차이 때문이었다고."

39.

문명의 기원·발전·불평등:
재레드 다이아몬드의《총, 균, 쇠》

　인간에 대한 철학사상과 사회에 대한 사회사상은 사상의 양대 축을 이룬다. 사회사상은 다시 통시적 역사에 대한 사상과 공시적 구조에 대한 사상으로 나뉜다. 전후 70여 년간 역사로서의 자본주의 문명을 연구한 대표적 사상가가 페르낭 브로델과 이매뉴얼 월러스틴이었다면, 구조로서의 근대사회를 연구한 대표적 사상가는 미셸 푸코와 위르겐 하버마스였다. 지구상에 존재해온 문명의 역사를 선사시대부터 최근까지 거시적으로 연구한 대표적 학자를 꼽으라면 그는 미국의 재레드 다이아몬드(Jared Diamond, 1937~)다.

　다이아몬드는 전공을 한 분야에 귀속시키기 어려운 지식인이다. 그는 생리학자이자 지리학자이며 인류학자다. 동시에 '빅 히스토리'를 다루는 역사학자다. 한마디로 이 모든 분야를 포괄하는 문명학자라 할 수 있다. 그는 2005년 미국 '포린폴리시'와 영국 '프로스펙트'가 선정한 '세계의 100대 공적 지식인' 가운데 아홉 번째 자리를 차지했다.《제3의 침팬지》(1991)로 자신의 존재를 알린 그

는《총, 균, 쇠: 무기·병균·금속은 인류의 운명을 어떻게 바꿨는가》
(Guns, Germs, and Steel: The Fates of Human Societies, 1997),《문명
의 붕괴》(2005),《어제까지의 세계》(2012) 등을 통해 인류 문명의
역사에 대한 새로운 통찰과 더없는 흥미를 선사했다.

《총, 균, 쇠》는 다이아몬드의 대표 저작이다. 이제까지 그 어떤
학자들도 접근하기 어려웠던 문명의 기원과 발전 그리고 불평등에
대해 그는 지리학·인류학·고고학·언어학·역사학·생물학·유전학·
병리학·생태학 등 다양한 분야에서 이뤄진 연구들을 기반으로 거
시적이면서도 포괄적인 분석을 시도했다.《총, 균, 쇠》는 문명의 역
사에서 왜 어떤 민족은 지배하고 어떤 민족은 지배받게 됐는지 원
인을 추적함으로써 인류 역사에 대한 이해에 한발 더 가깝게 다가
서게 했다.

《총, 균, 쇠》의 주요 내용

《총, 균, 쇠》를 관통하는 핵심 아이디어를 다이아몬드는 프롤로
그에서 다음과 같이 말한다. "민족마다 역사가 다르게 진행된 것은
각 민족의 생물학적 차이 때문이 아니라 환경적 차이 때문이다"라
는 주장이 그것이다.

이 주장을 입증하기 위해 그는 먼저 제1부 〈인간 사회의 다양한
운명의 갈림길〉에서 700만 년 전부터 1만3000년 전까지 인류 진화
의 역사를 돌아본다. 이어 지난 1만3000년 동안 각 대륙의 환경이
역사에 미친 영향을 폴리네시아 사례를 통해, 유럽이 세계를 정복

한 힘의 원천을 잉카를 정복한 스페인의 사례를 통해 살펴본다.

　제2부 〈식량 생산의 기원과 문명의 교차로〉에서는 문명의 불평등을 가져온 궁극적 원인으로 식량 생산의 차이, 가축과 농작물의 가축화 및 작물화의 차이를 주목한다. 흥미로운 것은 식량 생산의 전파에서 각 대륙 축의 방향이 큰 영향을 미쳤다는 다이아몬드의 견해다. 유라시아의 동서 방향이 아메리카와 아프리카의 남북 방향보다 유리했다는 게 그의 분석이다.

　제3부 〈지배하는 문명, 지배받는 문명〉은 문명 불평등의 직접적 원인을 다룬다. 대륙에 따른 지리적 환경의 차이는 병균의 진화, 문자의 발명, 기술의 발전, 정치의 등장에서 차이를 가져왔고, 이러한 차이는 유라시아가 아메리카를 정복하는 것을 가능하게 했다. 요컨대, 환경의 차이는 특히 유럽으로 하여금 총기, 병균, 철제 무기 등을 갖게 함으로써 아메리카와 아프리카를 지배하게 만들었다는 게 다이아몬드의 주장이다.

　제4부 〈인류사의 발전적 연구 과제와 방향〉은 앞서의 분석틀을 몇몇 대륙과 섬들에 구체적으로 적용해 살펴본다. 그리고 에필로그에선 환경적 원인 이외 원인들인 문화적 요인, 개인의 역할 등을 분석하기 위한 새로운 '역사적 과학'을 요청한다.

환경결정론을 둘러싼 토론

　《총, 균, 쇠》로 대중적 성공을 거둔 다이아몬드는 그 후속 연구로 《문명의 붕괴》와 《어제까지의 세계》를 잇달아 발표했다. 《문명의 붕괴》가 위기와 몰락을 겪어야 했던 문명들의 역사에 대한 탐구를 통해 그 교훈을 얻으려고 했다면,《어제까지의 세계》는 과거 문명과 현재 문명에 대한 비교를 통해 전통과 현대의 화해 및 공존을 모색했다.《총, 균, 쇠》,《문명의 붕괴》,《어제까지의 세계》는 다이아몬드의 인류 문명 연구 3부작을 이룬다.

《총, 균, 쇠》가 출간된 후 이 문제적 저작에 대한 활발한 토론이 진행됐다. 역사학과 인류학 등 지식사회 인에선 비교적 냉담했지만, 퓰리처상을 받은 베스트셀러인 만큼 독자들 사이에선 찬반 논쟁이 뜨거웠다. 다이아몬드는《총, 균, 쇠》에 쏟아진 논평들에 응답했다. 그는 자신이 인종차별주의나 유럽 중심주의를 주장한 게 아니라 오히려 비판했다는 점을 강조했다. 그리고 환경결정론에 대해선 자신이 말하는 환경을 좁은 의미가 아니라 넓은 의미로 받아들일 것을 제안했다. 그가 주목하는 환경은 생태적 환경과 지리적 환경을 모두 포괄하는 것이었다.

문명의 변화에서 주체의 역량과 환경적 조건 가운데 어떤 것이 더 큰 영향을 미쳤느냐는 오랜 쟁점이었다. 사회과학에서도 주체의 역량을 중시하는 이론과 구조의 영향을 중시하는 이론이 전후 70년 동안 경쟁해 왔다. 이 쟁점에 대해선 정답이 없다. 서로 견해를 존중하면서 주체와 환경 간의 관계를 경험적으로 분석하고 이를 바탕으로 문명 변화와 사회 변동을 이론화할 수밖에 없는 것으로 보인다.

《총, 균, 쇠》는 전문적 연구서라기보다 대중적 교양서에 가깝다. 이 책의 미덕은 환경을 중시하는 시각에서 장구하면서도 역동적인 문명의 변화를 추적함으로써 책읽기의 즐거움을 한껏 안겨준다는 데 있다. 교양 시민이라면 다이아몬드가 선사하는 문명의 역사에 대한 경이로운 이야기에 한 번쯤 귀 기울여 볼 만하다.

아놀드 토인비와 유발 하라리

인류의 기원과 문명의 역사에 대한 거시적·포괄적 연구들은 인문·사회과학에서 독특한 위치를 차지한다. 여기서 독특한 위치란 이 연구들이 대학 교양과정에서 빈번히 다뤄지지만 전공과정에선 활발히 논의되지 않는다는 점을 말한다. 문명에 대한 거시적·포괄적 연구들의 경우 그 분석 대상이 장구하고 거대한 만큼 학문적 치밀성과 엄격성이 상대적으로 떨어진다는 게 적지 않은 전문적 학자들의 평가다. 브로델과 월러스틴의 자본주의 문명 연구들은 지식사회 안팎에서 모두 높은 평가를 받은 이례적 사례였고,《총, 균, 쇠》를 위시한 거시적·포괄적 인류 문명 연구들은 정작 지식사회 안에선 큰 주목을 받지 못했던 셈이다.

인류와 문명에 대한 연구에서 다이아몬드에 비견할 저작을 발표한 이들로는 아놀드 토인비와 유발 하라리를 꼽을 수 있다.

토인비는 지식사회 안팎에서 높은 평가를 받은 영국의 역사학자다.《역사의 연구》전 12권은 그의 대표 저작이다. 그는 문명을 발생·성장·쇠퇴·해체 과정을 거치는 유기체로 파악하고, 이 문명이 '도전'에 대한 '응전'으로 탄생한다고 주장했다. 이 방대한 저작에서 그는 인류 역사상 등장했던 다수의 문명들을 비교·분석하는 데 환경보다는 주체적 대응을 중시했다. 다이아몬드는《총, 균, 쇠》'참고

문헌'에서 토인비의《문명의 연구》가 비교역사학 연구서들 가운데 단연 독보적인 저작이라고 평가했다.

하라리는 이스라엘의 역사학자다. 인류 역사를 다룬 그의《사피엔스》는《총, 균, 쇠》못지않은 대중적 성공을 거뒀다. 그는 호모 사피엔스가 종으로서 갖는 가장 중요한 특징을 화폐·종교·정치·법 등의 허구를 믿을 수 있는 능력에서 찾았다. 그리고 사피엔스의 역사가 인지혁명·농업혁명·과학혁명의 세 계기를 통해 진행돼 왔다고 분석했다. 최근 본격화된 생명공학 혁명으로 인해 사피엔스는 사이보그로 대체되면서 결국 사라지게 될 가능성이 높다는 게 그의 결론이다. 하라리는 인류에 대한 자신의 탐구에서 다이아몬드의《총, 균, 쇠》로부터 가장 큰 영감을 받았다고 말하기도 했다.

《총, 균, 쇠》,《사피엔스》와 같은 저작들은 학제 간 연구의 중요성을 보여준다. 그리고 지식의 대중화에도 작지 않게 기여하고 있다. 한국 사회에서도 이러한 빅 히스토리에 대한 연구들이 활성화되길 기대한다.

《총, 균, 쇠》는 번역가 김진준에 의해 우리말로 옮겨졌다. 번역본 말미에 실린 〈2003 후기: 《총, 균, 쇠》 그 후의 이야기〉는 초판본 출간 이후 제기된 문제들에 대한 저자의 응답을 담고 있다.

"프레임에 고정된 기억,
그것의 기본적인 단위는
단 하나의 이미지다.
정보 과잉의 이 시대에는 사진이야말로
뭔가를 신속하게 파악할 수 있는
방법이자 그것을 간결하게
기억할 수 있는 형태이다."

40.

이미지 과잉사회 비판:
수전 손택의《타인의 고통》

전후 사상 70여 년을 돌아볼 때 전전(戰前)과 구별되는 새로운 시대로서의 전후(戰後)의 의미를 본격적으로 알린 때는 1960년대였다. 서구사회에서 1960년대는 변화의 바람이 거세게 불어온 시대였다. 케인스주의 복지국가의 공고화, 반전운동과 환경·여성·평화의 신사회운동의 부상, 히피로 대표되는 반문화(counterculture)의 도전 등은 그 변화를 상징했다.

담론과 사상 영역에서 새로운 세대가 본격적으로 등장한 것도 1960년대였다. 1961년 젊은 미셸 푸코는《광기의 역사》를 발표했고, 1962년 젊은 위르겐 하버마스는《공론장의 구조변동》을 출간했다. 미국에서 보수와 진보를 각각 대표하는 다니엘 벨과 놈 촘스키가 자신의 존재를 알린 시대도 1960년대였다. 이 시기에 문화 분야에서 혜성처럼 등장한 여성 이론가가 바로 미국의 수전 손택(Susan Sonntag, 1933~2004)이었다.

손택은 한 분야에 전공을 귀속시키기 어려운 지식인이었다. 그는 소설가이자 에세이스트였고, 예술평론가이자 문화이론가였다. 또 이론적 지식인인 동시에 실천적 행동가였다. 손택은 대학에서 가르쳤지만 대중과 소통하기를 좋아했다. 이런 전방위적 활동으로 그는 '대중문화의 퍼스트레이디', '뉴욕 지성계의 여왕' 등으로 불렸다.

손택의 이름을 널리 알린 저작은 1966년에 펴낸《해석에 반대한다》였다. 이 책에서 손택은 예술적 비평보다 심미적 체험을 중시함으로써 새로운 감수성의 도래를 예고했다. 이후 손택은 소설, 에세이, 평론집, 희곡과 시나리오를 잇달아 발표해 미국은 물론 유럽에서도 큰 반향을 일으켰다.《사진에 관하여》(1977),《은유로서의 질병》(1978),《타인의 고통》(Regarding the Pain of Others, 2003), 그리고 소설《미국에서》(1999) 등은 여전히 널리 읽히는 손택의 저작들이다.

《타인의 고통》의 주요 내용

《타인의 고통》은《사진에 관하여》에 이어 사진과 이미지를 분석한 저작이다.《사진에 관하여》가 사진과 현대성의 관계를 다룬다면,《타인의 고통》은 전쟁과 폭력을 담은 사진들이 개인과 사회에 어떤 영향을 미치는가를 주목한다. 이미지 과잉사회에서 타자의 고통에 대한 적극적인 관심을 촉구하는 데 이 책의 목적이 놓여 있다.

손택이 분석하는 것은 고통에 대한 이미지의 역사다. 그에 따르면, 회화를 포함한 고통의 재현물이 과거에는 도덕적 내지 교훈적 의미를 갖고 있었다. 하지만 사진을 통한 이미지의 혁명이 일어난

후 고통의 재현물은 미적 욕망의 대상으로 변모했고, 그 결과 고통은 하나의 소비 대상 내지 스펙터클로 전락하게 됐다. 이미지가 실재를 압도하고, 나아가 왜곡하는 것은 현대사회의 문화적 특징이다.

손택은 계몽주의의 관점을 고수한다. 그의 제안은 간명하다. 그것은 이 혼돈스러운 세계를 이미지가 아니라 있는 그대로 보자는 것이다. 다시 말해, 고통의 이미지를 소비하는 방식을 성찰함으로써 고통에 대한 연민을 넘어서 실제 현실의 참담함을 자각하고 그것을 어떻게 해결할 수 있을지를 숙고하자는 것이다. 손택은 이 책이 이미지를 분석하는 것에 앞서 전쟁과 폭력의 참혹함을 다루는 저작이라는 점을 분명히 한다.

2003년에 손택은 프랑크푸르트 국제도서전에서 독일출판협회가 수여하는 평화상을 수상했다. "거짓 이미지와 뒤틀린 진실로 둘러싸인 세계에서 사상의 자유를 굳건히 수호해 왔다"는 게 수상 이유였다.《타인의 고통》은 이미지에 앞서 존재하는 실재의 중요성을 일깨우고, 인간이라면 마땅히 가져야 할 자율적 사고와 사회적 책임을 강조한 저작이다.

널리 알려졌듯 손택은 학술적인 담론과 대중적인 비평을 거침없이 넘나든 지식인이다. 손택의 글쓰기는 아카데미즘과 저널리즘을 결합한 이른바 '아카저널리즘'의 한 표본을 이룬다. 아카저널리즘은 아카데미즘에 흥미를, 저널리즘에 깊이를 더함으로써 책과 담론으로부터 멀어져 가는 독자들을 다시 호명하는 데 크게 기여했다.

이미지와 현실의 관계

1991년 걸프전이 한창 진행 중이었을 때 프랑스 사회학자 장 보드리야르는 〈걸프전은 일어나지 않았다〉라는 제목의 글을 발표해 화제를 모았다. 도발적인 제목을 통해 그는 우리가 인지할 수 있는 것은 TV를 통한 모사된 이미지일 뿐이며, 그러기에 TV 밖에서 걸프전은 일어나지 않았다고 주장한 바 있다.

이러한 보드리야르의 주장은 이내 적잖은 비판을 받았다. 하지만 현대사회에서 이미지가 심대한 영향을 미친다는 사실은 부정하기 어렵다. 이미지를 통해 전달되는 전쟁과 폭력은 컴퓨터 오락처럼 비춰지고, 전쟁과 폭력이 수반하는 고통은 영화의 장면처럼 소비돼 버린다. 이미지가 과잉돼 현실을 압도하고 왜곡하는 것에 대한 계몽이 손택의《타인의 고통》이 전달하는 메시지다.

고도의 정보사회와 야만적 폭력이 공존하는 것은 오늘날 세계사회가 보여주는 아이러니다. 이 역설적인 세계에서 타자의 고통을 성찰하고 인간의 존엄성을 옹호하는 것은 지식인에게 부여된 당연한 의무다. 손택의 매력은 이런 현실에 직접적으로 개입해 왔다는 데 있다. 그는 1993년 보스니아 내전의 비극을 알리기 위해 전쟁 중인 사라예보에서 사뮈엘 베케트의《고도를 기다리며》를 공연해 세계적인 관심을 모았다. 쉽게 오지 않더라도 인간의 자유와 존엄성에 대한 믿음을 포기할 수 없다는 것을 손택은 증거하고자 했다.

손택은 반문화를 대표하는 아방가르드적 문화이론가였지만, 동시에 인간의 자유를 주장한 전통적인 계몽주의자였다. '아방가르드적 계몽주의'는 손택의 사상적 거점이었다. 대학이라는 좁은 지식 사회 안에서 손택은 전문적 연구자들에 의해 크게 환영 받은 지식인이 아니었다. 하지만 시민사회라는 넓은 지식사회 안에서 손택은 20세기 후반 새롭게 등장한 대중문화를 폭넓고 심도 있게 이해하고, 그 속에서 인간의 존엄성을 열렬히 옹호한 용기 있는 지식인이었다.

발터 벤야민의 예술 이론

손택이 펴낸 책들 가운데 이례적인 저작이 《우울한 열정》(1980)이다. 이 책은 손택이 주목해온 이들에 관한 에세이 모음집이다. 폴 굿맨, 발터 벤야민, 한스-위르겐 지버베르크, 레니 리펜스탈, 롤랑 바르트, 엘리아스 카네티, 앙토냉 아르토가 에세이의 주인공들이다. 지난 20세기 아방가르드 예술과 문화를 대표해온 이들이다.

이 책의 원제는 《토성의 영향 아래》(Under the Sign of Saturn)다. 손택이 책 제목으로 선택한 이 에세이는 벤야민의 기질을 주목해 그의 삶과 이론을 다룬다. 손택이 발견한 벤야민의 기질은 토성적 특성이다. "나는 토성의 영향 아래 태어났다. 가장 느리게 공전하는 별, 우회와 지연의 행성." 벤야민 자신의 고백인 '우회와 지연의 토성'만큼 벤야민의 내면적 기질을 잘 표현한 말은 없다.

이 책에서 다루는 전후 사상에 벤야민이 미친 영향은 결코 작지 않다. 벤야민이 집필 활동을 한 것은 1920~30년대였지만, 그의 이론은 테오도어 아도르노와 한나 아렌트 못지않은 영향력을 행사했다. 하버마스는 《현대성의 철학적 담론》에서 현대의 시대 인식과 자기 확인의 욕구를 다루는 데 벤야민의 '역사철학 테제'를 검토하기도 했다.

손택이 강조하듯 벤야민 이론은 20세기라는 현대를 이해하는 데 선구적 통찰을 제공했다. 이러한 통찰을 잘 보여주는 글이 그의 〈기술복제시대의 예술 작품〉이다. 이 글에서 그는 이제는 널리 쓰이는 '아우라'라는 개념을 주소한다. 아우라를 한마디로 정의하기란 쉽지 않다. 그것은 은밀한 교감을 불러일으키는 분위기라고 할 수 있다.

벤야민은 현대 예술의 특징을 이 아우라의 상실에서 찾았다. 사진과 영화에서 볼 수 있듯 예술의 독창성이 복제 가능해짐에 따라 전통적인 아우라는 상실될 수밖에 없다. 주목할 것은 이러한 아우라의 상실이 가져온 결과다. 벤야민은 예술이 아우라의 상실로 인해 신비적·종교적 특징을 잃었지만 그 대신 집단 수용성으로 인해 정치적·해방적 역할을 강화할 수 있게 됐다고 주장했다.

이러한 벤야민의 견해는 현대 대중예술과 문화에 중요한 이론적 기반을 제공했다. 전후 대중문화는 양면적 특징을 갖는다. 한편에선 대중을 예속시키는 수단이지만 다른 한편에선 대중을 해방시키는 통로를 제공하기도 한다. 대중문화가 갖는 적극적인 의미를 부각시키는 데 벤야민의 통찰은 여전히 유효하다.

《타인의 고통》은 문화연구자 이재원에 의해 우리 말로 옮겨졌다. 책 말미에는 손택이 쓴 네 편의 글 이 덧붙여져 있다. 이 가운데 프랑크푸르트도서전 평화상 수상 연설인 '문학은 자유다'는 손택의 이 론적, 정치적 입장을 이해하는 데 작지 않은 도움 을 준다.